大壯叢書第三輯

亂世浮生

三兄弟

方永施
方永清 著
方永翔

前言

人在複雜多變的社會中，如滾滾紅塵中的浮萍，隨著水流的翻滾，身不由己。

我們兄弟三人，誰也想不到，歷經苦難的歲月，到暮年才決定自己的安身之處，真是奇妙。大哥由中國人入籍美國做美國人。二弟由家鄉無錫，設籍到東北黑龍江，成為歷史上的滿洲人。三弟則經過北大荒勞改，最後能回到故鄉安慶餘年。

三人所經歷的坎坷生涯，皆有不同，不可無記。

先由大哥的人生說起……

目次

目次

目次

上篇：大哥

一、家世略述

我們的故鄉是江蘇無錫，家中有兄弟三人，姊妹五人，我的妹妹大都在不滿五歲時夭折，只有大姊活到十七歲去世。

太平天國時，無錫被太平天國占領了六年，年年與清軍戰鬥，老百姓在戰亂中，流離失所；戰亂平息，祖父歷劫歸來，苦苦經營白手起家，最難得的是在祖遺被毀房屋的空地上，重新打造起新屋，前鄰街，後臨河，有兩廳五房再加上個院子，讓父親亦可安居樂業。

照說我們的生活已是小康家庭，可惜父親年輕時生活不檢點，浪費不少金錢，不顧家庭，所以由小康而成衰落的貧戶，讓母親與我們兒輩吃盡苦楚。

二、童年舊事

我的童年是在民國初年期間，那時一切風俗人情、社會型態、物質生活與現代大不相同。

現代兒童生活屬於都市型態，休閒活動時間不多，一般都是看電視或玩電動玩具等，缺乏戶外活動，遠離自然界的天趣，和我們那時的悠閒自在，無拘無束自在快樂的情況，心理上也無壓力，回想起來，覺得很是幸福。

兒童有兩個類型，一是內向，啃書本足不出戶，不和同伴玩，比較孤僻，循規蹈矩像個小大人似，美其名曰「有教養」；另一種是外向的，性情開放，喜歡合群，呼朋喚友，調皮搗蛋，自然有些不合大人心意的動作，在大人們討厭的時候，就稱之為沒教養的「野孩子」。儘管學校與家庭同樣管教嚴格，但個性是不會改變的。因為兩者個性不同，就過這兩種截然不同的生活。

我是屬於有教養的野孩子的那一種，介乎兩者之間，對於循規蹈矩的小朋友，如何度過他們的童年，不清楚。只就我自己經歷的雜事，酌記一些。九十多年的歲月雖逝，但往事歷歷，頗值回味。

1、有一種賭博型的玩樂

在家鄉南門致和橋附近，有一戶姓錢的鄰居，主人鰥居，好抽大煙，每日只顧張羅吞雲吐霧的費用，根本無心去管教兒子，他兒子帶頭領導了一批遊伴去他家玩，成為野孩子的樂園。他家進門後是個大院子，與內室隔離，自成一個天地，每逢學校放學或暑期假日，都自然集中到那裡去，玩兒童賭博遊戲。其彩頭以橄欖核和香煙牌子為主；那時香煙商為了爭取生意，在每包香煙內附有一張畫片，或是人物，或是花鳥。人物以歷史故事成為一套，如《封神榜》、《水滸傳》、《隋唐演義》等等，聚成了一整套人物集，可以換取獎品，藉此吸引煙家購買，名之為香煙牌子。有時也直接以銅板賭輸贏。賭法有好幾種：

一種賭法，名叫丟（土音叫篤）銅板。工具是長方形的青磚，將青磚平放在地上每人將一顆橄欖核或者一張香煙牌子放在磚上（每次只玩一樣，不混同），然後每個人站在青磚旁，丟擲銅板，或遠或近可隨意，由自己斟酌。等到參加的人全部投擲完了，由投的最遠的人開始，由銅板主人站在自己所投的銅板所在地，將銅板投向青磚，如能投上青磚不掉下來，則彩頭全由其所得，如不想獲全彩，那也可以用削投的方式，對準了青磚上的彩頭削過去，好將部份彩頭削下來，其落下的部份歸其所得。以後再按遠近距離依次投擲，如果彩頭最後沒有削完，則由銅板投擲最近的人取得剩餘彩物。此種賭法最公平，因投越遠的人越不易投到青磚上，但可以搶到頭籌，得勝機會比較少。投最近的人最後可以穩得剩下的彩物，但如果前面的人已將彩物拿光了，就落空了。

第二種賭法，是滾銅板，將一塊青磚平放在地上，另一塊青磚斜放其上，成為一個斜面，玩者將銅板順著斜面滾下去，看誰滾的最遠，最遠的人，可將自已的銅板投向次遠的，如果投中其銅板，或其距離以兩隻手指岔開為距離，按上相連兩個銅板，則次遠的銅板歸為最遠者所得，可再投擲下一個目標。如不達此標準，即是輸了，其銅板則歸被投擲者所有，贏者再按此規矩進行，大家依此類推，看誰今天贏的銅板最多。此種遊戲，其勝負關鍵是誰能將銅板滾的最遠。有時如看到前面的人已滾的很遠，自知無法勝過他，那將銅板滾到和他相反方向，將兩者距離拉遠，使他無法獲勝，此亦是常用的策略。

第三種是賭二十一點，我們稱為「券的溫」，其實是二十一點的譯名，那時香煙牌子中有一種鳥類畫片，上面附有二十一點的標記，玩者將其湊成二十一點全套，作為工具，玩者每人抽取二張牌，單純比較點數的多寡以定輸贏。

2、有一種是不具賭博性的玩樂：

不具賭博性的玩樂很多，常有的是跳高、拍皮球及踢毽子。跳高是由兩人平持一根竹竿，從高度最低逐步向上移，以跳的最高者獲勝。拍皮球是看誰一次拍打的數目以最多者為勝。有人會玩花樣，拍球後用手背或用頭承接，或者過身來在接，誰花樣最多，也最贏得榮譽的讚美。

至於如造房子、跳繩等是屬於女孩子的玩意兒，男孩子都不屑為之。踢毽子，毽子的做法有兩種，其中比較考究的，用硬幣，外面包了布，縫成圓形底座，在布面上縫上雞毛管，雞毛管下端分成三片或四片，緊繫在底座上，雞毛空管內插上公雞毛，需分三面或四面插，不可倒向一邊，取其平穩，踢時雞毛上下翻飛很有勁，另外是簡單型，用一張紙，四圍剪成毛条，中間包了硬幣，再用繩子一紮就成了毽子。踢毽子花樣很多，有踢跳、踩、板、蹻、箭、歪頭、上線等名堂，其方式也很難寫出來，只好省略。

3、玩樂的花樣，按季節均有不同：

⑴春天的玩樂

新年裏，拿了壓歲錢，到無錫遊樂場崇安寺附近吃喝玩樂一番，也順便買一些玩具，最常見的是陀螺，玩時會發出皇皇的聲音，一種是手裡扯著玩的名叫天皇皇，一種是在地上轉動的名叫地皇皇；天皇皇：是用兩個中空的竹筒，中間用竹枝做軸承連在一起，竹筒上切割了一個長長的小空，另外用兩枝竹枝中間繫了繩子，繩子套在竹筒中間的竹枝軸上左右的扯，從緩到急，其聲皇皇，玩到急時，可將繩子拉直，將竹筒擲到上空，再承接住。地皇皇是用一個中空的竹筒中間穿了軸，竹筒外面刻了一個長長的小空，在軸上下露出一截，玩時將繩子繞在軸的上部，另具備竹片穿一個圓空，將此繞竹的線頭穿進竹片圓空中，地皇皇直立在地上，玩者將竹片靠近竹筒，用力將繩拉，繩拉完時，地皇皇即在地上溜溜的轉，也會發出皇皇的聲音。比賽時看天皇皇誰拉的最響，地皇皇則是誰能維持最久。

跟著玩的是放風箏。我家斜對面是一片荒蕪的廣場，此地是鄰居尤家的產業，原來是一座大宅子，在太平天國佔領無錫時一場大火，將房子燒光了。我們常在那裡玩，還曾撿到燒焦的米粒，其後此廣場為繆斌所買去，蓋新房子，在蓋新房子時挖到一口廢井，井裡面挖出玉盆等古董，還有其他值錢的東西，因秘而不宣，不知其詳。現已為政府所沒收，作為中國旅行社的社址，此是題外之言，略而不談。

在清明節前後，梅雨還沒有來，在風和日麗的天氣，廣場上正好放風箏。風箏有現成的可買，是小小的板門鷂，略帶長方形的一塊紙板，糊在軸細的竹架上，下面拖了三條長長的紙條。放起來不會太高，玩時不過癮，我們多半是自己動手製作其他形式的風箏。

放風箏時是兩人一組，一拉線，一持風箏，拉線的人站定了，持風箏的人站到遠處，把線拉直，等風來，遇到一陣風吹來，馬上將風箏向上送，拉線的人趕緊向後面跑，一面放線，如此風箏冉冉上升。風箏吃到風力，可以昇得很高。有人在風箏上掛了小竹弓，竹弓上綁了弦線，空中強風吹過，弓弦發出悅耳的聲音，有些像古箏，所以稱為風箏。

有一種玩的是春天特有的，看出會。我們故鄉每逢春季有兩次大的迎神賽會，出會時敲鑼打鼓是不必說了，有人為了在神前許願，出會時還願，也有人為了賭狠勁，自願做肉身燈，將大銅鑼用極細的鐵線彎成小鉤，一邊綁在鑼柄上，一邊將每根鐵線鉤穿在表演者手臂下面的肉裡，即以肌肉支持鑼身，一面走，一面敲鑼，敲時鑼身震動，看得出所穿臂肉在發抖，也有人將燈穿鉤掛在上身肌肉裡，實在非常殘忍，而在那時看了，認為此人很有勇氣，並不想到他痛苦之處。出會的隊伍分成好多類，有人將名貴古董用木杖懸掛起來擺成一隊。最好看的是輪車、抬閣，上面扮了許多戲裡的人物，最後當然是泥神像了。

參加賽會的隊伍眾多，大家出奇制勝，最後到惠山集合，共朝東嶽大帝。我記得有幾次逃學出來看賽會，給老師發現了，還打了手心責罰。

⑵夏天的玩樂

夏天放了暑假，更是無所拘束，常常去採楝樹子做射弓，用三、五吋長的小竹管，其口徑要剛好裝上一粒楝樹子，再配上一隻口徑同樣大小的竹枝，其長度比竹管稍微短一點，後面留一段比口徑大的柄，玩時將兩顆楝樹子分別塞在竹管的前後端，竹管中間是空的，將削好的竹枝頂著後端的揀樹子，向前推擠，那時會噗一聲，前端的那顆楝樹子會向外飛射出去。其緣故是中間的空氣，受了壓迫向外衝的關係。有時用浸水的軟紙，搓成小顆紙團代替楝樹子，也照樣可用。楝樹子不是到處都有，記得那時是到三下塘置煤濱撿來的。土名叫朱媽濱。

夏天的蟬很多，天色剛亮，就有蟬在樹上嘶鳴，直到黃昏才停。土話蟬叫做「知了」。粘知了也是一種樂趣，先用一根長竹竿，頂端插了一枝細竹條，需堅而直的，或是套上弓形的竹套也可用。然後到處去找蜘蛛網，用細竹條或竹套將蜘蛛網絞下，越多越好，成為一個粘棒。每逢出去捕知了，做了粘棒竹竿，嘶嘶蟬鳴聲，細心觀察其所在處，蟬大都是綠色，和樹葉難分別，而且牠的警覺性很高，只要動到樹幹，牠就會飛去。所以要循聲勘查其所在，竹竿在樹葉隙中伸進去，迅速將其粘到。回來比較誰粘得多，結果還是把蟬放了，只是比賽人的目力及手力而已。

到了晚上，螢火蟲很多，一閃一閃發亮，用玻璃做的小葫蘆瓶，捉了螢火蟲放在葫蘆瓶裡，仍然在一閃一閃發亮，有人出主意，將此裝滿螢火蟲的玻璃葫蘆瓶綁在竹竿上，每人一枝，擺成隊伍遊行，給乘涼的人看，自稱為葫蘆隊。

此外如捉蝴蝶做標本，捉金龜子和紡織娘等，不是集體遊戲，各人隨意為之。

⑶秋天的樂趣

秋天到南禪寺的廢塔去射鳥。南禪寺是南朝時代建造的大叢林，也是杜牧詩中所稱南朝四百八十寺中一個較大寺院。寺內有妙光塔，是千年以上的古蹟，可惜在太平天國時和清軍發生攻防戰，妙光塔居高臨下，為雙方爭奪目標，將叢林燒光，塔亦傾倒。成為鳥類的棲息地。我們做了竹箭，去廢塔中射鳥，廢塔成圓形，中間已成空間，塔身太高，弓箭射不到頂端，只是驚嚇鳥類飛去而已。

鬥蟋蟀也是最受歡迎的娛樂，蟋蟀我們土名叫「淡節」，每到秋天，無論牆壁轉角，田野樹叢，瓦石草根，到處可聽得其鳴聲，雄性尾端有二根針形尾，雌的有三根針形尾，雄的天性好鬥，兩雄相遇，用蟋蟀草撩其牙引到對方，即會向前奮不顧身的用牙箝鬥。因為有此特性，人們利用它做賭博賺錢的工具，我們小孩不會去參加賭博，只是同伴間各以所捉的蟋蟀互鬥，一面看其鬥爭的樂趣，也可持有勝利的蟋蟀而自傲。

儲蟋蟀的盆，一般是用瓦盆，瓦盆要花錢買，我們克難改用鐵皮罐子或竹筒。記得那時上學，要經過一處桑田，聽到蟋蟀的叫聲，捉到後，藏在紙摺的小圓筒內放在書包裡，上課時蟋蟀叫了，老師找到放掉，我不敢吭聲，心中卻為牠可惜。

放學後或星期假日，是捕捉蟋蟀的時間，捕捉的工具有水壺、鐵絲罩和鐵條，發現了蟋蟀，迅速用鐵絲罩罩住，有時它在洞內，就用水灌，鐵條是如遇蛇或蜈蚣等毒物，用以防身之用。蟋蟀能勝不能敗，勝了越鬥越勇，如果敗了，則不敢再和其他蟋蟀鬥，所以鬥敗的反而因禍得福，放他逃生。此種遊戲，生生不息，可連續幾個月，直到深秋蟋蟀盛產期過了才停止。

⑷冬天的玩樂

冬天，天寒地凍，雖放了寒假，待在家中，除了下棋之外，家中無可玩之處。我們所下的象棋，一般人稱之為臭象棋。不像圍棋那麼高雅，下棋時，旁人都會圍看，七嘴八舌，各自貢獻妙計，比下棋的還熱心。雖然有規矩稱之：「觀棋不語真君子，落子無悔大丈夫。」，可是每局棋都有看棋必語的旁觀者，和下棋者的必反悔，所以稱之為臭象棋。探究其實，得勝了又將如何？無非一時的爭強鬥勝而已。

有時下雪，積雪甚多，那便是我們堆雪人及打雪戰的時間；堆雪人，一兩個人堆，不好玩，只是自己看。往往邀了幾組人競堆，看哪一組堆的快，堆的好。

雪戰是現成材料，隨捉隨擲，總以對方戰敗才盡興。發洩多餘的精力而已。

⑸其他

無錫是水鄉，運河直貫城中，有弓河、箭河，四通八達。在水面上的遊戲，名叫做「削水片」，是利用水的浮力，將瓦片托起來，一時不讓它沉下去。先在岸邊找尋碎瓦片，平著水面用力削過去，瓦片在水面上穿進又出來，刷刷的向前推進，形成寶塔形的水花，技術最高的可達到穿進穿出二十多次以上，此是比較腕力的競技。

有時用較厚的紙摺成鳥型或箭型，摺的方式都很簡單，紙鳥用的是方紙，折成兩翼中空，利用其浮力，輕輕向前送，順著風勢，可以飛得很遠。紙箭用力向前擲，其尖尖的箭身穿過空氣前進。此兩種玩具，都以飛得遠近來決定輸贏。

一大堆童年頑皮事，看來好像絲毫無意義的遊戲，而結果並非毫無用處，因為有些遊樂，是自動自發想出來的，玩耍工具也是自己動手做，所以養成自力不靠人的性格，好勝心，鼓勵學習。而且集體玩耍，能合群，懂得群眾心理，容易與人相處。以後遇到抗戰，萬里流浪，一切要靠自己，雖在異鄉客地，也能適應。如小時過著少爺生活，一切瑣事都要靠人，那將束手無策了。孔子亦說：「吾少也賤，故多能鄙事」。確實的，我也多能鄙事，或許與吾少也賤有關，因我並非顯赫世家也，會的太多，雖博而不純，但對自己生活上的幫助，卻方便多了。

三、讀書

五歲是入學年齡，那時家業還未衰落，我家對面鄰家，房屋很大，有許多餘房出租，其中有光華小學的教員，名趙煜如，頭腦古板，人稱趙獃頭。我年齡太小，母親不放心，拜託趙老師帶我入學。記得上學那一天，一早即煎了年糕，煮了雞蛋粉煎絲，我吃了上學，據說年糕代表是高高興興，雞蛋是圓圓滿滿，都是口采。

光華小學，設在華氏家祠內，靠近三下塘河邊，取名光華者，因成立於民國元年，即光復初年，也是光復中華的涵義。聘請衛質文醫師為校長，衛也是革命先輩，無錫光復時他與倡導人士秦毓鎏先生等同是起義之士，很受居民尊重。

初到學校時，印象中好像氣氛很莊嚴，心裡怯怯的。受理報名的是沈倬雲老師。母親為了鼓勵我上學，託趙老師在我放學時給我一個銅板，說是學校獎賞乖孩子的，為此給了一個月，我一個銅板也沒用，全部交給了母親。

繆斌小時候也在此讀書，以後發達了，做了江蘇省政府民政廳長，為報師恩，發表衛質文為常熟縣長，沈倬雲也在民政廳任職。

跟我同時入學的有二位鄰居，一位是對門的劉覽庭，一位是徐祥根，徐小學畢業後到上海學生意，不幸患了腳氣病，未成年即去世。當時同學還記得有好幾位，住在學校對面的周一士兄，在交通大學畢業後，擔任公路方面工作，在台灣公路局退休，住在希事道院巷口的朱龍湛兄，曾任榮德生先生的私人秘書，很得榮信任，文化大革命時期，因為牽涉到榮先生的關係，吃了些苦，他多才多藝，詩、書、畫三絕，在上海，很有些名氣。

另外一位與我有四同之雅的沈嘯寰兄，所謂的同，乃是同鄉、同學、同事、同年。說起此人，可說是一位傳奇人物，他是沈倬雲老師的兒子，他在錫錘中學讀書時，很活躍，被選為學生會主席，那時有一位女同學名華偎煙，人長的很清秀，沈與她談戀愛，故意邀她在學生會任職，以便接近，同時校中有一位體育老師，也在熱戀華同學，於是師生之間，明爭暗鬥。體育老師，年紀較大，世故深，而且以師長身分，假公濟私，處處和沈為難，波瀾迭起，沈感到受壓迫，氣無可出，想了一個歪主意，向同學衛列（衛質文的兒子），借了一支手槍，拿到學校，在教職員辦公室持槍威脅體育老師，校方報警，警方拘捕，成為無錫社會的大新聞。因其父的關係，警方從輕發落，但學校則以開除處分，其父氣的不得了，登報聲明，脫離父子關係，將其逐出家門。其實他是年輕不懂事，不知此事的嚴重後果，而做了傻事，以後既不能回家，又無書可讀，就去寺院出家當沙彌，過了一段時間，由其友人介紹到嚴家橋小學任教，當時我也在嚴小，就成為同事了，他為此刺激，發奮自修，民國二十五年，我和他同到上海考普通考試，等不及發表，他又趕到南京參加全國性普考，那時是冬天，因路費不足，脫了毛衣在上海當鋪裡當了錢，忍著寒冷，以破釜沉舟的性情去南京應考。

天可見憐，南京普考錄取了，分發到內政部做事。他被學校開除後，與華偎煙仍常通訊，等到普考錄取，任職內政部，兩人就結為連理。抗戰時，他到貴州民政廳任職，二十八年，中央舉行高等文官考試，他趕到重慶應考，我們又再度重逢，其後兩人都錄取了，我分發到行政院，他回貴州任鰼水縣縣長。大陸淪陷，未及逃生，在文化大革命時，被揪解回無錫公審，報上大字標題為打大老虎，幸而並無血債，得以保全性命，苦頭卻吃足了。

我在落籍美國後，八十九年到大陸旅遊，在北京與他相晤，他已退休，為中華書局整理古籍，生活還過得去。只是令人驚訝的是，他那歷經艱苦而結合的婚姻，經不起政治風浪的衝擊，華偎煙為了劃清界線，竟從此離別。愛情難敵生活現實，深感浩嘆。他曾寄給我咏懷的詩，云：

咏少
弱冠落魄大江東。曾廁桑門拜誌公。晨誦金剛昏踏月。闍黎唯敲飯時鐘。
咏壯
丁年雁塔錯留名。皂衫青袍歲屢更。密網差逢開一面。燕京曳尾且偷生。
咏老
買臣覆水慨嘆多。破鏡人歸愧若何。堪笑先賢皆不達。試聽莊盆夜吟歌。
咏耄
長日唯銷一盒烟。泛觀經史樂殘年。山輝川媚何需買。杖履逍遙賽謫仙。

對門鄰居劉覽庭兄，文學修養很高，經繆斌介紹在戴雨農特工組織內任文案一職，雖然並非真正特工，卻也受此之累，終生未能展其所長，他在國學專修館畢業，長於詩詞，逝世後由其弟劉觀康，收集其畢生著作，出版《劉覽庭詩文集》由遠東出版社發行，也當作留下遺文。求學時期的印象大都模糊了，只是放寒假時所唱的一首歌，卻一字不漏的記得。每逢放寒假的前一天，老師必定在黑板上寫了歌詞，教學生唱，歌詞是：

「歲月去如流。又是殘冬風雪候。去年今日仍如舊。自問進步否。願明年開學相期不落他人後。日月不可留。莫把青年等閒負。」

光華小學畢業後，投考乙種實業學校秋季班，暑假後開學的第一天，我和劉覽庭兄共乘一輛黃包車去上學，印象最深的是我們下車後，我的書包忘記拿下來留在車上，等到發覺時，黃包車早開走了。覽庭兄記性很好，他說車夫是打赤膊的，於是兩人趕著去找車，幸而被我們找到了。

乙種實業學校校長鄒同一先生，非常嚴厲，看上去很兇，學生都怕他。他的面貌非常特別，鼻子和嘴唇皺在一起，嘴上留有鬍鬚，活像貓嘴上的鬚，學生們背後都叫他：「唉胡頭」，因為貓的叫聲就是「唉胡、唉胡的」。他有痔瘡毛病，每天到學校，手上總是拿了一個圓形橡皮氣墊，裡面灌滿了氣，用做坐墊，他很喜歡講話，每天朝會在明倫堂舉行，多半是他講話，師生在下面靜聽，他講的都是些修身養性之道，明倫堂屏門上漆有朱熹所寫的大學第一章，我們不想聽他嘮叨，就默誦大學章節，所以同學們對大學第一章都背的滾瓜爛熟。

乙種實業學校的老師，現在還記得的有：朱夢華、蔡伯群、張謚喜（國文）、陶希誠（英文）、張九如、朱文浣（理化）、錢祖康（簿記）、陳舊村（美術）、孫莘農（珠算），印象最深的是朱夢華，他教課是自選教材，深入淺出，課文配合時令，口齒明晰。往後任梅園軲然洞讀書處主講，及各大學教授，是名教育家。孫莘農教珠算，是在黑板上掛了一把大算盤，無錫有十大名畫家，首名是吳觀岱，其次是王雲軒，還有胡汀鷺、賀夫健等，陳舊村排名為第十名。

在台灣時，立法委員中，有名張九如的，我以為是乙種實業學校的老師，有一次和他當面問，他說是同名不同人。

學校因為在學宮內，曾出版不定期刊物，名叫：「泮藻」，上載了老師的文章，可讀性很高。

在學期間，還記得有幾件事。

1.是請國學專修學校校長唐文治先生來講陽剛陰柔文，他雙目已盲，全憑記憶，講的是歐陽修的「瀧岡阡表」，憑良心說那時哪裡懂得文章有陽剛陰柔的分別，只是聽聽而已，毫無心得。

2.是開除學生會主席龔宜楫，因龔思想左傾，言詞激烈，另外有搗亂學校的陰謀，為學校警覺，校務會議決定開除處分，又恐引起學生風潮，所以特地招開學生大會，請龔上台發表他慷慨激昂的演說，要求學生支持他，講的很好，許多學生同情他，但是早已被級任導師先入為主的囑咐與告誡，不敢違背導師而支持他，所以龔只好黯然下臺。

3.是學校變更校名，在短期內，學校三易其名，乙種實業改為商業學校，由蔡虎臣先生接掌校務。不久又改為縣立初級中學。

4.是初中一年級導師胡念倩，是國民黨潛伏的地下工作領導人，北伐軍第十軍軍長賴世璜的部隊來到無錫，孫傳芳部隊撤退，胡老師發動學生到車站歡迎北伐軍，胡那時即表明身分。

5.是學校為了滿足學生家長的要求，特別提高英文程度。不料揠苗助長，欲速則不達，反而使學生視英文為畏途，不能獲得正常發展。英文是陶希誠老師教的，用的是商務印書館出版的英語讀本與英文文法，學校特別指定課外讀物《伊爾文見聞雜記》，伊爾文是英國有名的散文學者，文字非常優美，可是程度太深，初中學生只能讀泰西五十逸事或三十逸事之類，太深的文章不能領會，不能消化。又地理課採用英文原本，教地理的先生患有肺病，每次上課後，面生紅潮，咳嗽不停。以後我們同學泰半英文不好，基礎沒有打好，也是學校失策。

初中一年級讀完，因為家中大姊生癆病，家中乏人照料，我就休學一年，到第二年復學，上了一個學期，又因大姐的去世，停止入學。所以我青年時的正式教育只到初中二年級上學期程度。後來因為家庭環境關係無法再入學。我想學校教師教的，書本中都有，努力自修，未必不及學校教的。念茲在茲，苦讀不輟，直到抗戰時期，流亡重慶，參加國家文官高等考試，（應考資格需大學畢業，我以專門著作，經由考選部審查通過，方取得應考資格。），此是由於自修書本紮實，以高名錄取。再入中央政治學校高等科（高於大學部），讀到畢業。完全跳過了中學初中、高中這兩關。

四、就業

我輟學後，十七歲就業，在民國十六年三月，北伐軍克服無錫，到二十年九一八事變，這一段期間，無錫這地區，尚稱平穩。工業急劇發展，紗廠、麵粉廠等大型工業，資本比較大，設廠不易，一般中小企業，都投資絲廠，最多時有一百多家，義生絲廠是其中之一。義生絲廠在無錫的南門外羊腰灣運河邊上，有三百台攪絲機。

那時建廠和營業往往分開，投資建廠的資本家稱實業，租廠經營的稱之為營業。義生絲廠的實業是川沙人，名叫任汝鐸，獨家投資，租給無錫投資家安樂平、周步雲、劉順清等經營。安樂平是安鎮人，他兒子安君模，以後曾擔任無錫縣銀行經理，小兒子安君贊，留學美國專攻糖業，曾任台灣南靖糖廠廠長，以及中興公司協理。

我是對門鄰居劉順清先生介紹到義生絲廠工作的，先派在清絲間，後來改任總工帳。

廠址是建在孤墳壇上，除了建廠用地以外，還有一小部份的亂墳地，就在廠旁的圍牆外，我們住在廠內的員工宿舍裏，半夜聽到多處廳房的門鎖發出呯碰的大聲，而隔壁墳堆亦時有怪聲，起先很害怕，以後聽慣了，也就無所謂了。

不同工廠的工作過程多不相同，我看到那大煙囪冒煙的工廠，原料進去，成品出來，往往發生疑問，不知道工作過程是怎樣的，我想一般人都會有些好奇心，所以我想把絲廠的內容，做一個介紹。

絲廠的組織，分為剝繭間、絲棉間、繅絲間、清絲間等，繭子進廠，先到剝繭間，將每個繭子外面一層浮絲剝掉，有雙宮繭、黃、綠色繭，以及已穿空腐爛的繭子清理出來，然後將剝好的繭子送到機器間去，用高壓蒸氣蒸熟。剝下來的浮繭衣以及清理出來不能攪絲的繭，送到絲棉間，絲棉間是將此無用的繭弄破，取出繭蛹後，將繭衣等搗軟、清洗、掛在架子上陰乾，然後賣給商人做絲棉被，或者絲棉衣之用。絲棉間剝取出來的繭蛹和搗絲後留下來的繭蛹，為數可觀，賣給養鴨人家作飼料用。

機器間蒸熟的繭子，送到繅絲間，分送到每部繅絲機旁，每部機器，有一個女工從早晨上班，到晚上放工，除了午時有半小時吃飯時間以外，整天都在繅絲。

繅絲機分幾個部門，先是儲繭池，裡面有熱水，蒸熟的繭子放進去，用竹做的笊籬攪，引出絲頭，然後按照預定的幾個繭子絲頭組合在一起後絞成一股，穿過一只有小孔的小磁盤，（俗稱眼睛），引到移動的架子上，每一個架子，可以攪五道絲。絲直徑的粗細，按客戶預定，按其需要不同而攪製，例如九到十一，十三到十五，十七到十九等。所謂九到十一是指每股絲的標準長度，放在但尼爾儀器上秤其重量，是九到十一之間，不能低於九，也不能高過十一，如高低的重量超過標準就不合格了。

繭子的絲從裏到外，其直徑微有不同，外面的粗，裡面的細，為了保持攪出來的絲直徑粗細一致，就是要用生繭和熟繭搭配成股，例如三生一熟，二生三熟等等。攪絲間工作人員，名叫管車，每人管左右兩排的繅絲機，整天在此兩排繅絲機前徘徊，注意女工，生熟繭是否配搭合適。水池裏的水是否發黃，因繭子本身有膠質，煮久了，膠質多了水就會發黃，必須換水。女工為了爭取攪絲的量，往往不肯犧牲時間換水，這是管車的責任，也要注意繅絲後是否接好再繅，女工為了偷懶，往往斷頭絲向架上一搭，繼續轉動，如此斷絲多了影響品質。繅絲間整天熱氣騰騰，在秋冬天還好，到夏天真是悶熱難擋，如此則要停工半天或提前收工。

到每天收工時，女工將架子上的絲取下來，送到清絲間，用細繩子將每股絲紮好，標了車號，掛在清絲間同一號碼的架子上。

清絲間氣溫是固定的，冬天有水汀，夏天則吹電風扇，因為生絲都要保持一定溫度，否則會脆，容易折斷。

清絲間主要的工作是用儀器檢定每股絲直徑的粗細，名為樣絲，如有太粗或太細不合格列出來，作為次貨處理，然後量秤每一工號攪絲的總重量，作為計算工資的標準。

工作同仁是檢查每股絲裡面有無糙絲（即是幾股絲糾纏在一起的粗絲），有無斷絲，同時用手將每股絲繞在繅絲機上所形成的硬角搓鬆，使整股絲都很鬆軟。如檢出粗絲或斷絲都用小皮紙粘著，交女工處理好，然後用絞盤機將每股絲攪成一小捆，包滿若干小捆加上包皮紙打成一包，外面加上商標，每若干包合起來捆成一大件，每件上的重量大約在一百斤左右。

在當時絲價大約每一件絲約售一千銀圓。到九一八日本進行侵略時，同時在經濟上也有計劃性的打壓我們工業，在國際上低價傾銷日本貨，絲價從一千元跌到九百元、八百元、七百元。到民國二十二年間，跌到最低價六百元一件，絲廠不夠成本，無法支持，只好關閉了。

義生絲廠也難逃此命運，又加上工會鬧事，當時工會領導女工名叫朱小梅和職員陳佩三配搭，一唱一和，使資方大受困擾，內外交困，宣佈修理機器停工，以後未再復業。

抗戰勝利後，我在重慶返回南京，回故鄉重履該廠舊址，已成空地，據說是我軍與日軍曾以該廠為據點，發生爭奪戰，因此毀的徹底。

五、轉業

絲廠關閉後，失業在家。有一天安君模先生帶信來，約我去他家一談，我依約去了，原來他安鎮的老朋友胡育良接任安鎮完全小學的校長，有六個年級，想請安君模幫忙擔任教員。安不想去，推介了我，問我有無興趣，我是求之不得，謝了他的介紹。他回報了胡校長，校長也同意接受，聘我為教員。在暑假後開學前幾天去學校。縣城和安鎮每天有班船來往，在北門外大洋橋下搭船，船到安鎮，校中有人來接，在鎮上吃過晚飯，安置在教職員宿舍，安小的教職員大都是本鎮附近的人，外地去的人不多，教職員宿舍只有兩間臥房，每個臥房住兩位老師，就在學校最後面。

胡校長送我到宿舍後面，向我叮囑說，學校房子很大，晚上有時起風，常有聲響，要我不必出來查看。我聽了也就點頭，不以為意，旅途勞頓，一晚安然入睡。

其後新同事陸續來了，當地的同事悄悄的告訴我說：「你好大膽，一個人敢住在學校裡」，我問他此話的意義，他告訴我一段故事：

原來安鎮小學是城隍廟改建來的，大禮堂是廟的大殿，教職員宿舍是安置在城隍和城隍夫人的寢室。有一年，有一位外來教員，和我一樣在開學前先到校，當晚聽到大禮堂有吵雜的聲音，他拿了燈籠出來查看，看到禮堂上有光亮，彷彿有人影幢幢，他很奇怪，前去探視，不看沒事，一看之下，嚇得魂不附體。原來禮堂充滿了碧色光焰，成為一座公堂，城隍神高坐在公案後面，有衙役，有囚徒，並聽得鐵鍊叮噹聲，這時不由得大叫一聲，頓時幻象都消失了。他跌跌撞撞的回到寢室，倒在床上，人事不知，發了高燒，第二天有人發現此教員生重病，於是送醫院治療，沒等病好，他就辭職回去了。不知道是此君因發燒而做囈語，抑或確有其事，弄不清楚，反正有人因病而辭職歸去，確是事實，有些同事聽他病中敘述，就信以為真了。所以胡校長關照我聽到聲響不要出來查看，其故在此。好在那時年輕，膽子大，聽了並不害怕。其實我到是確實碰到鬼的，我告訴同事，說我陽氣足，只有鬼怕我，我不怕鬼，我有經歷遇鬼的經過，不是吹牛，是實事，在一次敘餐的晚上，我將遇鬼的故事講給他們聽。

此事發生在我乙種實業就學期間，我家住二下塘，靠近運河邊，運河水寬，到晚上看去白茫茫一片。有一天是接近放假的時候，冬天日子短，天色已近黃昏了，回家的路上，風呼呼地吹，氣溫很冷，好像要下雪的樣子，為了擋風，把蘆花帽戴上，拉下套子，蓋住兩耳，風吹不進頸子裏會暖和些，在黃黃的路燈下，一人踽踽獨行，心中有些膽怯。運河邊有一處公用碼頭，平常白天，附近人家都去擔水、洗衣、淘米、洗菜等很熱鬧，到了晚上卻冷冷清清，河水茫茫，有些怕人；碼頭街邊對面是朱龍湛家，幾代同堂，住了好多人家，朱家是書紳門第，六扇大門平常是不開的，進出都由旁門走動。我走到碼頭附近，怕看河面，所以面向朱家，看到他家門邊門檻上坐著一個女孩，大約十多歲年紀，頭低下，用手掩住臉部，好像在哭泣，頭髮披下，身穿小紅花短衫。我想此女孩大約是朱家的小女僕，受了主人的責罰，在門外哭泣，這樣冷的天氣，主人也太狠心了，心裡為她不平。回家後曾告訴媽媽，媽也同意我的想法，認為我是小孩子，有些慈心，值得讚許。到了第二天，鄰居的人來講，朱家老太太無緣無故，在昨天晚上投河死了。朱老太太的耳朵已近聾，平常和她講話，提高嗓子，還聽不清楚，據他們家人講，昨晚風很大，窗門都吹得格格地響，晚飯後她忽然豎起耳朵靜聽，告訴兒子和媳婦說，大門外有人叫她，兒子和媳婦都說他們根本聽不到什麼，大約是風吹門動的聲音。到臨睡時，朱老太太顯得心神不安，口裏喃喃自語，是誰叫我？是誰叫我？兒媳想她耳朵又聾，大概心理作用，沒有理會她，不料，半夜裡她自己開門出去，投河而死。

媽聽了心裏琢磨，因為剛巧我昨晚看到他門口坐著的女孩，犯了疑，趁去她家安慰時，順便問起她家有無如此大小的女孩。她家說，現在沒有了，三年前有這麼一個小女孩，在大碼頭淹死了。死的時候因為是夏天，所以穿小紅花洋布短衫。媽聽了，毛骨悚然。很明顯的，我是看到那女水鬼的鬼魂了，否則哪有冬天還穿夏天的短衫，而且花色也相同呢。我們那裡有些相傳有些老話，說溺水鬼滿了三年以後，就要找替身。媽當時也不敢同我講，我畢竟年紀還小，怕受不了驚恐，她一面找道士誦經禮懺，超渡亡魂並驅邪。過了幾年，我長大了，她才透露出來，說我命大。同事們聽了也嘖嘖稱奇，也有些毛骨悚然。

可是從此以後數十年從來再沒有遇到鬼怪之類，就是有一次在炸彈下逃生，睡在死人堆裏，也無何感應。可怪的是當年一幕，影像非常深刻，直到現在九十多歲，還忘不掉。記得看電影片「倩女幽魂」，其中男主角問俠客，世間究竟有無神鬼，俠客回答「信之者有，不信者無。」世界上不可理解的怪事，只有做此解釋。

閒言表過，再談學校正事，我因為第一次任教職，而學歷又不高，所以不適宜做級任老師，胡校長問我有何專長？我答應可擔任美術或勞作的教師。我有此自信，是基於在絲廠時與同事陸祖康君曾接受過函授肖像畫法，又在停學一年時，在家學畫，按照芥子園畫譜臨摹，頗有心得，美術部門沒有問題，至於勞作，幼年時常動手做風箏等等，熟悉手藝，在找些參考著，定能勝任。而事實上也確實如此，擔任美術及勞做的教師很受學生歡迎。

一個學期過去了，到了第二個學期職位有了變動。

原來厚橋農民教育館奉准設立分校，地點在安鎮和厚橋的中間馮胡巷，那裡是胡校長的家鄉，農民教育館館長陳明遠，為了取得人和，特地拜訪馮胡巷大老胡校長，請他協助設分館，希望胡校長推薦人選。

胡校長考慮結果，認為本地人都與農民有牽聯姻婭關係，年輕一輩人去教導長一輩的伯伯叔叔，很難受他們的尊重，不如請我這個外來人去任教比較好。

在我來講，學校教育與農民教育，那裡都是一樣，而且在農教分館獨立自主，比較自由，所以答應此事。

厚橋農民教育分館，設置在馮胡巷小學內。校舍原來是胡氏家祠，房子比較起來還算寬敞。除小學部分以外，農教館分配到兩個房間，一是辦公室，一是臥室，如果有任何大型活動，就借學校教室。分館內經常祗有我一個人和一位工友。校園園圃中遍植玫瑰，空氣清新，比較鎮上更為清靜，是一個良好的讀書環境。

農民大都不喜歡集體活動，都得自己想法子，出點子。先是辦了一個識字班。胡校長的父親是當地的族長，一般農民都聽他的，由他指定哪些不識字的農民，不分男女老幼，按規定的名額，收足學生，都來上課。時間是晚上六點到八點，共二小時，學校在五點已經放學，所以可以用他的教室上課。那時廣播事業剛在啟蒙階段，無錫社會教育學院，設置了一個實驗用的教育電台，每天晚上播放音樂和通俗講話，我自己設計了一個礦石收音機，請他們試聽，他們都覺得很新奇，又有一具留聲機。唱片是百代公司出品，有洋人大笑和平劇等節目，也是吸引農民來聚聽的工具。

白天在辦公室內放置書報雜誌，也有人來看了新聞，回去傳播。慢慢地有人來請求代寫書信等等雜事。如有小小糾紛，也有到館內來解決，因為此地是他們的家祠，也合乎到祠堂評理的民俗。不久農民教育分館成為他們集會的中心，也是代理農民辦理雜務的地點。如農民們有向政府或社團請求事件，也委託我做代言人，奔波在城鄉、馮胡巷、及厚橋之間。我和陳明遠先生之間非常投契，他除將縣教育局指示轉送給我外，從不過問細節。

記得在第二年春夏之交，蠶期過後，我發動當地養蠶戶統一售繭，以節省勞力而可獲得善價。胡老太爺非常贊成，將每家零零星星的繭子集中起來，成為大數額的鮮繭商，和繭行展開收購價目的談判，大家都獲益。在集中過程中，因為每家生產的成品好壞不一，都集中到農教館來，由我評定等級，然後摻和在一起，以後售得價款，照原定等級分別給價，由胡老太爺在場坐鎮，因為我很客觀，評分也很公平，大家很心服。

馮胡巷小學校長名袁葆容，是當地袁區長的公子，很好學，常和我研究梁漱溟的實驗鄉村教育，在學校裏採用。

胡校長的堂兄胡吾千先生，是嚴家橋小學的校長，看到我在農教館工作情形，非常激賞，第二年暑假一定邀我去嚴小任教，他幾次和陳館長情商，勉強應允我離開農教館，我也因為其情意可感，於是轉赴嚴家橋小學任教。

嚴家橋小學在縣城東邊，已接近常熟境界了，也是一所完全小學，規模和安鎮小學也差不多，有十多位教職員，很意外的遇到了沈嘯寰兄，他由其好友安君時介紹來嚴小任教，幼年同學相聚，喜出望外，兩人自然很接近。

在他那裡得知政府高普考的消息，以前我自己用功讀書，是沒有系統規劃的。此時得知高普考的考試科目，於是有系統的讀書，我和沈兄，志同道合，看完後互摘筆記，相互問難，借此激發和加強記憶，往往看到半夜才睡。

嚴家橋的當地士紳朱文涜先生，是縣初中教過我的老師，曾去拜訪，他對我到他桑梓服務很表歡迎。

嚴小除有一個專任工友外，其他雜務，都包給附近老百姓，如燒飯、洗衣、清潔等等，既省錢，又肯盡責，也得當地人對學校的好感，可說一舉數得。

我們的辦公室，窗戶面對田野，鄉民由窗戶走過時，也經常和我們打招呼，當地人農忙過後到田野打獵，所得獵物滷煮後出售，價錢不貴、味道也不錯。我和沈兄有時買來當點心，只是滷菜裡面有時還有著小鐵子，吃的時候要小心，偶而也買做晚上加菜。

星期假日，除非要進城回家，順便借書和購物，決不輕易浪費時間，倘值風和日麗，也到田野間散步，以鬆散緊張的心情。學生課外活動，有其他老師負責，我和沈兄不參加。

那時嚴小學生僅一位程運學弟，在台灣相遇，他曾到我家拜訪過，教師節也寫賀卡來問候，以後他在政大教書，此外並未再遇到他人。

在嚴小任教一年，因有機會赴贛、浙、閩等地遊宦，離開了嚴小。

六、贛、浙、閩地的宦遊

我有一位從政的長輩，和浙江黃岩的王如心先生相熟，王先生在北伐時，曾任職經理處（即聯勤總部的前身），北伐統一全國後，他轉任稅務，擔任過南京大勝關稅務所長。因為他與聯勤人脈的關係，承包了聯勤的一部份軍用品。他家鄉黃岩出竹子，當地人善做竹笠，他承包的是軍用竹笠，數量很龐大，有一批貨要到南昌行營交貨，想找一位文書很好的助理做幫手，我長輩推介我給他。他與軍委會的砲兵總司令徐康交稱莫逆，他告訴我長輩，等待貨品交出，他負責介紹我去炮兵總司令部服務。有此機會，我當立即前往。

南昌行營設在南昌的百花洲，我和王先生運貨到了南昌，要辦理手續，在那裡住了一段時間，我鄰居劉覽庭兄，自從參加了特工機關，也在百花洲南昌行營服務，我反正是閒人，多的是時間，由劉與當地的友人聯絡相互交往，詩文唱和，宴會聚餐，以及他們的家庭喜慶，也適時參加，在此地做了好多詩。

王如心先生任務完畢，向砲兵總司令推介我的工作，總司令道：「我沒有軍事上的經驗，可以任命為政工，但是需派在軍中單位，時常到前線民間等工作，必要時或將參加戰鬥，危險性很大，我是否願意工作，要由我自己考慮。」王來徵詢我意見，我考慮結果是並無軍人資歷，前途發展有限，如因此而送命不值得，所以不想任此職務。最後商量結果，總司令有位部屬陳逸風，在福建跟蔣鼎文，後派任為龍岩區行政督察專員，他可介紹我去福建找他，有機會在公署任職。商量定後，他出了介紹函，並辦理砲兵司令部公差的名義，讓我去福建龍岩出差，因為是公差，可以搭乘軍方交通工具，不必自己花錢，可到福建。

我和王先生回到上海，搭上了赴福建的運兵船，就此到福建。王先生的好友擔任龍靖稅務局局長，王介紹我去拜訪稅務局局長請他照顧。局長招待我住在稅務局宿舍，供給膳宿，靜等拜訪公署的結果。

我持砲兵總司令的介紹函到公署去，陳員因公赴省府未能見面。如此情形，只有等他回來再召見了。

在等待期間，我悠哉遊哉和稅務局同事遊遍了龍岩的名勝，稅務局同仁水準很高，很多是詩人，總是唱和不絕，生活過的很愜意。

為此等待了一個多月，再度去拜訪詢問，總是推故不見，不得要領，我心理也著急，然而無可奈何，最後我推測他故意拖延，讓我自動退卻，不會傷了老長官司令的介紹。

我將此情況函告王如心先生，他是老於世故，知道官場裏的技倆，回信給我速回上海，不必等待，到上海後另想辦法。

龍靖稅務局長楊局長很夠交情，知道我將回去，特地設宴為我餞行。

自從夏季去南昌到冬季福建回來，整整過了半年，我曾題詩云：「菡萏去時透玉葩，梅花歸途拂征衣。」

那時王如心先生的軍笠廠尚在加工製作中，他要我先回無錫家鄉一趟，然後到他軍笠廠任職，稱是秘書。

在軍笠廠做了半年，任務終了，正式結束回故鄉。

我將此行所做詩詞集中，題名為《浙閩遊草》。又寫了〈浪遊剪影〉的文章，在無錫新民報發表，連續刊載了一個月。

我去拜訪老友朱龍湛兄，將《浙閩遊草》及「浪遊剪影」送他。其後歷經世事波折，此兩稿已遺失無存，雖然到無錫圖書館查新民報，也無留存，至於《浙閩遊草》，却為龍湛兄保存還我，他已在《浙閩遊草》加了序文云：

「此余摯友辛成方兄遊閩中浙贛時所寫詩稿也。辛成名永施，與余居同里閭，少小相親，長共黌舍，又嘗受業於吾父，刻苦好學，奮發圖進，迭應區縣長文官考皆中試，其後歷遊閩浙贛諸地，時值國家多艱，政局紛擾，所致輒不得意，余曾贈詩有：「有人抱懷玉，無地築金台」句，蓋即指此。君宦遊無所遇，乃發而為詩，借吟詠以言志，每有所作，輒以相示。猶記丙子春暮，辛成將重赴豫章，時余任職無錫商會，辛成持此卷來惜別曰：「此後雲山阻隔，萍踪靡定，藉留日後紀念耳」。余讀其詩，雋爽流麗，豪邁曠達，傷時而無憔悴語，不遇而無怨望語，中正和平，不偏不激，必為國器。丁丑，抗戰軍興，辛成去巴渝，余家間關千里，歷盡艱險，以達武漢，翌年秋，還抵滬上，此卷往返攜隨篋中，戰後歸里，吾家楹書盡失，而此卷未遭劫，不可謂非幸事也。甲申冬至，偶檢舊篋得此，誌其顛末如右。龍湛朱福康序。」

世事很奇妙，「浙閩遊草」歷劫倖存，出於意外。朱龍湛兄題浙閩遊草詩于漢口礄口宗關。詩云：「一卷才人筆，無愧絕妙辭，閒情洗秋水，麗藻煥春姿，草色天涯淚，雲心閩嶠思，挑燈百回讀，想見苦吟時。」

詩後加註云：「此冊文革中置酒吧櫃底層抽屜，其上原雜置學習文件及毛語錄，所以沒被紅衛兵抄去。千明樓藏書八千餘冊，悉遭浩劫，而此冊無恙，兩逃劫運。豈真有神物呵護耶」。近得永施兄由美來信，始悉故人健在，不勝欣慰。遙祝海外知友，早日歸來。壬春初曝書，整理殘帙偶得，因題，「龍湛手識」。

其後龍湛以原件歸還，我題憶江南詞，謝龍湛兄以數十年舊作閩浙遊草原稿相贈。「塗鴉作，敝帚不堪珍，展卷重看疑隔世，魯光歷劫倍艱辛，合十謝朱君。」

七、重做馮婦

無錫大企業家榮德生先生為了回饋鄉里，興辦教育，先辦了中學工商中學，而後仿古書院方式設置了「梅園轄然洞讀書處」聘請朱夢華先生為主講，最後設立公益小學，撥出梅園房屋為校舍。正在物色校長，朱夢華先生知道我遠遊歸來，尚無工作，極力向榮推薦我去擔任公益小學校校長。

梅園是園林名勝，是榮的私人產業，園內有近萬枝梅樹，美不勝收。在此園林內從事教育工作，也是人生一樂事。

校長不需負擔課程，比較清閒，正好配合我的需要，安心讀書。

我在嚴家橋小學已確定讀書的方向，就照著需要的科目，按步就班的苦讀。按古人的說法，讀書有讀死書和死讀書的分別，讀死書，受制於書本的內容，不知變通，死腦筋，成為書呆子，食古不化。死讀書，是指讀書用力勤奮，將書本的知識吸收，靈活運用，徹徹底底的讀通，活用，絕不可放鬆。我自認為是死讀書的一種。

我準備投考的是高等考文官考試的「普通行政人員」。也是所有政府機關都可勝任的文官。其考試科目初試分為：國文、民法、經濟學、總理遺教、財政學、刑法、憲法、政治學、行政法、中國史地、地方自治法規等類。再試科目為：三民主義、一般內務行政、中央及地方行政制度、地方管理學、縣行政及地方自治。投考者第一關是初試，初試及格後再去中央政治學校高等科讀再試科目，要初、再試完全通過才能算完成考試。再由政府分發機關任用。由於此種規定，應考者最重要的是第一關。

我讀書都從基本上做起，即使學校教過的東西，仍然從頭來過。舉例言之，國文除古文觀止各篇外，將四書中的大學、中庸、論語、孟子都從頭讀到底。歷史看章嶔所著中國通史幾大厚冊，再加呂思勉的白話本國史以及史記、綱鑑易知錄等。地理並無大部頭專著，就油印了所有各省空白的疆域圖，在空白地圖上默畫全國山脈、河流、都市、物產、交通等等分圖，務必把整個山河深映在頭腦中。總理遺教則看遍了中山全書，不僅主義、方略、大綱、宣言等看熟，連所有的電文都看過，再加上胡漢民、周佛海等理論文章，憲法則看王世誠的比較憲法和阮毅成的訓政時期約法。此外為政治學、經濟學、及法律等書籍除選讀商務印務館出版之大學用書，以及法學編譯社出版之專著，配合六法全書，對照著看。我再感興趣的是行政法，看的書最多，融會貫通，加以自己的心得，學者們的見解和實例，草擬了八萬字的「行政法之基礎」著作。送考試院審查通過，取得高等文官考試的應考資格，一面接洽上海書局同意出版，可惜在日本入侵上海時，原著在戰火中焚毀，非常可惜。

以後我向考選部查問成績，取得考試成績表，得知行政法考了八十分，這是歷屆考試中從來沒有得到的高分，可見一分耕耘一分收穫，是不變的定律。

多少年以後，我回憶當時苦讀情況，填了一闋「菩薩蠻」詞：「滿園梅樹花似雪。幽香縷送朦朧月。掩卷苦思時。映窗橫一枝。曉寒呵手凍。渾忘曙光動。草色又青青。縈回故里情。」

八、江蘇省自治人員訓練所。

民國二十六年春，江蘇省政府公告招訓自治人員區長班，受訓完畢將區公所改為區署。大縣錄取五名，小縣三名，一時投考者甚眾，我亦報名應考，無錫錄取五人，我亦列名其中。訓練所由民政廳主辦，民政廳長余井塘兼訓練所主任，國民黨省黨部委員曹明煥為教育長。

是年五月二十七日開訓，我已辭去公益小學校長職務，到鎮江報到入學。訓練班採軍事管理，大隊長林杞，後在台灣任省政府秘書長。教務主任孫雲霞，後在台灣大學教授，訓導主任王建今，後任台灣高等法院檢察長兼法官訓練所教育長。訓練所教書的老師是聘請學者和民政廳等單位主管，其中影象最深者是尹石公和許健。尹石公講江蘇歷代卿賢，他最推崇南北朝，南朝「劉宋」，開國皇帝劉裕是真英雄。劉裕復興晉室，他滅北方的南燕、後燕、蜀、後秦諸國。受晉禪為南朝，「宋」的開國皇帝。他講他在彭城和丹徒的遺跡，以及生平逸事，講的有聲有色，我們也等於聽故事，覺得深以江蘇人為榮。另一位許倢字慧圓他教地方自治，我有好些疑難處提問，他耐心地查明檔案，給我明白答覆，兩人有默契。後來在台灣，余井塘任內政部長，他擔任內政部主任秘書，與我亦有交往。

二十六年七月七日發生蘆溝橋事變，中國對日本全面抗戰開始。江蘇省政府為了配合時局需要，將原有舉辦的政務，認為無急迫性者暫時停辦。區長訓練班也在停辦之列。在七月八日宣佈暫時停辦，所有受訓學員，各回原籍，以後何日復訓，靜待通知。

於是我們也打道回錫，其後局勢稍見穩定，於同年十月二十七日再行復訓。復訓後不到一個月，局勢丕變，我軍被迫在京滬線撤退，江蘇省政府即將改組，於是區訓班緊急結束，怱怱舉辦了結業典禮，學員由各縣縣長派任職務。

此時日軍已迫近蘇州，和無錫只距一百里。我和同學王維能兄，合僱了車輛連夜從鎮江趕回家中。家中已由對面鄰居劉順清先生相邀到他鄉間石塘避難。我也隨同赴鄉。石塘鎮在太湖邊，不是軍事目標，所以暫時可以安定。至於向縣府報到任職，根本是不可能的空話。

九、再回鎮江

在石塘待了三天，我再三考慮，長此躲避，絕非了局，我天真的想法，只有再回鎮江，要求改分發到江北，如能辦成，可接父母去江北奉養。

十一月十九日蘇州失陷，京滬線火車只開行到常州已不到無錫，如去鎮江，只好步行到常州去搭火車。

十一月二十日早晨，天剛亮，就辭別了雙親踏上征途。剛走出石塘鎮，敵機已來轟炸，躲在山邊，等日機離去後，迅速的越過長長的寶界橋。公路上軍隊和難民交雜行進，秩序很亂。在工商中學門前，日機呼嘯而過，此時公路上滿是人，要躲也無從躲，過了一分鐘，日機連投了五、六顆炸彈，所炸地點大約在河埒口一帶。過了梅園，距城漸遠，心稍可放寬。冬天夜黑得早，路上黑沉沉的，在楊彎地區找到一座衰落的破廟，廟中宿夜的難民很多，大家蹲在一起烤火，又怕敵機夜襲，只燒微火，不甚溫暖，睡在乾草窩裏，那是前一批逃難的人留下來的，向難民們購得少許乾糧果腹。

白天因為趕急路，所穿的草鞋穿了孔，將足部摩擦了一個水泡。我原有皮鞋因趕路不便，收在藤包裏，此時腳痛也穿不上。

二十一日早，五點即起身，背了藤包上路，在路上拾了一破布傘，將布撕下，裹在足上，比較好走一點，過了閭江、雪偃橋、到了漕橋，橋外村莊有大火，冒黑煙。此時敵兵未到，屋主不會自己燒屋，一定是過路難民烤火，留下餘火未熄，把人家房子燒了，真是缺德。逃難人自顧不暇，村莊裏也沒有人去救火，想來只有燒完才會熄火。

再走了一里多路，在路旁有一所空房子，停下來生起火，烘烤凍得麻木的手腳。此家主人大概走得太急忙，稻穀和鹹菜都裝的滿滿的。找來找去就是沒有米、麵，鹹菜無法療飢，也不去動它了。逗留一小時左右，熄了餘火，看看門外下雨未停，在屋內找到一件破棉襖，披在身上，冒雨而行。再靠近常州時，雨已停了。找了當地人，問明了車站方向，到了車站，站上人潮洶湧，都是蘇州方向撤退來的。

有幾節敞篷車，開進站，大家一擁而上，一忽兒就擠滿了。車就是不開，隔了好久，總算車開動了，向南京方面行駛，到了外揚旗，紅燈亮起，是停車訊號，原來有一批軍隊要搭此車到無錫增援。車要回頭，乘客都不肯下車，交涉好久，軍隊動蠻，聲明要投手榴彈上來，乘客才驚驚徨徨的下車。

有一個士兵好心，指示我在數百公尺外的別一條備用鐵軌上，停有一列傷兵車，要到鎮江去，我可去試試運氣。

那種車原來是裝載牛、馬的鐵皮車，上面沒有頂，傷兵都睡在車廂底層鐵皮上，載得滿滿的，已無從插足，我花了許多唇舌，和傷兵們商量，千拜託萬拜託，才准搭在鐵皮車的三角鐵邊上，不可進車廂。我用竹棍橫在鐵邊交叉的橫角上，構成一個三角形，勉強可以坐在鐵邊沿上，手扶著另一邊，不能移動，要是失去平衡，跌下鐵軌，準死無疑。

車開動，寒風颼颼，隨時警惕，不能打瞌睡。

半夜三更左右，車到陵口車站，不知何故停止前進，此時雲開月出，正是敵機夜襲的時候，雖然提心吊膽，也無可奈何，幸而敵機未來。其後一天，敵機半夜大炸陵口，我真是很幸運。

二十二日天剛亮時，車到鎮江車站，那件破棉襖不要了，還換了一塊大餅及一根油條。住進小客棧，我要他們煮了一碗生薑黃糖湯，喝了以避寒氣，然後蒙頭大睡，在睡中聽到空襲警報，我沒理會，心想此時即使敵機投彈，我也無力起來了。

午後我到太平橋訓練所，大隊長林杞先生還沒有走，在他那裡找到教育長曹明煥先生地址，到晚上才聯絡上，我告訴他，家鄉將淪陷，無法回籍任職，想請省府改分發江北去。他說他明天已計畫離開鎮江，只有教務主任孫雲霞先生尚在揚州，他寫了一封信要我去揚州找孫先生。

二十三日去江邊想去渡江，鎮揚汽車公司有一艘渡輪，尚在載客，只是客人太多，無法靠岸。碼頭到渡輪相隔有二十丈，有小划子船作接駁生意，乘客每人花一元銀元，由小划子送上渡輪。

輪船載客飽和，即鳴汽笛開船。

遙望金、焦兩山漸漸遠去，船在江北瓜州登岸。叫了一輛獨輪車到揚州去。

揚州城里市面還熱鬧，未受戰事影響。找到揚州同學和訓練班職員，帶路去找孫先生，孫先生說，他原來今天要去漢口的，船票也已買到，恰巧船延期出發，所以沒有走成。可見做事要趁早，不能遲疑，機會可能一錯就過，沒法補救的。

孫先生對於我的事，表示同情，但也很為難，因為他無權能做主，他陪同我去找民政廳主任秘書高宗禹先生，此時廳長公出，由他代拆代行。高先生表示此事可以辦到，改分發到高郵縣，即日辦好公文，交我去高郵縣政府報到。

二十五日離開揚州，去邵伯，先乘小車後搭船，是晚就宿邵伯鎮。

二十六日由旅館介紹乘班船赴高郵，經過堤閘，閘內外水位相差幾丈。

到了高郵，班船停在南門，商店以糧食行最多。進了城，先去浴室洗了一個澡再理髮，精神爽多了。問了高郵區訓班同學徐崇墀前家巷的地址，去做不速之客。徐是高郵的大家富商，其父就是商會會長，見我前去表示萬分歡迎。不久高郵同學來了，他們已前去報到了，縣長說此時正是征兵徵糧的緊急時候，地方需要熟手，如有更動，對縣政推動不利，叫他們暫時等待，慢慢考慮出安置辦法，但迄今毫無動靜。

此地來的同學很多，他們都到大後方去了。我在徐家住了一晚，第二天徐兄借得公園內公家宿舍，同意我去免費居住。我想想，還是去報到，縣長出差不在，將公文留於收發室，留上通訊地址，請縣長回後召見，我在飯館裏吃飯，痴痴的等，直到我離開高郵，都沒有接到縣政府通知。那時縣長是陳桂清。他後來到台灣任立法委員，和我有接觸，我從未提此事。

十、流亡途中

在高郵等了一段日子，看上去在高郵沒有任職的希望，而陸續來高郵的同學有好幾位，大家主張到大後方去。此時同學連我有五位及泰興同學的兒子，決定上路，辭別徐同學出發。經過馬棚灣、界首、到寶應縣的汜水鎮，寶應縣同學芮昌言，已奉派為汜水區區長。大家在徐家住了一晚，第二天到了區公所，僱了一條船，此船已由一家人包了。拖著一家四人，在途中遇土匪，喝令停船，船不停，土匪開槍，將他太太打死，船脫離險地後，請船家在途中靠岸，草草地將死者埋了，他自己也受了槍傷，行動不便，另外是二個小孩還小，正在擔憂前途茫茫，聽區公所說有人要搭他便船，他想有人相伴比較可以壯膽，但是有一個條件，就是請區公所出一證明，此船是公務船，如此可以在途中避免攔截，區公所也同意出了證明。我們上船，講好不必出船錢，只要付膳食費就可以。

過寶應縣，到平橋，月亮已很高，船家說此地治安不好，也聽到遠處有槍聲，所以不敢停泊，連夜開走，半夜時已到淮安，稍停，不久天亮了，船家去買補給品，然後開船，傍晚到淮陰縣。我們上岸，說明不再搭船了。

在縣政府找到二位同學，其中一位已在縣府找到工作，另一位則準備和我們同行。我們去拜訪姚縣長，看看有無機會，姚縣長表示有困難，在淮陰待了三天，又踏上征途。在碼頭僱船時，遇到徐毅兄弟也在僱船。徐氏兄弟與我們同行的王觀榮相熟，所以我們合僱一船。他們原來是上海市童子軍，國軍在上海作戰時，徐氏兄弟奉童軍總部的命令，攜帶上海各界捐贈的慰勞品，慰勞部隊。所以當時與作戰部隊相熟，我們與他們同行，有許多方便。

二十六年十二月十九日，我們搭船離開淮陰。船的終點是邳縣的運河站。那裡是運河和隴海鐵路的交會點，隴海鐵路可以到達鄭州轉平漢鐵路到漢口。

下午三點開船，過西壩，是中運河和南運河的交界處，建有大的船閘，兩邊水位相差一丈多，我們進入閘內是低水位，閘門先關閉，將高水位的閘門開放，直到閘內水平與高水位的河面相同，船才駛出。工程非常偉大，我們也開了眼界。晚上住在楊家莊。二十日整天在運河中行駛，晚上到了泗陽縣的眾興鎮，是夜是冬至，我們非但凍一夜，也餓一夜。二十一號停老劉閘，二十二號中午到宿遷，宿遷是小刀會的發源地，民風強悍，幸好沒有出差子。二十四日晚上船到運河站已是終點了。是晚即住在運河站小旅館內。

自十一月二十五日離開揚州到十二月二十四日到運河站共計一個月，旅程經過六百五十一里。（計揚州到邵伯七十里，邵伯到高郵六十六里，高郵到馬棚灣二十里，馬棚灣到界首三十里，界首到汜水二十里，汜水到寶應七十里，寶應到淮安八十里，淮安到淮陰三十里，淮陰到楊家莊二十里，楊家莊到眾興七十里，眾興到老劉閘七十五里，老劉閘到宿遷三十五里，宿遷到皂河三十五里，皂河到窰灣七十里，窰灣到運河站七十里。）在此旅途中，吃了些土產印象很深。在洋河喝了洋河高粱，洋河高粱全國有名，又香又醇。吃了炒花生米，顆顆碩大香脆。吃了五香牛肉，又鮮又嫩。以後沒有再吃到同樣水準的食品，正是回味有餘。

運河站旅館服務生，告訴我們隴海鐵路車次少，旅客擠，又加軍事頻繁，客人如要西去，必須早點到車站等候。所以我們在二十五日，天還沒有亮，七點多鐘就去車站等候。乘客多的不得了，我們互相支援，攀門才能進入火車，九點鐘到銅山縣所屬大湖鎮，在火車上擠不過氣來，大家商量下車，步行入徐州。住旅館，順便在市上觀光一番。二十六日徐州遭日機轟炸兩次。幸而沒有炸到。

徐毅到駐軍處弄到了通行證，目的地是漢口，在隴海鐵路上可以搭軍用車到鄭州，再轉平漢鐵路到漢口，不必付任何費用。他招呼大家吃晚飯，到晚上九點鐘才有一列特別快車來，於是上車，沒有人查票，車到黃口站，天亮了，有查票員來，看了通行證，說我們通行證不管用，除非補票，否則請下車，他講得有理，我們只好下車。其後來了一列鐵皮車，是載黃豆的，是晚夜宿在黃豆糧包上，來到牧馬集卸貨了，只有在下車等機會。後來來了一列軍用火車，千拜託萬拜託才上了車到了鄭州。

鄭州車站建築很像樣，比其他站不同，站內有飲食店，吃了些東西，去鄭州旅館。即在市內觀光一番，市面相當繁榮，但建築都刻板。商店店員待人接物很禮貌很客氣，饒有古風。

三十日下午很幸運搭上平漢鐵路的夜車，一路經過信陽、偃城、許昌，那時已是除夕晚上。

民國二十七年元旦，車在武勝關雞公山經過，在餐風露宿中過年，其遭遇也不平凡。

十一、漢口短駐

一月二日到漢口，在漢口住了九天。遇到了同鄉、親友、師長等，有劉其風、劉觀康、丁植夫、陳明遠、朱兆莘、蔣煥卿、朱福康和劉覺民、高宗禹、惠晉；朱錦庭、張德鍾等。張德鍾是區訓所的總務主任。我們以後何去何從？熟人們互相研究出結論，大家認為漢口非久留之地，敵軍必攻漢口，共黨居陝北，在漢口蒐羅人才，山西閻錫山也插一腳，蒐羅人才，但都不成氣候，只有深入四川投奔中央政府才是上策。因為那時武漢人才薈集，陝北共黨宣傳，有志之士投奔延安的軍政抗日大學，閻錫山則宣傳山西太原的民族革命學院，海報滿天飛，熱鬧滾滾，知識分子無所適從，必須自定行止。敵機未在武漢投彈，他們想等待時機，經長江直攻武漢，不必事先打草驚蛇。

在漢滯留期間，曾渡江去武昌黃鶴樓，樓在蛇山頭，面對鸚鵡洲，樓已陳舊，江水浩浩，煙霧離迷，看鸚鵡洲隱隱約約，心有所感，賦七律一首云：

「滾滾怒濤接遠天。客中吊故倍淒然。雲飛黃鶴空陳跡。霧瑣青山懷昔賢。啼血杜鵑何苦苦。凌波芳草自芊芊。愁懷遠眺江南路。處處烽煙負少年。」

龜山與蛇山相對，並不高峻，嚴格言之，龜山與蛇山，兩座土崗而已。

是時入川者，必先去宜昌換入川的淺水輪，一票難求，託與船公司相熟的朋友汪霖去購得兩張船票，我和王觀榮同學同行，票價十三元，以六折收費。其時流亡同學們到漢口後，各有門路，已經星散。

船於十日登輪，十一日晨四點起碇。十三日中途擱淺，費了好大勁，才能開動。十五日過沙市，下午到宜昌。

十二、在宜昌八個月

宜昌的縣長李晉芳，是區訓所的教師，此次前往，有心投奔他的。到了宜昌，下船後，先到一馬路找旅館休息，整理儀容，然後去縣府，縣長不在未晤。十七日看到縣長，他叫我等待，看看有無機會。

十八日王觀榮找到熟人王印佛先生，他是省府派來推行合作事業的專員，他正是在找人幫忙，要王觀榮明天就隨他去五峰推行合作事業，他設辦公處在宜昌河水巷的十七號，僱了一個工友照顧，房子反正空空的，要我搬過去住。

我自己置備了碗筷、小爐子、小鍋等，自己煮飯。工友是本地人，自己回家吃飯，也不想幫我弄飯，所以只好自己做。我去縣府更改了通知的地址。

二十一日李縣長找我去，告訴我宜昌縣奉命保管一個飛機用的汽油庫，每處都儲存汽油十多萬桶，機場正在興建跑道，一條跑道構築完成，即需要用汽油。保管汽油庫的職責重大，問我是否願意去任保管責任，所謂保管，一是嚴出入。不准人員隨便出入以防走私。二是督導技術人員補漏油，因為汽油是容易揮發的物質，如有漏油，油氣灌滿油庫，必生危險，而空桶也需補漏，不可讓他漏光。

技術人員三天來一次，已漏的油桶，都提到庫房外地上做工。三是督導駐軍守護。每庫由省保部隊撥一排人防守，防止漢奸和不逞之徒搗亂，和陰謀窺探，做日本人間諜，最重要的事防火。警衛是由排長負責，仍受縣府所派人員監督。

兩個汽油庫一在東山寺，一在玻璃廠，我同意接受此命令，派在玻璃廠，玻璃廠距機場幾里路，是一座寬敞的水泥平房，原來是製造玻璃的工廠，已停辦，縣政府徵做儲油之用。四周有民房，我即租用民房為食住之處。駐軍也租住民房，在庫房的周圍佈防。東山寺那位保管員名叫陳金榮，是李縣長在江蘇做縣長時屬下的區長，此次攜眷來宜，正好也接受此差事。

是日下午先去縣府閱卷，隔了一天，即去玻璃廠辦理交接，原保管員是宜昌本地人，名張寶全，他交卸了任務後，派到機場督修跑道。

我是二月二十三日接收的。不料二十七日日機就來轟炸機場，那時我正去縣府接洽公務回來，機場是必經之路，到了機場附近，忽然聽到遠處空中響起了馬達聲音，有十八個飛機的黑影，漸漸飛近，每三架一隊，共為六隊，到距機場不遠處，突然轉彎，我很清楚看到機身前面掉下許多黑呼呼的東西，成拋物線形，向機身前面落下。我一想不好，可能是敵機來轟炸，趕緊伏倒。向機場旁邊一個池塘爬過去，剛躲好，震耳欲聾的炸彈聲音，接二連三的響起，不久機場內外一片哭聲。我所躲的池塘對面，也落下一彈，地面的長草像被鐮刀割過一樣，連根割斷，我如不是躲在低窪之處，定然亦已遭難。

縣府督導人員張寶全，正在機場跑道邊，在此次轟炸中遇難。真是人事無常，亂世生命有幸有不幸，昨天我們辦理交接後，他還招待我到他家去坐了一會。假定我不是去保管汽油庫，而是督修飛機場跑道，我一定會接受任務去督導的，此是命中注定。也感謝李縣長，在無形中救我逃離此難。

二月初，區訓所同學王維能攜眷抵宜，另一位杭誠也來了。二月八日敵機第二次來宜昌空襲，警報解除了，陳金榮、王維能、杭誠都來我處，同去吃了晚飯，飯後李縣長派人來找我去商量如何安全保護汽油庫。他說此地有位士紳，名叫羅羿，很熱心，他對宜昌山區很熟悉，願意幫忙縣府找山洞來儲藏汽油。要我和他約期前往找山洞。此時王維能也隨同我去見縣長，李縣長問了他現在情形，立即下手諭，派為政務警長，他暫時得以安身。

十二號應羅先生之約和陳金榮渡江到紫陽的牛扎坪羅家，牛扎坪在萬山叢中，是一個山鎮，羅是當地大族，他很好客，我們在羅家吃午飯並飲酒。他很健談，對當地掌故，從歷史上的古跡和現代的舊聞逸事，都講的有聲有色，賓主盡歡。

午後找山洞，在南津關對面西陵峽口處發現一洞，入口甚狹，進入洞內，轉彎曲折甚深，怕有毒蛇猛獸潛伏洞內，不敢深入，走了幾分鐘就退出，商量作為備用洞，如要儲藏，仍需整修，開闢洞口。修整地形，使其平坦可以堆放汽油桶，如此花費也不小。他知道縣府難以籌出經費修洞，所以要在別處找洞。於是相約等羅先生有空去看三遊洞。回來後再報告縣長。

過幾天，羅先生約我們去看三遊洞，三遊洞是宜昌有名的古蹟勝地。地點在南津關附近西陵峽中的燈影峽內，靠近江邊，運輸也方便。據記載，唐朝元和十三年（公元八一八年）冬，白居易由江州司馬任用忠州刺史，與其弟白行簡同行到宜昌，剛巧元微之也到宜昌，三人同約遊此洞，各人賦詩，白居易做序，此為前三遊，到了宋朝嘉佑七年（公元一〇五九年），蘇洵、蘇軾、蘇轍父子三人由四川眉州赴京師入仕，途經宜昌，也同遊此洞，各賦詩詞記遊，名為後三遊，以後歷代名人在此題詠很多，都刻在洞壁上。洞內面積有七萬平方米，將洞隔成前後二間，前室明朗寬暢，很好作為儲物堆積之用。

回報縣長後，縣長認為如將此名勝遊覽地封閉，恐為縣民不諒，也只好作為參考之用。最後總算在董家沖找到了合適的天然洞，遂決定將東山寺和玻璃廠的汽油一並遷移到董家沖去。

在玻璃廠保管期間，有幾件瑣事，也可一記。

王印佛先生自五峰回來，我們見面，我告訴他已奉派保管汽油庫，他說責任重而且危險，如果我認為不合適，仍可隨他去推展合作事業，我為此考慮了二天，就試著和縣府商量，可否另找人來接替我的工作，那時我年輕心直，不知道用機心，當縣府主任秘書李晉先生問到我何以要辭職？我坦白的告訴他要隨王印佛先生去推廣合作事業，他說他會報告縣長，過了兩天他給我回音，他說縣長的意思，辦合作事業是縣府施政發展農村經濟的事業，本縣正準備擴展此項政務，稍待可調到縣府主辦該業務，不必再到其他縣鄉去奔波。我想縣長既有此好意，一動不如一靜，就決定留下來。一面婉辭王印佛先生，王先生真是一個好人，他也是江蘇同鄉，對流亡在外的鄉人，很肯照顧，他代我介紹了活躍湖北政壇的陳繼盛先生，王說若有緩急需要幫忙，可找陳先生商量。

我就此等待縣府的任派命令，隔了好久，都無音訊，我去問主任秘書，始終沒有肯定答覆，後來他煩了，說找不到接替人，要我再繼續幹下去，我才知道他是虛晃一招，自然仍留原職，因此心裡不痛快。

在我接受玻璃廠工作時，警衛是湖北省保安部隊，排長名黃愚，湖北，石門人，其實人一點都不愚，而且非常狡猾，有一天我聽到別處汽油被人縱火焚毀，心理很焦急，想找黃排長談一談警衛的情形。恰巧黃不在，與班長談了幾個小時，對於安全措施，他拍胸擔保，說防止漢奸搗蛋，是他們主要責任，我可放心。他們對於普通人決不讓其逗留在附近，就是我的朋友也要我帶領著才能進入警戒範圍，他舉例上次縣長來視察，就吃了閉門羹，可見其防護的嚴密。

我和黃排長商量，可在油庫附近設防空壕，他說防空壕實在沒有用的，如敵機擊中油庫，在此附近一百公尺的人，無一倖免。

有一次他苦著臉和我商量，因為有急用，向我借一些錢，以後拖延不還，直到他調防，借款也不了了之。

我們油庫工友名許榮富，好勇鬥狠，時常在外面惹事，我租屋居住的房主，有一位年輕兒子，受人欺侮，許為他抱不平，拿了鐵條和他去尋仇，我不准他去，他表面答應，結果還是偷偷的去了。幸而那次沒有遇到仇家，否則出人命。我想他要是出事，我也難逃督導不週的責任，所以反映到縣府，將他調走，他一氣之下不幹了。而且到縣府要取回任用時的保證人保單，縣府人事主管說保單已存卷，不可拆下來還他，他還和主管人員吵了一架才走路。另外派一個工友，名張季洛，是第三科科長張立薰的家人，比較本分。

三月二十二日，王維能已辭去政務警長職務，我為他餞行，是晚即宿王維能處，油庫原有警衛隊也調防。

黃愚借了錢不還，很不好意思，招待我和他部隊同餐了幾次，軍隊的伙食非常清苦，他請我吃飯，都是輪到打牙祭時候去吃的，所謂打牙祭，那是加菜的土話，所謂加菜，加了極少數的葷菜而已，記得有一次黃芽菜燒肉，士兵們都吃黃牙菜的外層，排長班長則用黃牙菜內層，味道很可口。租屋的房主講，此菜可口，並不是燒得好，而是黃牙菜本身是襄陽地區有名的蔬菜，名為「襄陽白」。如在冬天經過霜打後更是甜甜好吃，以後我離開宜昌後，再沒有吃到襄陽白那麼好吃的蔬菜。我的伙食是包給房主的，每日三餐，粗茶淡飯，無甚可記，只是他們有一拿手菜，是自製的臘八豆，有時菜不夠，拿臘八豆湊數，鮮鹹爽口，加一點紅辣椒，很能下飯，以後在別處吃到的臘八豆，都不能和他相比。

四月十三日開始遷油庫，到十七日遷畢，我每日隨車去董家沖，完成最後交割手續，縣府並准辭職。

王印佛介紹我的陳繼盛和我常有接觸，他告訴我，省政府要舉辦鄉鎮人員訓練所，訓練地點就在宜昌南岸的大橋邊。教育長名周曼雲，他和周有深切交情，可以介紹我去服務。在四月十一日，我先去大橋邊見了周教育長，談的很好，約好等我縣政府辭職後就去鄉訓所。我先拜託王觀榮代理幾天，周教育長對王觀榮印象也很好，就連他一併留下來了。我到月底才去報到。

鄉訓所的教、職員住在大橋邊的馬同興商號樓上。

大橋邊傍山，橋下是一個大河川，平時已乾涸，每到春雨，水勢奔騰而下，成為寬闊河面，大橋已傾圮，到大水時交通斷絕。有一次我為了過河去宜昌，沿邊南下走，看到水淺處似乎可以涉水而過，水深大約到膝部，走到中流，水急石滑，幾乎跌倒，幸而手中持物，在石縫間擋住，驚出一身大汗，不敢再前進，退回岸邊。此時若不幸滑入水中，隨水沖入長江，此次能脫險亦是幸運也。

在水涸時，河床上由山區沖下來的鵝卵石，很多有五色花紋，我們在公餘之暇，趁天尚未黑時，去檢五花石，當時擇最奇的積存一些，以後行蹤未定，也遺失了，甚為可惜。

在大橋邊曾有題即景詩云：

「青山隱約幕煙中，夕陽餘霞流水紅。遠聽歸舟吹短笛。徐看明月照長攏，雄心半逐愁心絕。熱淚全隨酸淚空。千里悠悠傷此夜。故鄉異地一般同。」（按大水時常有鄉人駕小舟往來。）

六月二十二日，無錫同鄉鄰居劉順清家搭大豫輪到宜昌，特前往相晤，當晚即宿輪上，話家鄉人事及流亡途中苦況，相互唏噓，伊等不久即入川。

八月間，區訓所同學楊嗣武來宜昌，相商入川，因與王觀榮一同辭去鄉訓所職務，回宜昌，借住縣立醫院，與楊同學共同設法購到民生公司淺水輪船票，於八月二十六日乘船經三峽赴重慶。暫時結束了這一段流亡生涯。

十三、到重慶

輪船共行六天五夜，二十七年八月三十一日到重慶，船泊朝天門，看到沿江岸房屋，都以粗竹竿豎立江邊，作為支撐，上蓋竹屋，甚以為奇。上岸後先爬坡。從下半城到上半城，又是許多石級高坡，先住陝西街鴻來旅館，九月二號找到先來的王維能，王太太是基督徒，他們有基督教兄弟們照顧，住在基督教照顧流亡人士的宿舍，在江家巷，我們由王維能介紹，也住入江家巷。

現在先談那時重慶的概況。重慶是一個山城，一年中有八個月在霧中，對我們來說，生長在魚米之鄉的江南人，小橋流水與此山城截然不同。前文說到朝天門沿江的房屋都是用竹子支撐的，此房子都是臨街的店舖。面對陝西街，背向著大江，我們外來人看來很危險，難道漲水時不會把此毛竹沖垮嗎？而事實上從古以來，這些簡陋的建築物，從來沒有被江水沖倒。卻是最能適應江中巨浪的建築物。

碼頭上腳伕，都是用白布包頭，無論搬運東西，或載乘客，都是用兩根竹竿簡單構成的滑竿，輕巧而平穩。陝西街是下半城，到熱鬧的上半城，大樑子、小樑子，都要爬坡。不能乘車子，憑兩條腿步行，或是滑竿。

飲食店多的是火鍋毛肚、豆花開堂。火鍋毛肚，是終年不換鍋底，老滷的麻辣火鍋，用生料在老滷裏滾燙著吃，如滷料淡了，堂官就添加香料，後家吃前家滷汁。習慣成自然，從來不提起衛生問題。所謂毛肚是牛胃，是主菜，其他蔬菜和肉類，內臟等都有，就是沒有魚。照說在長江和嘉陵江的都市，卻吃不到水產，魚是貴菜，等閒人士吃不起的。為了解饞，發明了一個菜，名叫「魚香肉絲」，用葱薑、醋等，依照燒魚用料的方法，炒肉絲，取其燒魚味，也是聊勝於無。

豆花即是江浙一帶的豆腐花，只是此地的豆花是用大鍋煮的，是民間一般販夫走卒的早晨食品。所以天剛亮，店門即已打開，掛了豆花開堂的牌子，迎接食客。

重慶最多的是茶館，我們江浙一帶，休閒是坐茶館，所以對我們來說，也不陌生，可是此地茶館之多，江浙茶館不能與此相比。而茶館有一特色，除茶座桌椅外，另備有躺椅，茶客可以安心的躺著享受。我們先聽到堂官叫某席一杯玻璃，不知道玻璃如何能吃？後來才弄明白是白開水，白開水和玻璃一樣明亮，發明此名詞的人，很有藝術頭腦，聽起來很雅，不想叫一杯白開水使茶客難堪。經營茶館的都是地方上的袍哥，否則站不住腳。有一個時期，我結婚後公家沒有分配房子，就租了一間茶館樓上房間，看到他們每年由店主大宴同門，住在那裡有一個好處，不怕小偷，儘可開了房門外出，家中無人也沒有關係，小偷不敢來光顧的。後來我們分配到行政院歌樂山的職員宿舍，搬到歌樂山去，從化龍橋、小龍坎、過老鷹岩，穿過山洞才能到達，是山城裏更高一層的台地。在重慶有公共汽車可以搭乘，但乘客擁擠，汽車爬山有時拋錨，所以我們寧可自己走路抄捷徑，在小龍坎走上山中小路，山路高而陡，路卻近了許多，有時帶了衣物等，上山後往往上氣不接下氣。此是山城的特色，也無可奈何。

歌樂山有一條山路，可通到嘉陵江邊。直上直下，到江邊是瓷器口鎮，出產鹹煮花生，很有名，為了買此鹹煮花生，往往不怕勞苦，爬一段山路，以後別處地方有仿製的，都沒有瓷器口花生好吃。

重慶人蓋的房子很簡單，用大毛竹搭了屋架子，間隔的牆壁，是用竹片編成整塊的竹排安上去，然後在竹排上塗泥巴，再用石灰粉刷，既不費工，又省料，又省錢，由於建築簡陋，隔音不好，往往隔壁的一言一動都能聽到。有時風吹雨打，牆壁破爛，只要再塗些泥粉好了，竹子有韌性，就是不會倒塌。

這裡煮飯和我們不同，先把米煮開了，將米漿濾出來，再煮，分兩道手續。不像我們是米和水混合了一起煮好。如此做法，各有利弊，照本地做法，是米飯和米漿有二種食品，但飯的營養差些，也無彈性，照我們家鄉做法，飯吃起來比較有彈性而且香。

那時重慶的媒體用紙，先是用白報紙，以後白紙沒法進口，改用土紙，其紙質之差，比江浙一帶做冥紙紙錢的質地還差，又黃又薄，印了字，有時兩面反映過來，模糊不清。有些眼睛有毛病或老年人，根本看不清楚，可是此種克難做法，也是逼不得已。

四川產桐油，以桐油換取外匯。沒有電燈的鄉間，普遍點桐油燈，其有用蠟燭照明的，視為奢侈品，桐油燈的發光亮度不足，暗暗黃黃，是習慣了，也就無所謂。

桐油比一般食用菜油、花生油、黃豆油、菜仔油等價錢便宜，有些黑心商人將桐油摻入食用油出售。如摻得少，吃後胃稍有不適，加多了，會腹瀉。有一次我在菜館裏吃到此毒油燒的菜，回家後大瀉了幾場，後來到菜館裡去交涉，他們說是進貨來的，不知是哪一批，哪一家的油出了毛病，他們自己也是受害者，教我們留下地址，如查到了取到罰款再通知。以後不了了之，自求多福，減少到不出名的菜館去吃東西。

本地人穿衣服很樸素，同我們外來客（他們稱下江人）顯然不同，外來客都是從物質充裕的地方來的，衣著原來比較考究，其後原來的衣服破舊了，只有就地取材。記得那時誰家穿了一件新製的印丹士林布罩袍或旗袍，就可以在左右鄰舍炫耀，大家也以羨慕的眼光相看。漸漸地出現許多出售舊衣服的店家，出售外地貨的拍賣行，在歌樂山小小的地區，就有兩家，我在公家配售得到的魚肝油丸，自己捨不得吃，拿去拍賣行，很快就售出，還得了善價，比配給價高了三倍。

重慶出產的水果不多，綦江的柳丁，比較有名，買了柳丁送禮，也是風行的禮品。

十四、新政治月刊社

拉雜的寫了重慶當時一般概況，應該有一些落後困窘的概念。抗戰時期，沒法度，也只能隨著政府慢慢地改善。

現在再回過頭來，寫到重慶後謀職的情形。上文寫到二十八年九月，住入重慶江家巷。現實最迫切的事情，無過於謀職。我在區訓所當時和教師許健比較相知相熟，知道他追隨余井塘先生在重慶國民黨中央黨部服務，因去找他，和他講了我的近況，請他設法找工作，余井塘先生是中央黨部要角，更兼中央政治學校畢業生指導部主任，人脈廣，消息靈通。許健將我情形告訴他，他知道中央政治學校研究部劉振東先生要成立一個學術宣揚機構，預定名稱為：「新政治月刊社」，介紹我去與月刊社預定的負責編輯見面。當時預定的總編輯有三人具名，一、周子亞，二、朱建民，三、王鳳喈。（王鳳喈是否有誤？因記憶力差，須待查。）負責籌備的是周子亞，他曾追隨程天放先生，在中國駐德大使館服務後回國。

我和周見了面，他同意我到月刊社工作，先參加籌備有關事項。月刊社附屬研究部，但是獨立立案的法人。內部組織分為社務、編務、財務、總務等部門，而由劉振東先生為發行人。周子亞此時主要的工作是找月刊社社址，初步找定了，與房主洽商，待正式決定，訂合同租約，其次是找印刷廠等。最後決定的社址，是上半城的中央公園裡面已承租的大茶社，他們將「葛嶺東廳」轉租做二房東。

關於印刷廠，我有同鄉蔣先生，在重慶開了印刷廠，規模也不小，廠址在重慶靠江邊的山灣裏，不是日敵轟炸的目標，應該很安全，我介紹周先生和他見面，也談妥了。

周先生同我講月刊社正式成立後，分配我的工作是將稿件送印刷廠，做校對，發行等雜務，平常社中只有我一個人，另外一個工友，如有客人來到，則由我接洽招待。如月刊社有事務上的事，須在重慶辦理者，也要協助辦理。由於各部門主辦人，都在重慶鄉下山區白鶴嶺研究部內，一周自己每星期來重慶市一次。

那時日敵空襲警報不斷，研究部兼月刊社的職員都不敢來。我則早已適應了這些緊張生活，膽子也大一點，並不甚害怕。

月刊出版後，作者都是有名的學者，在文壇上和政治有關的機關，都很看重。當時寫稿者太多，記不清楚，我記得有陳之邁，後來在行政院做我直級上司，最後任教廷大使。有楊玉清，解放後任大陸行政院參事。往來的朋友有陸東亞、斯頌熙及其他周子亞在政大的同班同學很多，有一位任維均以後担承台灣菸酒公賣局首任局長，他們都常有往來，我也將流亡中所見所聞投重慶報紙，其中有一篇就寫了，在蘇北運河裏搭船的那位先生，遇土匪搶劫，土匪將他太太殺死，先生只能無奈將太太草草埋在荒地裏，還有二個幼兒，隨著受傷的父親逃難，很可憐。那時我們自顧不暇，無法幫助，為此耿耿於懷。

萬嶺東廳有一個客廳作為辦公室，二間臥室，我住一間，另外一間是周子亞和他太太及女兒來重慶時的住房。周子亞夫妻情篤，他倆是杭州同鄉，對女兒也很愛護。周太太讀了我那篇文章，也為他可憐，他問我是否是真的事實，我說當然真的，在逃難中，此類遭受不幸遭遇的人，多著呢！

萬嶺東廳，面對長江，江對面是一座秀麗的山峰，名叫塗山，每天在大玻璃窗中看那山光水色，心曠神怡，月刊社的工作是忙半個月，空半個月，正好是讀書環境，我離家出走時，所有寒窗苦讀的書籍都沒帶，已荒廢了好久，我到研究部圖書室借了書籍溫書，當然書籍是沒有像家鄉時完備，只能就可能借到需要的書讀起來，聊勝於無。

如此過了幾個月安靜的生活，到了二十八年五月間，重慶霧季已過，敵機在五月三日、四日、二十五日，連續來重慶大轟炸，月刊社也被炸掉了。於是將社址遷移到南岸龍門浩，望耳樓，租了馬希賢醫生家的房子，繼續出版。

十五、重慶大轟炸

日本飛機真正炸重慶是從五月三號開始的，以前拉警報，警告市民日機有進襲的可能，但每次都沒見敵機臨空。所以三號拉了警報，市民們並不太驚慌，直到飛機臨頭，才像無頭蒼蠅亂竄，隨便找房屋底下躲一躲，那天，我們是在都郵街口的青蚨飯店吃飯，敵機在飯店上面飛過，沒有投彈，他們的目標是較場口一帶，炸彈很多，我以前住過的江家巷也被炸了。死了好多人，房屋也起火燃燒，有些建築物被炸的幾乎毀滅。大家才領悟到轟炸的可怖。

四號，一聽見警報，大家迅速的躲入防空洞內，此次的目標是都郵街一帶，青蚨飯店被炸得灰飛湮滅，如果他這兩天的目標變動一下，那我早被炸死。四號市民因為躲得快，所以只房屋毀了很多，人卻死傷不多。

我們住處是中央公園，是上半城最高點，樹木很多，容易掩護，空間也很多，每次拉警報，很多民眾跑到公園躲避，他們認為公園是一個空曠的地區，建築物不多，敵機不會以此為目標的，二十五日下午，警報響了，民眾們照往常一樣擁到公園裏來，茶廳裏和樹底下都安排了茶座，生意很好，公園下面，正在開鑿大隧道，還沒有鑿通。從公園往下走，要走下五六十級石階，才到大隧道進口處。我想那些民眾也太膽大了，日本飛機每次來炸，固然都選定了目標，但是目標設定捉摸不定的，大隧道雖然未鑿通，已可躲人，有五六十級石階高度的岩石，絕對可以抵禦炸彈，所以還是去大隧道躲避比較安全。我下坡時，熟人們還勸我不必辛苦爬坡，而且未鑿通的隧道空氣不好，可能會悶死。我沒有聽他們的話，還是和下半城外交部附近的民眾躲入大隧道內。

不久飛機來了，我們在大隧道內覺得落彈地點很近，震動得很厲害，炸彈落地的轟轟聲，不絕於耳。

真是不巧，誰也想不到，此次轟炸的目標，中央公園是其中之一。

警報解除後，已近黃昏。我走出大隧道，抬頭向上一看，只見中央公園大火熊熊，茂密的綠樹，已被炸成枯枝，電線、瓦礫、倒塌的房屋，在大火映照之下，一片凌亂。滿地都是死屍，其中一定有很多熟人，已魂歸離恨天。

遠處人聲喧囂，大約是救護人員在街道上救災，因為死傷太多，顧不到公園裏來。這時公園裏除了燃燒的嗶柏聲外，沒有人聲。

月刊社社址被炸塌，還好沒有起火，我用斷木頭撥開了瓦礫堆，檢出被炸得千瘡百孔的棉被，放在唯一沒有炸塌的亭子裏，蒙頭就睡，也忘了飢餓，就這樣和死屍作伴，渡過了一個恐怖之夜。

以後因遷移到南岸，重慶市雖然有幾次小轟炸，我躲到塗山上，目睹日機轟炸停泊在江心的美國軍艦「巴納號」，雙方交火的情形，雙方互無傷亡，我已成為中立的觀察者。沒有擔心受怕。

十六、陪都舉行高等文官考試

國民政府自民國十八年統一全國後，到抗戰遷都重慶，在此一段時間內，所行使之五權，以考試權成績比較差。自民國二十年七月十五日，舉行第一次全國高等文官考試，到二十五年，僅陸續舉行過四次，全部錄取名額，只有五百九十六名，以全國需用高級行政幹部之多，此數目真是不成比例。民國二十六年七七抗戰開始，也認為考試是不急之務，竟然停辦了。到了二十八年，淪陷區擴大，大批知識份子，流亡到後方，國府決策人士認為長期抗戰，需要群策群力，而知識份子尤其要負起重要責任，於是重新重視考試，以吸引流亡後方的知識份子。

將考試方法改善，分為初試及再試兩個階段，初試由考試院舉辦，初試及格後再送中央政治學校高等科修習行政實務，結業後舉行再試，再試及格，才完成考試程序。

是年十月十一日，在重慶、成都、昆明、桂林、城固、蘭州、麗水等七個地區，同時舉行第五屆高等文官考試初試。考試類別。計有普通行政、教育行政、經濟行政、財務行政、土地行政、合作行政、會計審計、統計、司法官及外交官等十類。試卷都集中到重慶統一評閱。

十二月二十二日，在重慶陶園考試院放榜，舉行隆重儀式，考試院長戴季陶親自捧出黃榜交給事務人員張貼在考試院門外。

此榜試錄取正取一百四十二名，備取一百一十名，合計二百五十三名，以後實際報到，參加政校高等科的只有二百十七名。

我是在重慶應考的，重慶應考人有七百九十八個，是十個試區內應考人員最多的一區，我是以正取錄取的，考試情形從略。

十七、中央政治學校高等科

民國二十九年一月二十七日，我依照通知，到重慶南溫泉鎮的小溫泉中央政治學校報到，已報到的同學有二十多人，大家集中在宿舍裏閒聊。佟迪功兄和劉明侯兄在大擺龍門陣。兩兄都是能言善辯，以後佟當國大代表，劉選立法委員，都能用其所長，有很好的表現。據佟說他從蘭州來，花了路費二百多元。另據一位浙江同學詹世騮，他從麗水轉上海經西貢到重慶，路途遙遙，又經過越南，途程花了好多天，費用花了五百多元，在當時幣值下，可說所費驚人了。按照當時幣值，一個家庭開支，每月大概三十元就夠了。以後從外地來的同學，大都用掉了好多旅費，我可說是幸運的，一個子兒都沒有花。

一月二十九日，星期一，校中舉行紀念週，已報到的同學，和大學部同學一起參加，由教務主任張道藩報告。他講話有條理，大家聽得有味。晚上，財政研究會請訓導主任蔣志澄講行政檢驗。他剛從重慶市長下臺，正好現買現賣，可是講話內容並無系統，等於閒聊。他告訴大家，你們將來都是行政官吏的，在做幕僚時，還不需要操太多心，如做主官，要決定政策難免不受到壓力，明知受人利用，代人受過，而勢不可卻，硬著頭皮做違反自己意願的事，那時就得小心了。唯一辦法就是將經過情形，壓力所在，及自己的苦衷，無論事情經過的鉅細，都詳詳細細，做上筆記，萬一將來發生問題，需要申辯，或上級追問時，可以作為洗刷心地之用。又說無論文件上要簽名蓋章時，必須詳閱內容，加以判斷，要萬分仔細，以免為人所蒙蔽而受過。這是他心裡有感的由衷之言，想來他可能吃過暗虧，有口難言，才發此議論。而事實確也是忠言，實得省思。

二月一日，全體同年都已到齊，開始編隊，採用軍事管理方式。政校大學部，原已編有第一、第二兩個大隊，高等科編為第三大隊。正取生為六中隊，備取生為七中隊。

二月五日，開始正式上課。

課程分為一、實務講解。二、學理探討。三、專題演講。

實務方面，由各院、部、會首長、副首長、主管司長等，各就主管範圍，包括理論、實務詳細講解。

學理探討，由政校的系主任及專任教授分別就所教專長，擇要講述。

專題演講，我們必須具有大學畢業資格，才能參加考試，所以水準比較高，但因所學不同，專長互異，而此地所教受的內容，卻是一般性的，對學習心得，有明顯不同。如講到專門知識的領域，其已具備此學識者認為太淺，而初涉此門者又認為太深。一般說來，在短短一段時間內，要將國家這部大機器運作的情形，灌入每人腦中，未免有貪多不易熟悉的毛病。

專題演講的人很多，印象最深的一次，是請胡適來講研究科學的途徑。他發揮了所主張的：「大膽假設，小心求證。」的涵義，另一次請張恨水來講小說寫作技巧。有人問他為什麼名叫恨水？究竟是恨誰？他回答說李後主有一闕詞，名「烏夜啼」，內容是：林花謝了春紅。太匆匆，無奈朝來寒雨晚來風。胭脂淚，留人醉，幾時重。自是人生長恨水長東。他是擷取了其中兩字做名，也表示對李後主才華和造詣的欽佩。陳立夫來講他主張的「唯生論」。他開頭即講人生在宇宙中，究竟何為宇，乃指天地、空間；宙乃古往今來的時間。天下萬物皆生存在這無邊無際的空間，和無始無終的時間中，他引用宗教上的語言和主張，深入淺出，講出「生」的大道理。其他政府長官如戴傳賢、朱家驊、吳鐵城、王寵惠、謝冠生、丁惟汾、徐謨、孔祥熙、徐堪、何應欽、以及左舜生、陶希聖、白崇禧、王世杰、董顯光等名流學者，到學校參觀或演講。

學校對高等科管理的方式，採雙軌制，生活方面用軍事化管理，思想方面，用訓導制。訓導有八位，都是黨務、行政、教育等方面有成就的著名人士，與學生都能接近。軍事管理方面就不同了，大隊長不懂得高考及格人員的心理，以一般軍事學校的入伍生看待，把軍事訓練和軍事管理混唯一談，一心要造成但知服從、鐵的紀律，不能講道理，即使上級長官命令錯了，還是先要服從，只可事後申訴。這與處處要講合情合理的自由主義者的知識分子來講，是格格不入的。學生們雖然知道校規，表面上勉強守著軍事管理上嚴格要求與控制，但內心卻不以為然。

舉例言之，為了改進文人的懶散生活習慣，用整理內務的方式，將床鋪疊的整整齊齊，像刀切豆腐一樣，以磨練耐心，還說得過去，但如為樹立隊上長官的權威，在烈日下的操場，以跑步方式作為懲罰，那就不對了。尤其不准詢問理由的不合理命令，更引起同學反感。

有一次，果然發生事情了，大隊長與沈嘯寰同學在路上相遇，依照規定，學生應向隊長敬禮，沈同學只當沒有看見，不予理睬，大隊長很奇怪，故意來到他面前，沈同學背過身來就走，大隊長面子掛不住了，大聲喝道：「你為什麼見了長官不敬禮？」沈答得妙，他說：「我根本沒有看見你。」此話有根本不把你看在眼內的意思。在軍校，此種藐視長官的行為，是非常嚴重的。大隊長報到訓導處，要沈同學寫悔過書認錯，沈寧折不屈，不肯寫，於是大隊長要求將沈開除學籍，蔣志澄主任權衡輕重，怕為此引起風波，於是安撫了大隊長，由訓導處對沈嚴重警告並申誡，但不公開處分，以保全大隊長面子。此是沈嘯寰事後告訴我的。他說他做最壞的打算，真要開除學籍，也要鬧到請大隊長一同走路。

另外一件與管理有關的事，是我本身遇到的，有一次班上開小組會，我因事向小組長請了假，在路上遇到了訓導處副主任楊萃一，他問我為何不出席小組會？我答以已向小組長請假了。他與隊上教官聯絡，說小組長無權準假。結果由大隊部對我警告，並由訓導章微穎找我去談話，我申明不服，其理由是：一、小組會議規則上規定，如有特別事故，得報由小組長轉請指導員決定，小組長是否報指導員那是他的事，既準我的假，我就沒有責任。二、校規中根本沒有小組會議請假辦法，何以拿沒有規定的事項，要學生遵守？至於大隊部的警告，根本是無據的，所以不服。章訓導辯不過我，可是警告已警告過了，無法收回，只好不了了之。

章訓導把我的理由，提到訓導會議。他們也知道處理得太草率了，後來訓導處特別為此訂立了「小組會議請假辦法」。由蔣主任在集會時公佈。

除了上述上課與上操等硬性節目外，也有輕鬆的一面。每月有一次晚會，包括看電影，請外來的歌星唱歌、表演話劇、魔術等，有一次晚會，餘興節目中，大學部有一位教授是法國留學學生，他說我今天要表演跳舞。那時校方為了防止學生生活腐化，禁止跳舞。那位教授說，校方禁止跳舞是不好的，跳舞並不代表生活腐化，那是一種運動，也是一種藝術，如不信，我今天跳一個踢躂舞，請大家欣賞，他上台一人表演，舞步配合著踢踢躂躂的聲音，很合節拍，博得無數掌聲，學校當局很尷尬。次日，那位教授辭職不幹了，在南溫泉開了一家小商店，其收入遠遠超過了教授薪給。

此外校方還請北方名拳師張詳三，來校教我們形意拳。形意拳，屬於內家拳法，學得好，可以學成內功，對身體很有幫助。

我們在學校受訓，每個月有固定津貼，有些人攜家帶眷，辭了原有職務而來，生活非常艱苦，只有靠此津貼度日。校方規定正取生每月六十元，備取生每月三十元，大學部同學好像只有二十元，因此差別待遇，引起軒然大波。依照一般學校招生，有正取備取，備取補足名額入學後，與正取生一律看待，無分彼此。我們分為兩個中隊，已顯然有分別，第七中隊同學心理上有自卑感，待遇上又有此差別，心理上更不平衡。於是發起不合作運動，罷課、罷操。他們的理由是如因考試分數不及格，不錄取，那沒有話說，既然錄取了，不應再自設藩籬，而既稱為學習費，在同一環境中，其消費程度是一樣的，因此兩者的待遇應該一致才公平。

這件事在政校講，乃破天荒大事，學生居然反抗學校罷課，是從來沒有而不可想像的事情。首先採用安撫政策，由訓導分別邀集同學面談，認為如有意見，應循正常管道表達，不可採用激烈行動，如此騷動了一天，第二天，恢復上課上操，但問題並未解決，第七中隊全體學生上一呈文，要求退課。如校方准了，等於集體退學，如此對考試院無法交代。

罷課是二十六日發生的，到二十九日風潮平息，待遇一律改為每月六十元。

學校為了挽回面子，將首先鼓動風潮的幾位同學退學。此四人是司法行政組的王先嘉、教育行政組的袁斐、甘伯厚、經濟行政組的劉純嘏。王先嘉退學後，在重慶掛牌做律師，報上時常看到報導他出庭的情形，他所接受的案子，大都勝利，成為重慶市的名律師。

此外還有一個插曲，第六中隊中也有很多同情罷課同學的，其中劉明侯最為熱心，被學校查出來了，原來已在開除之列，由於他是東北流亡學生，在清華大學畢業，因家鄉淪陷，無家可歸，訓導中有一位東北籍的單成儀，為他仗義執言，說他是第六中隊學生，與此次風潮無利害關係，本於同情而表示個人意見，與鼓動不同，不應該與領導風潮的四人同樣處分。於是改為留校察看。

在受訓期間，高等科與大學部同學在一起，難免發生一些關係，記得有二件事，一是高等科翁平權，於公告板上發表一篇文章，其中有一句引用成語：「每下愈況」。大學部某同學見了，即大做文章，貼在原文後面，其大意是認為此成語用詞錯了。他說成語應為：「每況愈下」，並引用「翁仲而今作仲翁」的故事，翁同學見了大笑，再在此文後批答，請詳查莊子南華經。原來此話出典在南華經，原文正是「每下愈況」。翁並寫了幾句挖苦的話，說他看了某君批評的文章，自己覺得臉紅，天下讀書不多而好為人師者何其多也。隔了一天，所有文章都不見了，只留下一個笑柄。

另有幾件瑣事，也可一記。

同學睡雙層木板床，在床縫裏躲了臭虫，每晚臭虫吸血，睡不安穩，噴了殺虫藥水，不起作用，紛紛向校方反映，代理教育長陳果夫，想出了一個妙法，要總務處建造一座大爐灶，其深度容得下木床，將水煮得沸騰，然後將木床放下，每張木床十多分鐘，臭虫從此徹底消滅。

訓導主任蔣志澄，每天學生在晨操時，他都站在高處觀察，他身著大衣，兩手插在大衣口袋裏，活像正中書局所印的商標，有人暗中指出來，大家一看真像，於是以正中書局商標作他的代號。

有一次，高等科的某同學，寫信給大學部某女同學一封情書，女同學將此信公開，大學部同學為之大嘩，認為撈過了界，此信是用化名，於是向校方請求，要求查對筆跡，查出此人。那時教務主任張道藩自己正與蔣碧微為了愛情糾纏而苦惱，很同情並贊許寫信的人，認為道出心中的愛，是需要最大的勇氣，他說，男女之間示愛，事屬正常，只要不犯校規，校方不便小題大作，過問私人隱私，所以把事情壓下來了。

總務主任陳崇，原任宜昌縣長，卸任後來政校，有一天忽然為人行刺身亡，校方很受震動，校中師長們，在政治上有恩怨的，都心中不安，以後雖然嚴請重慶市警察機關要求破案，卻沒有辦到，成為懸案。

同學們在正規課程，按時上課外，星期例假日以及課餘時間，也頗多悠閒生活。

政校校址建築在堤坎對面的山坡上，那裡有一處溫泉，名為小溫泉，面對花溪，兩岸是高岩峭壁，花溪的水，通到南溫泉虎嘯口。學校步行到南溫泉約二里多路，都是沿著花溪岸邊，在岩石叢中穿越而過。花溪裏有幾只小木船，停在堤坎邊上，學校有人去南溫泉鎮，除了步行外，也可自由操舟前往。水路到堤坎為止，不通別處，所以小船也不怕被偷。

我們休閒生活，多半在花溪裏，目的地是南溫泉，花溪盪舟，南泉洗過溫泉浴，吃菜館打牙祭。夏天的花溪內游泳，記得有一次和沈嘯寰、程維賢等在溪中游泳，沈是箇中高手，能潛入深水，他自負其能，一頭鑽到溪水深處，那知深不可測，而溪水冷冽，幾乎凍僵，趕緊浮出水面，嘴唇都已發紫。我則只會狗爬式，拍水很費力，岸邊巉石磷磷，程維賢上岸時，在巉石邊上割破腳指，我和沈半扶半架的送他到醫務室包紮。

摘記當時一段日記，以概其餘。

四月二十一日，星期天，天氣晴，早起即約沈嘯寰、陶定寬兩兄划船去南溫泉，蕩漾中流，欣賞兩岸景色，高岩老祖廟，在懸岩陰影下，若隱若現，水流平穩，划船不必用力，時有陽光在樹隙中照射到水面，金光點點。

大學部有幾位女同學也在盪舟，後來居上擦舟而過。有人曼聲唱歌，有人拍掌嘩笑，船到仙女洞對面南溫泉小學，陶定寬去接他女朋友須槐芬女士，同來的還有她校中同事張先美和朱先生，他們倆人是乘便過河去做禮拜。我們繼續前進，緩緩行到虎嘯口再回頭，停在南溫泉鎮的弓橋下。陶去鎮上買些零食來請他女朋友，我們也托他口福。再放舟中流，任其所至。其時同學蔡保勳、胡汝楫、劉慶衍、王述曾、王承廉等搖了另一只船來，兩船在溪中競賽，他們人多，比我們快多了。

中午在南溫泉吃麵，飯後去虎嘯口上岸，先在岩石上聊天，看到去白鶴嶺的山路上，綠樹濃蔭，山花艷紅，上有藍天白雲，行人如在畫中。二點左右，陶送他女朋友回校。在南溫泉遇到趙學銘和王昌華，搭我們船一同回校。在小三峽「奔雷」瀑布下停留很久，看到在壁上有人題字云：「程淑德妹妹，我真愛你。」大家看了大笑，沈嘯寰乘大家不注意時，在題字下偷偷寫上趙學銘題四個字，不料為趙轉身看到，逼著沈要塗掉，否則要推他下水，沈一面笑，一面塗。大家也跟著起鬨，一路上將程淑德和趙學銘牽在一起開玩笑，其實程淑德是何許人？誰也不知道，回校已五點鐘，正趕上吃晚飯。

同學中，未婚的男士很多，為了追求女生，也有鬧了笑話的。

王昌華和譚金榮，是武漢大學同學，王的岳家姓高，一家都在重慶，王太太有位妹妹，在南溫泉一所女子中學讀書，那學校內有一座文筆峰，據說唐朝文成公主出嫁西藏，途經重慶，曾在此峰下梳妝，也是南溫泉有名的古蹟。

王很想為他妻妹撮合，曾約對方在外面吃了幾次飯。譚兄人長得高大，頗有丈夫氣概，可惜天生早禿，是其美中不足之處，那位高小姐對他並不欣賞，譚每次到校中去看她時，她都托故不見。譚有些膽怯了，我們鼓勵他繼續努力。有一次我陪他前往，他正在文筆峰下徘徊。突然在女生宿舍樓上潑下一盆水，淋得他滿身都濕，然後有一位小姐在樓上現身，向譚打躬作揖，表示歉意，同時又聽到高小姐在他後面的笑聲，但不露面。從此以後，絕了他向她追求之心。

政府為了凝聚民力，成立國民參政會，每次開會，媒體報導，都寫得有聲有色，我們這批未來要參政的學生，有事先熟習的必要，於是學校舉辦假設國民參政會。事先指定同學分別擔任會議角色。有的假設為政府官員，有的假設為議員，由指定人自己準備資料。揣摩如何在會議裏表達。

六月七日舉行開幕式，大學部趙從顯同學為議長，高等科女同學李曙萍為副議長，彭坤之同學致開幕詞。

八日，正式開議，首先為政府首長施政報告，以高等科來元義所假設之教育部長報告最為得體，贏得全場掌聲。當日計開七次會議，從諮詢、答辯，各就自家所屬假設之黨派，或社會賢達身分，大肆其辯論之雄才，唇槍舌劍，搞得精疲力盡，最後沒有得出好的結論。

九日，因警報，晚上補開一場提案審查會議，也不甚精采。

十號，紀念週，請國防最高委員會秘書長張群，來報告參政會如何工作的實況，讓學生們就模擬會議與實際會議做一比較，而加強其參加政府活動的實際能力。在報告中突發警報，草草結束。沒有達到預期效果，甚為可惜。是日敵機炸白市驛飛機場。城中兩路口，沙坪壩兵工廠，和江北等地。

晚上假設國民參政會閉幕。

綜計在此數天內，假設之各黨各派，都極盡宣傳之能事，黨團運作也甚圓熟。有些同學並未參加會議，乘此機會也湊熱鬧，楊永堅同學出刊孤家畫報，連出數期。鮑先德同學平日沉默寡言，此時卻獨力編小型報，內容以幽默滑稽見長，都很精采，吸引了若干觀眾。

戰時敵機空襲各地，高等科同學，不久後，有些人即將分發去辦理地方行政，在地方上免不了會遭遇空襲，對老百姓如何指導事先防範，事發時的緊急措施，事後如何救濟等等，必須有一概念，為了吸取經驗，由校方與重慶市空襲服務救濟聯合總隊部負責人洪蘭友聯繫，由政校派出三十名同學參加服務。預定服務時間是十天，我亦在被派之列，由訓導單成儀率領，投入重慶市彈藥庫內，此時人人談炸色變，我們大家以冒險犯難的心情，去實地做那對戰時有益之事，認為是光榮的，心理並不恐懼。

八月十七日，第一次參加服務，早晨，由總隊部周總幹事報告，說明空襲服務的工作重點是：在空襲前後，幫助市民疏散、避難、維持交通、救護、醫療、發放救濟物品及發放賑款等。是日與蕭家璧同學在兩路口交通站服務。全日發放了三次警報，敵機未來。

十八日，由洪蘭友主持了紀念週，別無他事。

十九日那天，重慶市卻遭了一次很大的災難。早晨我們分批出發，到供應組領取藥品，隨身攜帶，以備救急之用。十點多鐘，敵機臨空，共來了一百七十多架，重慶市幾乎全被炸燬。

我是緊急警報後聽到敵機聲音，才匆忙躲到防空司令部下面的大隧道內，防空司令是由警備司令兼任的，所以那裡也是警備司令部，拘押有很多煙毒犯，為了安置那些煙毒犯與其他在押嫌犯，在大隧道入口處，另外闢了一條支道，每逢空襲時，將拘押人犯送到支道內，在將門鎖上，支道旁一轉彎，就是大隧道主道。我因時間侷促，剛進入主道不久，敵機已臨空。說也奇怪，有一顆炸彈從入口處滾下來，剛巧在支道口爆炸，把支道口內所有人犯全部炸死，其中大部分是窒息而死的。

我只聽到一聲大響，一股熱風，夾著砂石和火藥味狂撲而來，人立即昏倒。不知隔了多久，才悠悠地醒來。地道進門那邊已堵死。只有在相反方向有細微光線，我頭腦昏昏的向光線處爬過去以求生，挨著洞壁摸著爬走，地上佈滿碎石和橫臥著受傷的人。有時不小心踩到人體，惹來一陣咒罵。洞中一路都是呻吟聲和哭聲。再轉一個彎，看得見另外出口了，心想趕快爬出去，可是力不從心，兩腿發軟，只好坐在地下，等待救護人員來扶我出去。

大隧道有幾個出口，一在防空司令部，另外三個是在山王廟街、半邊街、和中央公園下面。我們一批同學，大家服務方向不同，警報來時，各自覓附近防空洞躲避，也有躲在大隧道其他三個出口處附近的，警報解除後，互相聯絡，幸好沒有傷亡，只有找不到我一個人，他們也很著急，有人知道我躲在防空司令部下面的，大家向那個方向去找我。

此時大馬路已成為一條火街，通行不易，而司令部對面的川康藏電訊局也在燃燒中，大隧道入口已堵塞，所以大家只好折回，這時正好我被救護人員給救出來了，死裡逃生，劫後重逢，頭髮散亂，衣衫污損，幾乎不成人形。

回到雙巷子住處，經醫護人員檢查，除了頭部有擦傷及受驚心緒不安外，其他都還好。那晚重慶市滿街都是搬家的人，他們都趁黑夜躲到郊外去了。

大轟炸後第二天是二十日，服務處總隊部奉命發放急賑，全體同學都出去發，我原可在雙巷子休息，因為那時年輕，經過一晚休息後自忖沒事了，所以也同時出動，地點在桂花街一帶，到了十點多鐘，警報又響了，大家停止工作，全體回到雙巷子，提早吃了午飯，然後分三批躲避。躲大隧道的比較多，其餘是躲在海外部或社會部的防空洞內，其實那裡是安全的，誰也沒有把握，只好聽天由命了。

此時敵機投彈，大都炸在大隧道頂上，好在石壁厚，影響不大，在第一批投彈不久，有若干人自洞外風擁而來，據稱他們由望龍門和太平門來的，該處大火，防空洞熱不可耐，只好冒險奔避到此地。

炸後出洞，看到下半城模範市場、銀行公會、永年春，以及上半城青年會、較場口一帶，火光燭天，黑煙隨風飄散，江北也起火。同學們幫助救火人員維持秩序，提水、幫助居民搬衣物，到防空洞救人、送救護站等。有的還幫助市民上屋頂拆火巷，總之各行其事，沒有人空下來休息。在夫子池那裡，看到有一處防空壕命中炸彈，炸死好多人，工兵正在挖掘，希望能在廢墟中救出活人。是晚火光不息，救火車及人聲不絕於耳。

此後數天，除二十三日炸海棠溪，彈子石南岸，重慶未再投彈，我們這幾天都去發放救濟品及疏散民眾。來往重慶市南北兩岸，有一次在南岸江邊岩石上，當地過江疏散的民眾太多，忽然警報，大家驚惶擁擠，我在岩邊，被人推擠，一隻腳已踩空，下面是江流，幸而被同學拉住了我衣服，拖過來，未掉入江流，否則要做波臣了。

二十六日服務期滿，是晚總隊部為了慰勞我們辛苦，舉行歡送會，請隊長、組長吃西餐，隊員每人送一條毛巾。

二十七日等待單訓導來了，即可回校，不料校方派了大學部梁聲泰同學來，帶來一信云：「要延長服務二星期。」據說是因為社會部洪蘭友部長，及空襲服務隊副總隊長黃伯度等，接獲報告，認為我等服務不辭辛勞及危險，甚屬難得，希望能為其他人員起示範作用，故商請陳果夫教育長延長二星期云云。大家聽到此消息，不能決定去留，其後單訓導來了，看到大家有不願意延長之意。而對教育長陳果夫方面又不好推卻，於是下了決斷，延長一星期。並將已疲勞的同學調回十人，請校方各派十人前來接替，我因在大隧道遇炸，故亦在調回之列。

民國二十九年九月中旬，高等科應屆畢業，聽說蔣中正校長要親自來主持畢業典禮，不知如何為日方刺探到，所以在十五、十六日兩天，大炸南溫泉、小溫泉、仙女廟、白鶴嶺一帶，所有散處在各該地區的政校各部門，都被炸到，而以校本部小溫泉炸得最凶。

十五日那天，早晨八點鐘，就發出空襲警報，可是敵機沒有來，到了午後又來警報，平常空襲時，政校師生，大部躲到距離校本部半里多遠的神仙洞去的，那洞是天然洞窟，既深又寬闊，可以容納萬人以上。據說可以直通到南溫泉的仙女洞。那天因為是第二次警報，不久即將起霧，很多人不想去神仙洞。好在小溫泉花溪邊都是峭壁岩洞，雖然淺小，躲少數人還是可以容納的。

我和同學朱剛帶了一副圍棋，躲在高岩老祖廟的岩洞下面下棋，此岩是青石水成岩，上層很厚，小小一個岩洞，洞門前還有岩石擋住，很像岩屏，既安全，又可以看到外面，同學俞同齡、張佩蘭、秦覺三人躲在我們旁邊一塊岩石下面。馬興漢則躲在我們下面幾公尺的石縫中。此外溪邊山路上三三兩兩的同學甚多，大多自覓安身之處。

敵機共來數批，第一、二批炸處甚遠，第三批有兩彈落地甚近。第三批飛臨小溫泉上空，他們知道那裡是沒有防空高射炮威脅的，所以飛得很低，一時機聲隆隆，好似在頭頂上面，我們正心想不妙，而炸彈噓噓的聲音已吹入耳中，一剎那間，炸彈落地。首先看到彈落在花溪對面的陳家橋，那裡有教職員住在該處，跟著左、右、前、後山頂上彈聲不絕，煙霧騰空，灰沙四散。山上大樹，並排的倒下來，裹著著黑煙，直向花溪落下去。樹葉和殘枝隨著風吹入我們洞中，山上崩石，像雷雨般打到我們洞頂的巨石上，再彈起來，轟隆隆滾入溪流中，炸彈鐵片和山石相繫，錚錚作響。最危險和最緊張的時候，是炸彈本身的火花和山岩相擊的火花，一閃一閃射到洞裏，擋在洞口那塊石屏給大批鐵片和落石擊中，將他們反彈出去，我們眼睛也張不開來，真可說是天搖地動，排山倒海。

敵機飛過後，俞、張、秦、馬等四人害怕以後還有敵機再來，拼命向我們洞裏擠進來。對面陳家橋哭聲大起，我們知道此次學校一定遭殃了。過了一陣子，機聲遠去，大家商量還是到神仙洞去，比較安全，於是快步出洞，向神仙洞方向走去。途中倒下的樹木橫梗，石頭落地，炸焰未消。人群如喪家之犬，都向神仙洞走去。途遇張家憲同學，伏臥在山岩下，正在呻吟，原來他給石塊擊中，流血不止，我們急急忙忙用手帕包了受傷處，抬他一起走。

剛進神仙洞又隱隱聽到機聲，洞中大哭小叫，驚惶不已，那是附近人家來避難的，有老有少，受不起驚嚇，而引來混亂。幸而第五批是偵察機，偵察機離去後，解除警報。

清理各被炸處，以陳家橋炸得最慘，訓導徐實圃全家被毀，且有人傷亡。我所躲的山岩頂上，落了一彈，高大松樹都從中截斷，在左前方教育長防空洞上也落彈，以前那些鬱鬱佳林，變成一片禿樹。李晉芳教授的房子也被炸毀，軍委會第三處大部分炸塌。校門口落一大炸彈，同學會落二彈，操場上落燃燒彈，大學部寢室和教室屋頂震毀甚多，看上去似乎是空中爆炸彈在屋頂上爆炸。最大的炸彈落在洗衣店對面的山上，彈坑既深且廣。許多像整塊飯桌面大小的青石，給炸到田中和山坡上，如此大炸彈如落在神仙洞頂上，該洞可能也不保險，還好禮堂和高等科同學寢室未波及，所以衣物行李都無損失。

學校裏緊急措施，將原發給學生的內務被單，全部回收，分送給教職員，以為住宿時用。同學寢室已被炸塌的，分配到未炸處暫住，有家可歸的連夜疏散。我是當晚離開的。

十六日，敵機又來轟炸，我已不在場。

花溪裡的魚，全部死掉，溪水面上浮著無數死魚，原來清澈的水也變成黑色，帶有硫磺味。

敵機連炸了兩天後，十七日突然舉行高等科畢業典禮，留校學生全部參加，草草了事。

十八日，張主任道藩宣佈校方多項緊急措施，其有關高等科的，是說訓練已經完畢，津貼發至月底，伙食開至二十一日（星期六）。在此期間為疏散期，各人自行離校，到總務處留一通訊地址，由校方給考試院，等待考試院放榜後分發任用，他們會與同學直接聯繫，不必再由校方轉知。大學部則停課三天後再復課。

我是於十六日晚離校後，經同學輾轉相告，高等科已舉行畢業典禮，十八日校方有重要事宣佈，故於十八日上午返校。

我等張主任宣佈後，即去繳回公物及衣服等，留下通訊地址，然後離校。

十八、考試再試，放榜及分發

高考分兩階段，已在十六節中談及。高等科再試，是在政校被炸以前八月八號及九號兩天舉行的。

再試科目分五科，每科出題多寡不一。一、三民主義，二、一般內務行政，三、中央及地方行政制度，四、行政管理，五、縣行政及地方自治。另外再加上口試。校中將再試成績及在校成績一並送考試院，與初試成績合併計算，再定出名次放榜，考試程序才算完成。

我事後查得初試、複試、在校成績的分數。初試分數六十分，再試平均分數為七十六點三三分。在校成績是八十三點三十分，綜合起來名次是中等第二十七名。

考試院接獲政校再試成績後，於九月二十二日放榜，除司法官要加試實地考驗一場，另外放榜外，此榜共錄取一百六十一人。在一百六十一名中排行二十七名也算是名列前茅了。

發榜後分發，普通行政第一名是王述曾，特任為監察委員，我則分發到行政院。

十九、行政院

我於二十九年十月十六日到行政院報到。

行政院時分城鄉兩部辦公，城區辦公室在曾家岩，鄉區辦公室在歌樂山的龍井灣。山區裏第一重要的是水源，如沒有水源，那是荒山，龍井灣有一口天然泉水的龍井，出水不竭，所以選定那裡蓋了行政院鄉區辦公室和職員宿舍。

我們分發到行政院共七位，兩位留在城區，五位到鄉區，五位中兩位是有家眷的，趙英傑和劉天章。每家都分配到一棟眷舍，另外我和何俠民、馮正良三個是單身，合住一個宿舍。

馮正良有位姑姑，早在行政院鄉區服務，由他介紹同事和安排，方便許多。

行政院組織是三級制，秘書長和政務處長是一級，下面是分組由參事和簡任秘書分任組長、副組長，基層組織是科長及室主任。

城區由魏道明秘書長負責，鄉區由政務處長蔣廷黻負責。

我分派在第一組第一科辦公，第一組長陳之邁，副組長陳祖平，科長是趙恒榮，是湖南人，和省長趙恆惕是同一輩的從兄弟。陳之邁後來改任議事組組長。

蔣廷黻學者從政，不脫書生本色，山居多閒，常常看到他牽了黑色山羊在山邊草地上放牧。一面消遣也是運動。同事們見面，點頭笑笑，很少官架子。蔣太太卻是一個刻版的女人，家裏女傭時常更換，大都是受僱者不願再做下去。有一天，我們問離去的老媽子，為什麼不肯幹下去？她說蔣太太吃飯時，將一盤飯用刀子在中間一劃，說一半是給老媽子吃，一半是給狗吃。把我們當狗一樣看待，我們幹得下去嗎？在蔣太太也許無心的，可是她不知道這樣做，傷害了別人的自尊心，影響有多大。大約他們夫妻間個性不合，最後終於離婚。

另外陳之邁也是學者從政，自我中心，對屬下不體貼，有一次敵機空襲重慶，大家躲在防空洞裏，那時議事科科長是申慶桂（後來曾任關務署署長。）申科長向陳之邁請示明天行政院會議的議程，陳說現在躲敵機，不談公事，申科長聽了，當然不舒服，記在心裡，後來又有一次躲警報，陳之邁記起有一件緊急之事，必須列入會議議程，囑咐申科長注意列入，申科長毫不客氣地回報他說：「有事出了防空洞再談」，出了心中積了很久的怨氣，很痛快，在科長級的同仁傳為美談。

那時行政院裏多種人才，英雄好漢、皇親國戚很多，很多為省區實力派，都推薦心腹人士隱身在職員中，以收集情報，也有情報人員立功後酬謝他的，例如老作家情報人員喬才華筆下寫的：「白世維一彈安華北。」一槍打死張敬堯的槍手白世維，就在行政院總務組裏當課員，派在鄉區服務。有一位地下工作者陳君，年紀很輕，不脫莽氣，一邊受了別人慫恿，在膳食委員會搗蛋，食堂內掏出手槍威嚇同事，膳食委員會主任委員何俠民報告了總務組長參事黎琬，找了陳去大罵一頓，才把他凶悍之氣壓了下來。又有一位地下工作者鄔鎧，閒談中，講起他們在和敵人鬥爭中和同志聯絡通信的方法，白天用窗台上的花卉和小擺飾來表示，無論花朵顏色，花朵所朝的方向，都含有深意的指示。晚上用燈光光度的強弱、移動、開閉等，都是一種暗語，同志們在街上走過，就能了解辦事，不須與上級聯絡，也不考慮敵方間諜所知悉。又講到如何追蹤，如何擺脫追蹤等等，真是匪夷所思，令人意想不到。

有一位湖南籍的參事段麟郊，很有學問和才氣，他說曾有一次在某種場合和毛澤東辯論了幾個小時，把毛澤東辯倒了，所以他看不起毛澤東，常說毛澤東是什麼東西，不值得你們這樣抬舉他，可惜他後來生了癌症，沒有看到抗戰勝利就去世了。行政院城區的總務組長陳克文參事，是改組派的要角，和汪精衛關係很深，汪精衛在南京成立偽組織時，暗地派人到重慶，勾引政府中重要幹部去香港。陳克文也是其中之一，他不受誘惑，斷然拒絕。他將汪精衛誘惑和他拒絕的經過，透過魏道明秘書長報孔祥熙代院長轉報到蔣介石委員長，蔣委員長很高興，要孔代院長轉達嘉許之意，陳參事感到振奮和榮幸。

有一位簡任秘書汪日章，號荻浪，是藝術家，在國外得過美術方面的學位，他和蔣委員長有親戚關係，回國後，安插到行政院，人很和氣，不像一般官場中人，他不脫藝術家本色，對人總是笑呵呵，在龍井灣服務很久。當年政院同事，很少過問人家私事，所以一家不得知一家，有一次，給他太太發覺了他在化龍橋有另外一個家，而且已有兒女了，於是引起軒然大波，太太和他拼命，經同事們太太好說歹說，安撫下來，但事情既然木已成舟，太太最吵也沒有用。又不願意離婚，只好聽從同事們太太勸告，約法三章後，讓他繼續和外室往來。

他太太以往不事修飾，蓬頭垢面，自從此以後，刻意打扮，希望能喚回丈夫的花心，可惜亡羊補牢，已經遲了。政府遷台後，汪留在大陸，常常發表蔣委員長秘辛的文章，都是他親身經歷的事情，文章有褒有貶，大陸民眾很愛看他的文章。台灣政府鞭長莫及，對他無可奈何。

代院長孔祥熙和糧食部長徐堪，私人關係很好，有一次糧食部有改善糧食政策的公文，給行政院批駁了，徐部長很不高興，在行政院會議時發牢騷，他說我們政務官的政策不能推行，是受行政院內一批幕僚作梗所致。指桑罵槐的指責行政院參事秘書大罵，經出席會議的議事組長將當場情形轉播同事後，他們查閱檔案，查出此案是孔院長自已核定的。與一般層負責，由參事、秘書或秘書長以院長名義代行的公文不同，不能怪到他們頭上，對於徐堪部長對此不客氣的責罵，認為是一種汙辱，不可默認，想法要給徐部長一個打擊，於是有人發起全體簽名總辭職，此是行政院內從來沒有發生過的大事。魏明道秘書長了解了來龍去脈。將辭呈壓下來，報告孔代院長，孔看來事態有些嚴重，參、秘雖然是幕僚，卻都有來頭，有些是黨國元老的後輩，有些是各據山頭派系的代表人，由於行政院是政治中心，凡有實力的軍人集團，或政治集團都推薦人選，安置在行政院，作為耳目，這些人只能安撫，不能壓迫，一方面又不願犧牲部長，經思考後，由代院長出面請客，請糧食部次長和行政院全體參、秘，表面上是慰勞出席人士的工作辛勞，在畫龍點睛時，很技巧的輕描淡寫，以閒談方式，談到處理國家政務，有很多為難之處，不為外界所了解，例如糧食部那件公文，內容非常充實，他看了幾遍，難於決定，最後還是考慮到政府財政上的負擔，力有未勝，所以未能照辦，希望糧食部再接再厲，和財政部協調，拿出一個更完備的方案。此話暗示此案與行政院幕僚無關。同時也不將糧食部計劃全部取消，給徐部長有一個下台的台階。向參秘們也是心照不宣的知道代院長為他們開脫，所以總辭案就不了了之。其後孔代院長又在會議時說了一句古話：「兇歲子弟多暴」。勉勵大家在此大時代苦難的環境中，要心胸寬大，相忍為國。

行政院院長有一筆機要費，數目不小，孔代院長因為有中央銀行供應，從不提用此款。到每年年終一定提出來，作為行政院同事獎金，行政院凡是科長以上的主管，或高級辦事職員都有領受獎金的份，那時我任科長，每年都領受此項不公開的獎金，數目雖然不大，卻能過一個愉快的年，此乃是孔代院長攏絡人心的一法。獎金用紅包方式，每人數目不同，看他和權力中心關係的深淺，以及當年度工作情形而定。我們那批從高考及格分發過去的，沒有一點人事關係，所謂獎金也是聊備一格而已。每個人也不去探聽別人的所得，所以相安無事。管理此款同事是河北人，叫做齊敘，人高馬大，人稱齊大個子，因為他主管其事，在分配獎金多寡時，多少起一點作用，所以院內同事對他都很客氣。

另一位同事，名叫顏退省，是行政院的老人，常常談起南京撤退時慘狀，原來行政院撤退到重慶辦公時，留少數人在南京行政院辦公，名為留守，看戰事發展再定行止。在日軍逐步迫進南京，他接到重慶來電，要他負責焚燒檔案，然後渡江北上去重慶，因為戰事逆轉，南京很快失守，當他將檔案焚燒完，要渡江時，日軍已兵臨城下，難民們群集在長江沿岸，江中既無船隻，不能飛渡。人畢竟有求生的本能，他目睹很多人憑著少數浮水工具，踴躍投江，多半被江流沖到下游去。他在無可奈何中，在江邊爭奪得一塊門板，隨波逐流，聽天由命，幸而他還懂得一點游泳技術，終能安抵北岸，他說在江中時，不知哪裡來的一股力量，維持著他飢寒交迫的身體奮力前進，他在江中漂流時，聽到南岸槍聲密集，那些難民和潰散的兵士，都被日軍槍殺，其未被射殺者，也多在江中溺斃，說來真慘。

他在北岸上岸時，還是情況緊張狀態，幸而身邊帶的鈔票，沒有遺失，因此還能夠到重慶報到，他自以為對機關盡職，完成任務，受此苦難，應該受到獎勵。事實上上級長官無一點表示，他官職依舊，並未晉升。所以滿肚子牢騷，在辦公室內，無端發脾氣，同事們知道他心理氣悶，也不予計較。

行政院有一位秘書長甘乃光，那是有名的行政學者，在行政院內實施行政改革，以往處理公文，習慣上是下級主辦科員，簽擬意見，逐級上送，加註意見，最後批示核定，政院公文之多，可說是公務機關第一位，雖然有多層負責的規定，經過若干層級，可以代行方式，將公文處理掉，但每天送到秘書長手中的公文還不在少數，公文簽註往往夾敘夾議，好像洋洋灑灑一篇文章，看公文的人，一定要耐心看完全文，詳詳細細看完，並了解他的重點，再對照來文，斟酌下批示。如此下來，秘書長每天用於公文處理，其他事情都耽擱了，又會議不斷，受時間的限制，當天的公文，一定要到半夜才能看完，所以天天弄得精疲力盡。後來他想出一個簡單辦法，限公文處理四級法，將每種公文的簽辦分四欄，一是案由，二是擬辦，三是說明，四是批示。在說明中要將來文要點簡簡單單的敘明。如此一來化繁為簡，看公文和批公文輕鬆多了，因為案由只有少數幾個字，已說明此案的主旨所在，擬辦內容也一目了然，如無關宏旨的公文，立刻可以批示，稍微複雜一點的再看說明，極少數的才需要看原文，至於逐級承辦的人也省了作文章的麻煩，上下都覺方便。

安福系要角徐樹錚的兒子徐道鄰，因為做過蔣委員長的家庭教師，與蔣關係密切，有一時期任行政院副秘書長其父親被馮玉祥授意部下暗殺，父仇不共戴天，但馮玉祥勢力大，徐道鄰雖有報仇之心，而力有未逮。按刑事訴訟法的規定，刑事案件有一定的追訴期限，如超過期限，則不得追訴。徐道鄰任職期間，剛巧對其父被殺的刑事追訴期限將屆滿，徐請教參事朱佛定先生，他是法國留學博士，此事如何處理？朱建議應由徐道鄰自己斟酌決定，究竟以忠心國事為重，抑或是孝心為重，忠孝不能兩全，如以忠心國事為重，他處現在地位，未來可以更上層樓，為國家盡忠出力的機會甚多，如以孝心為重，則向法院起訴馮玉祥，但馮當時的地位，不可能有何結果，徐道鄰必須先辭去行政院職務，以免發生馮玉祥對蔣委員長的誤會。徐道鄰最後決定辭職追訴，雖然預知不可能有結果的，但求人子的心安而已。以後短時間內他又被命為行政院政務處處長及台灣省政府秘書長。

山區生活枯寂，每天只要半天時間，就將公務處理好，到了下半天就無所事事了。大辦公室各人相對枯坐，確實無聊，除了看城區送來的報紙以外，常常下圍棋以解寂寞，那時第一科長趙恒榮，年紀最長，他的棋癮最大，但棋藝卻不甚高明，每天公事完了，必定先來兜攬，累了還不肯歇手，也有別的單位的人到大辦公室來串門子參加的，檔案室的章斗航也是棋迷，只要不誤公事，也無人干涉。

到了晚上，一般休閒活動，除下棋外，也有唱流行歌曲，唱平劇，和跳舞等等，那時未婚的、年輕男士和女士很多，很容易集合在一起，往往幾個男士在一起，言不及義，發起邀請女士們來參加歌唱或唱戲猜迷等等，女士們凡是能哼幾句或唱歌的，都會相偕來參加。其實除了同樂外，暗中還有互找對象的涵義在內，同樂的地點，就在我高考同年三人合住的宿舍，因為我們都是既無家累而都年輕，水準又高。自然就能招來男女士集中娛樂了，我們也樂於提供水果和零食。

有好多對因此交往，而締結鴛盟的，有些人離開行政院，仍互相交往而結婚的。

在眾多的女士中，有一位姚慶芳女士，擅唱青衣，很出色，檔案室那位棋迷章斗航對她最為崇拜，她拜章為師父。抗戰勝利後，各奔前程，在台灣我和內人無意中遇到章先生，他在海軍總司令部擔任中將辦公室主任，另外在中大、東吳大學兼課，教老莊哲學，他要請我們去他家作客，出來的女主人是姚慶芳女士，他們是在台灣重聚而結合的。

當年龍井灣有三位美女，許多同事看了都覺得是眼睛在吃冰淇淋，很高興多看幾眼。年紀最大的名叫呂學文，高挑身材、眉目如畫，因覓婿眼光高，高不成低不就，到離開重慶時，尚未聞其喜訊。第二較次的名叫洗豫柔，廣東人，生得非常富態，嫁給同事王文傑先生，王先生的姨子也在行政院工作，由她撮合而成功的，王氏夫妻也來美國，洗小姐曾來我家作客，談談當年龍井灣事，頗多感慨。她說王先生已不幸去世，他最喜歡聽國語流行歌曲，他聽說我已儲存有八百多首流行歌曲，她很可惜不早知道我有此許多歌曲，否則王先生一定會來借去錄音的。她看上去風韻依舊，只是當年清澈流轉的秋波，已變成混濁而呆滯了。他們兩位年紀較大，第三位年紀最小的是內人王慧瑜，前兩位是職員，而內人則是眷屬。我岳父也在行政院服務，他是九江望族，在九江城內和老家黃老門都有房屋、田產很多，因是個大地主，不敢到鄉下去住，怕遭綁票，抗戰時，他們一家在廬山避暑，日軍迫近九江時，他家長工到山上報告，來不及回家，即倉皇撤退到重慶，所以身無長物，好在朋友多，得免凍餒，但以往富裕生活卻無法辦到了。他父親除了在政院任職外，另外在社會教育學院兼任教授。

我和岳家住在隔壁，和內人天天見面，那時他還是兩根大辮子的少女，我起先不敢追，怕高攀不上，後來經住附近的鄰居段麟郊先生的鼓勵，提起了勇氣追求。此位段先生，我們有緣。原來我在新政治月刊社南岸租用馬希賢醫生的房子的二樓，一樓是馬希賢先生住家，二樓上旁邊是一個平坦的土墩，樓上人出入，可以從一樓出去，也可從二樓門外土墩下去，平常我不太走一樓樓梯，從大門外出，免得驚動房東。在空閒時候搬了張椅子，放在土墩上看書。段先生也是土墩另外一處邊的住戶。同時用土墩作交通道，他出入時常常看到我在看書，日久相互攀談，才知道他在行政院做事。其後他分配到行政院宿舍，就住在我附近，兩人有緣變成同事，他常常向我岳父談起了當年我苦讀的情形，他認為我一定有出息，果然能應政府高等文官考試及格，在封建時代，讀書人能考上舉人，進士，都是非常榮譽的事。因此岳父對我早有了解，平常觀察我行為端正，是不可多得的青年，段先生旁敲側擊說明我很想同他女兒作朋友交往，我岳父也同意了，才開始交往，其後我內人任職壁山社教院，而我也一度離開行政院到重慶市煙類公賣局任職，兩人雖然地區遙遠，而我與她交往不絕，每逢星期日，我必定到壁山去找她，有時她回龍井灣，我就去龍井灣找她，兩方非常熱絡。到民國三十一年九月，中央圖書館內成立三民主義叢書編撰委員會，內人謀得職務，辭去社教院工作，中央圖書館地址在重慶市兩灣口，和公賣局地址是上下城，有一條石坡路上下相通，兩人交往更頻繁了。

說到我為什麼一度離開行政院，那是原來中政校研究部主任劉振東奉孔代院長兼財政部長的命令，研究國外公賣制度，當時機成熟，財政部決定成立煙類、酒類及火柴等三類公賣局，劉主任則被任命為煙類公賣局局長，公賣局是政策性的公賣機構，也是財源之一，其待遇不受一般行政機關限制，待遇及福利另有一套制度，比起來比一般機關高出一倍有餘，所以許多人都想進這個機構，我因任職月刊社與他有關係，所以到他局內任職。公賣局總務處長林紀東先生，是林則徐的後裔，原在政大任教，他與劉有親戚關係，也離開教職被延入局，我們也是舊識。他以後在台灣任大法官，另一位同事劉師誠，是政大學生，研究部舉辦一次經濟上問題的徵文，他得第一名，為劉振東主任賞識。他後來在台灣任經濟部次長。我那時和他同房一室，成為好友。

我和內人交往一段時間後，自認以公賣局的收入，足以維持一個家，徵得內人同意後去請段麟郊先生作媒，正式向岳父提親。最後決定在民國三十一年十二月十二日結婚。

結婚的地點是歌樂山基督教堂，由二弟永清和劉觀保兩人負責佈置禮堂及招待賓客，男方主婚人，我請趙恒榮擔任，女方主婚人是王時彥，介紹人是段麟郊。由牧師主持婚禮，一切按照基督教的規定。雖非奢華卻也莊嚴肅穆。

當晚就住在高店子旅館裏作為洞房，當晚也有賀客前來旅館道賀，其中夫婦同來的，記得是內人同事，鄭長廙和他丈夫謝光邁。他兩結婚也沒太久，兩對夫妻相談甚歡。

內人與鄭長廙和另一位錢菊英，是最要好的女同事，在當年的情形，鄭是三人中間最有福的人，謝先生是天主教中很有名的謝壽康的家人，家世門第不錯，經濟狀況也很好，舉例言之，冬天內人和錢都是蓋棉被，鄭卻蓋美國鴨絨被，由此可見其餘。不料到最後她卻是最不幸的人。

謝先生不到五十歲就去世，遺下二女一男，由鄭扶養，其後兒子因病早逝，小女兒車禍去世，剩下大女兒陪她共渡過餘生。錢菊英嫁得很好，我和內人更是不用說了，是福壽雙全的一對。

我蜜月旅行，在重慶有名的風景區北碚渡過的，婚後租用公賣局附近茶館的二樓。二人收入，家用有餘，也常常上山到岳家去和她家人敘家常。

其後公賣事業穩定了，不必設局來辦其事，財政部決定將公賣局撤銷。行政院同事告訴我，行政院將成立法規委員會，正在招集人才，我如有意，不妨去進行。

行政院鄉區總核稿參事鄧介松，對我印象很好，我去拜訪他，說行政院正在籌備法規委員會，我很希望回院任職，他同意去和法規委員孫希文商量，孫同意我回行政院任該會編審。民國三十二年七月，我辭公賣局，再回龍井灣。

因為我已結婚，所分配眷舍，和岳父相距不遠，當時生活艱苦，維持一家生活，煞費苦心。有配給米不花錢，只是裡面雜了稗子、糙米碎粒、沙子、石子等，謔稱為「八寶飯」，吃飯時要小心，否則會崩了牙齒。油、糖、麵粉等定量配給。水不用花錢，由工友每天早晨擔水為每家裝滿了一水缸，但是還是要樽節使用，如用光了不夠用時，只好自己到龍井去打水提回來。煮飯燒菜用煤爐，每家一只爐子，買來的煤是小碎煤塊，要自己作媒球，將小煤塊搗碎後和入少量黃泥，作成餅狀，曬乾了用。燒煤爐是一大苦事，因為沒有木材引火，只能用竹片和報紙引火，煤從燃燒到起火，需要好久時間，煤煙燻騰，眼睛受不了，但此是每天清晨必須做的苦工，在上辦公室以前一定要做好，否則沒有爐子可用，吃飯都成問題。

房子前後空地很多，大家都可在自己範圍內利用，或種菜，或養雞。種菜在沙礫的山上不生長，肥料也無處購買，就地取材，不得已只好用人糞灌溉，我們對農事知識，一竅不通，不知道人糞肥料要先使其發酵後才能用，不發酵的糞澆到葉子上會燒死。其後不加肥料讓他自然生長，卻存活了，只是瘦瘦的，也聊勝於無。我家特地做了竹籠養雞，有一次夜晚竹籠被黃鼠狼咬破，將雞拖出去吃掉，早晨我們發現後到山上去找，還找到黃鼠狼未吃完的雞，捨不得丟，拿回來清潔了作菜吃。

公家辦有公共食堂，公家負擔硬體設備及燒飯工人的工資，其餘由員工自組伙食團，輪流到歌樂山鎮上去採辦，每參加食堂的人，都分攤伙食費，為數太少，每天只能吃青菜、豆腐、蘿蔔等素菜，難得吃一次豬肉，雞鴨蝦等更不用提了，只有到月底，伙食費有積餘，才打一次牙祭。

有一次，我家買了一罐豆腐乳，帶到食堂去吃，有一位李科長嗅到了豆腐乳的味道，到我們桌上來輕聲說道好菜、好菜，可否讓他嚐嚐。我們不好推辭，送他兩塊豆腐乳，連豆腐乳都是好菜，這說明當時的苦況。

在龍井灣待了兩年，到了三十四年移調到城裏去接任科長，內人一個人帶女兒仍住在眷舍內，到三十四年十二月長男出生時，我在城內，無法照顧。由岳家僱了滑竿送內人到歌樂山助產醫院出生，陣痛時是半夜，她忍著痛將女兒託放在岳家，自己一個人去醫院，非常淒涼，此事我常耿耿於懷，心中不安，很對不起她，但事實上也顧不到，亦是無可奈何之事。

二十、還都一夢

中、美、英、蘇正式接受了日本投降，抗戰勝利民國三十四年八月十五日，政府決定還都南京。

行政院分兩批成行，第一批是民國三十五年二月，還都的有職員及留守職員的眷屬，內人也是在第一批之內，攜小女、小男同行，我則在重慶留守處理未了之事，五個月之後，同年七月，留守人員全部撤離重慶，從白市驛機場乘運輸機還都南京。

記得還都第一天晚上，我們住進已分配給我的宿舍內。

行政院在南京的地址，設在抗戰前的鐵道部內，鐵道部是有名的豪華建築。在敵偽時期未受破壞，眷屬宿舍即在其範圍內，名叫霞公府，是連棟水泥建築物，每棟一樓一底，分住兩家，我分配到的是樓上，原有抽水馬桶的衛生間，已遭破壞，並未修復，也改為臥室。我家樓下住的是議事科科長應式文。

我和應家打招呼上樓進入宿舍，第一眼就感覺到和重慶大不相同，內人準備的家庭用具，其實僅是當地的一般標準，只是從重慶那樣艱苦環境中回來，我成了土包子。

在重慶用的那擲地不碎的粗飯碗，和此地潔白細瓷的飯碗相比，簡直是天壤之別。官方配置的鋼絲彈簧床，和重慶所睡的竹棚架子床更是不能相比。

內人留下紙條，她已攜小兒小女回無錫老家看媽媽去了，留下食品和白飯在廚房碗櫥內，我在當晚飯吃了，菜很可口，尤其紅燒牛肉，久已不嚐此味了。

以後過了幾天，趁星期假日，科長是實級，不能久假，請二天假。作回鄉之行。經南京搭火車到無錫，出站僱了黃包車，直赴南門二下塘，黃包車伕見我衣著好像不是本地人，他猜想大約是重慶回來的，沿途有一搭沒一搭的和我攀談起來了，到了家門，他大聲喊，你家重慶的貴客回來了。二弟、三弟聽他喊叫來開門，內人扶著母親出來，父親已於民國三十一年，抗戰中去世，母親想起父親不能看到我回鄉，不禁雙眼流淚，我趕緊去扶著她，連聲叫媽媽，為她拭淚，而同時也雙眼流淚。我那幾個月大的男孩抱在內人懷裡，二歲多的女兒，則由小叔照顧著。一家大大小小進門歡聚一堂。其熱鬧情形自不必說。

因為第一次回家，假期也不多，不久又回南京，內人要陪媽媽，沒有隨著回來，到第二次回家時才接回南京，她從重慶回家鄉時，兩個孩子患百日咳，經在無錫找了中醫看了病，吃了藥，病也就好了。以後在南京二年多時間，回家了好幾趟，也接母親到南京小住，闔家南京同遊等等。

南京馬路，平直寬廣，有江南汽車公司的公共汽車，行駛市區很方便，與其他地區不同的交通工具是馬車，在寬廣的馬路上，蹄聲得得，駕車人好整以暇，有時吹口哨，也自得其樂，別有風味，我們週末去新街口熱鬧市區，往往是坐馬車去的。

常去的名勝古蹟地是玄武湖，在湖的一邊，可看到巍巍的石頭城城牆，去玄武湖是坐環城小火車，玄武湖有小艇出租，遊客付了錢，可自已划船遊湖。有一次，我們全家和無錫家人同遊湖，我站在船頭上，想等待老少人等上岸後我最後上岸，哪知我二弟先上岸，怕船不穩，下船的人不便，將攬繩用力一拉，出其不意，我重心不穩，掉入湖內，好在在湖岸邊立刻被人救起，卻也留下了我深刻的記憶。

玄武湖產櫻桃，我們在重慶從來沒吃過此水果，趁此機會大吃一頓。其次如中山陵、夫子廟、燕子磯、台城和近郊的棲霞山都去遊覽過，棲霞山以紅葉出名，我岳家也住在那裡，秋天去玩，滿山紅楓真是一絕，南京土產食品，以板鴨出名，我們吃來也覺得普通。後來在台北，有一家李嘉興南京板鴨店很出名，味道好像比正宗的南京當地板鴨還好，老闆是一個歪頭，當年在南京行政院旁開了一個小雜貨舖，我常去光顧買東西的，所以後來去李嘉興買板鴨時，他殷勤招待，也可說是他鄉遇故知了。

南京還有一個調侃的話，說「南京大蘿蔔」，我看來蘿蔔也不比別處大，不知此話從何而來。

那時電器音響還是很貴，內人有一位表兄，從英國留學回來，我們託他帶了一個收音機，每晚收聽廣播流行歌曲，當時已流行點唱，只要去電話點唱，無論哪條曲子，他會依照吩咐播放出來，一般說來，生活還很愜意。

我在重慶城區接任趙恒榮第一科科長時，直屬長官是參事朱佛定，他單身住宿舍內，我平常星期一至星期五不回龍井灣去的，所以也是單身，晚上無聊，常到朱組長處聊天，朱是江陰人，與無錫是鄰縣，所以可以說是同鄉，兩人很談得來，到了南京，他沒有接家眷來，有時內人赴無錫，我仍然去拜訪他，兩人更覺得親近。以後大陸不穩，行政院遣散，朱先已早去台灣，擔任台灣省民政廳長，給我在民政廳安排了一個位置，得以脫離大陸困境，也許是一種緣分。

在南京我當時做了一件聰明而愚蠢的事情，我看了同年們紛紛作縣長，不免有些心動，有一次和鄧介松參事閒聊，我把心事告訴他，我想回無錫做縣長，不知有無機會，他說他可以設法幫忙，那時江蘇省主席王懋功，是軍人出身，鄧為我求到了湖南大老程潛的一封介紹信，推薦給王主席，希望我去任無錫縣長。這是天大的人情，抽空去鎮江，先找同年譚金榮，他那時任江蘇省民政廳主任秘書，縣長的任命權屬民政廳，我把程潛的推薦信給他看了，他說以程潛當時的聲望與軍方實力，他是湖南大老，此信成功的希望很大，但是他衷心的勸我，最好不要去做吃力不討好的事，尤其不可任本縣的縣長，他說現在國共內戰，時局不穩，縣長負責的軍差層出不窮，地方大部分不平靜，現任縣長常常來民政廳訴苦，希望民政廳能幫助他們，此外如作本縣縣長，親戚故舊有所請託不能如願辦到，反而多了怨氣。一動不如一靜，還是做京官比較少擔些心。我一想他的話很有道理，就打消了此念頭，推薦信也沒有拿出去。我還鄉時，以鄉宦的身分曾去拜訪過無錫縣縣長徐淵若，後來大陸解放時，新政府將徐淵若和國民黨無錫縣黨部主任委員徐赤子拘留公審處死。如我當年真的去接替了徐淵若，那準是死定了。而且還會牽累親戚。想起來好險，真是一件聰明的蠢事。

國共內戰，軍事上著著失利，共黨和其同路人鼓動學生全國性的大風潮，中央大學和戲劇專科學校的學生首先發動，以後波及全國，其訴求有「增加營養」、「吃光運動」、

「反內戰」、「反飢餓」等等，其實都是無理取鬧，這是共產黨的策略，交通大學學生發動的請願運動，曾迫得火車停班，金陵大學的學生策動示威遊行，在南京新街口和軍警衝突，雙方互毆。

各大學學生請願的目標，都集中在行政院，行政院為了應付請願學生和其他共黨同路的民主人士，弄得焦頭爛額。政治措施無法推動。到了三十七年，徐蚌會戰失敗後，每下愈況，三十八年政權易手，國民政府退守台灣。

在三十七年後期，人們意識到不久即將巨禍臨頭，旅客日夜不斷的離開南京，到上海再轉到內地去，他們大多數並非南京的本地人，而是從北方逃難來的，向東南大後方去。南京挹江門外下關車站，人山人海，已無法維持秩序，在進站處用木條隔成通道，只能一、二個人通過，因此更顯得擁擠。我原想將有些新置的家具，用火車運送回無錫，看此情形，也只能忍痛拋棄。

南京是繁華古都名城，所謂六朝金粉，也是所謂龍蟠虎踞形勢顯要的石頭城。想不到如此不幸，剛從八年抗戰日本人大屠殺解放過來，正要休養生息，力圖恢復之時，而在此不到三年的短時期內又要淪落到戰火之中了。我在登上火車，目視了這些逃難的同胞，禁不住有剪不斷，理還亂的感想。

還都成為一場春夢，更應該說是一場惡夢。

二十一、台灣三十年。

（一）初到台灣

台灣在民國三十六年二月二十八日，發生事變，稱為二二八事變。台灣激進分子趕殺外省人，政府予以制止，捕殺了肇事者，引起了掀然大波，後來大陸調了軍隊來，才把變亂平息。行政長官陳儀下臺，長官公署撤銷，改制為省政府，三十六年五月，魏道明任省府主席，其後朱佛定任民政廳廳長。在大陸情勢日見惡劣時，我去函老長官，詢問可否在民政廳內安置職位？他覆信可以安插，要我即去，所以我有膽量前往，不致流落異鄉。

南京回家後也不敢久留，隔了幾天，就由二弟陪同我家赴台灣。去台灣的船票不好買，登記的旅客已排到明年三月間，我拜託有關係的朋友購到船票，在上海登輪。那時行駛台灣的輪船有兩艘，是中興輪和太平輪，我買到的是中興輪，又是件很幸運的事。太平輪在台灣海峽失事沉沒，旅客全部喪生。真是生死有命，半點不由人。

上船時，是寒風淒淒，細雨霏霏的日子，內人穿了黑色皮大衣禦寒，冒著風雨在碼頭上等。微雨潤濕了毛裘，我們沒有注意，上船後，將大衣隨便塞在行李箱裏，到台灣後，又是幾天陰雨，等到放晴後拿出來晾曬時，皮已脫落，吋吋腐爛，好比紙張一樣，一撕就破，一件名貴的衣服，就此報銷，非常心痛。

同船遇到同鄉建新百貨公司的全體員工，到台北去開業，當年那些毛頭小夥子，後來都成為台灣百貨業的主要人物。

船到基隆，二弟在重慶的機電廠廠長李貽棠，派人來接到台北他家住。李貽棠那時任職資源委員會，奉派接收日本人留下的機電工廠，李負責處理，預定是整頓後的負責人，所以找可靠的熟人一同去幫忙。他和二弟通過信，把住家地址抄給他，安排他去台灣看看，能否留在台灣，由他安排工作，知道我們到達的船期，所以來接去他家住。

基隆上岸時，天仍陰雨，但是第一個感覺就是潮濕和悶熱，那時已是冬天，穿了大衣還是覺得悶悶的，身上好像要出水，非常不舒服。

基隆到台北，一路上領略到亞熱帶的風光。綠樹遍野，棕櫚樹，掩映在山坡上紅磚房子之間。

李貽棠所購的房子，在台北市新生南路瑠公圳旁邊，那時瑠公圳一片荒蕪。以後建設起來，水圳面上加水泥路面，那情況完全改觀。隔水圳對面，就是鞠水軒。李的母親和李太太，招待我們非常熱心，我們也安心的住了幾天。

我和二弟分別行事，二弟隨李先生去看察日本人留下來的機電廠，我則去民政廳報到。在正式任職前，有一段空閒時間，二弟和我們就在附近蹓躂，不知道有西門町和中山北路、衡陽街等熱鬧區域，以為台北就像瑠公圳附近那樣荒涼。

在台北第一個去玩的地方是新北投，先洗溫泉澡。北投附近的小攤子上，放了好多水果，有香蕉、鳳梨、木瓜等等。香蕉、鳳梨，在大陸也吃過，小時候在家鄉，香蕉鳳梨是高級水果，在酒席上切開了一小段一小段裝盆供應著，有人作香蕉糖，作成香蕉形狀的糖果，有些香蕉味。第一次吃到鳳梨是在南京，有人從台灣回去帶了送我的。至於木瓜則是第一次看到，我們真是外行，將木瓜撥開來，看到水晶晶的黑色木瓜子，以為能吃的，售水果的歐巴桑告訴我們，木瓜子是不能吃的，他幫我們挖去了子，用湯匙將木瓜挖來吃，我們才知道吃法。

新北投的溫泉莊很多，其名稱都是採用日本文的文法，房屋的建築也是特有的塌塌米和紙糊門。

（二）民政廳

我和朱廳長見了面，他說不忙上班，等安置好家眷再談。政府是沿用日據時代慣例，法官和政府官吏都由政府機關配住宿舍，民政廳也有好多宿舍，當時都住滿了，沒有空房子。所以他叫我稍等，他與庶務科長張肇成研究，民政廳主管有圓山忠烈祠，每年定期致祭，平常是不開放的，那裡有貴賓室，目前空置著，暫時由我們入住，但是此處是莊嚴肅穆之地，入住後要注意清潔保養，對房屋用具等不可損傷，我當然照一切吩咐，然後離開李家，搬到忠烈祠貴賓室暫住，二弟也隨我們一起住。我就正式去上班，職位是視察，比科長低一級，其後有技正出缺，我就升任技正與科長同級。

二弟和李貽棠談了幾次，也實地去視察幾次，很滿意，但是他一定要先回無錫一趟，李先生勸他不要回去，因為大陸情況日趨緊張，而二弟堅決要回去，我們勸他也不聽，最後漏出口風，原來他有女朋友綽號名叫油條，在無錫有幾個男朋友，如二弟不回去，可能為別人搶走，他想回無錫後和她一起來台灣。那知此後局勢演變，回家後出不來了。

他歸心似箭，考慮要買那一些東西回去可以賺錢，其實對台灣特產茫茫無知，結果買了很多桂圓回去，在三弟所經營的電台上天天播廣告，銷了好久才售完，所賺有限。他在留台灣期間，根本沒有進入狀況，連熱鬧區也沒去過。我們後來才知道迪化街是批貨市場，南北貨色聚全，每個店家堆滿了貨，如香菇、黃花、木耳、乾魷魚、鹹帶魚、海參、干貝、紅棗、瓜子等等，不勝枚舉，價錢比市面零售價便宜很多，很可惜二弟不知道，否則挑選物品種類合乎大陸需要的買去，可以賺很多。

忠烈祠住不了多久，在七條通有房子空出來了，於是搬到七條通去，和姓劉的視察住在一棟房子內，他住前半部，我住在後半部，前半部比較堂皇，後半部有一個小院子，各取所需。劉太太也在工作是社會處，主管下有育幼院，我家兒子、女兒都很小，經他介紹送入育幼院代養，不必自己花錢，因此內人也可有時間找事做。

台灣省菸酒公賣局新任的局長蔡玄甫，是九江人，與岳父有很深的交情，因此將內人安置在公賣局內，並配給同安街的宿舍，宿舍是一個小社區，同事住很多，互相有照應。同安街經過南昌路到公賣局上班很近，走路去不過十多分鐘，內人上班很方便，我則騎腳踏車上班。兩人共同有工作，家裏不可無人，招雇了下女，台北一般家庭僱用下女，年老的叫阿巴桑，也有年輕的小姑娘，他們有一個特殊習慣，就是如做得不樂意或自己有事不想幹了，會不辭而別，我家也遇到一次，我們二個小女孩在育幼院裏住了幾年，已長大了，我們生活安定，也雇了一個年輕姑娘來家，就把孩子接回來，下女吃住一起，也負責照顧小孩。有一次回家，二個孩子自己在玩，下女卻不見了，到晚上也不見人，就是不告而別了，讓我們措手不及。第二天內人只好請假在家，照顧小孩，另找下女。他們有一個不成文的規定，不可以偷取主人家物品，要走得乾淨，此也可說是職業道德，可是此種不告而別的方式，也是別處所沒有的。

下女很好找，幾天後找到一位富富泰泰的阿巴桑，對小孩很慈祥，根本不像做下女的，果然不久他家中人找來了，歡歡喜喜的回去，原來是和家庭嘔氣才出來消氣的。雖然在我家不久，可是對兩個小孩發生了感情，她走後不放心兩個小孩，於是由她推薦一個老成勤快的阿巴桑，此人忠心耿耿，在我家做了很多年，直到兩個小孩小學畢業，上初中時，她也年老了才回去。

內人處事很懂人情，工作縝密細微，很得主管信任，派在主任秘書處做助理，與歷任主秘都處得很好，尤其最後一任主秘王君實，他女婿是空軍醫院的外科主任，我曾遭車禍，膝蓋骨跌斷，他特別關照他女婿要好好照顧醫療，他女婿也遵照岳父大人的囑咐，確實照顧得周到。我很感謝他，內人直到去美國才離開公賣局。他和女同事都有聯絡，來美國後常有信來。

同安街住處離南門市場很近，下班後去南門市場買菜，菜市場所有素葷蔬菜都有，比較高貴而常有的是紅色咖吶魚，在黃魚季節時出售的大黃魚也是熱門貨，有時有淡水的的活鯽魚出售，價錢比較貴，那裡是海水魚多，淡水魚少，我們在重慶多少年未吃魚，來了此地，吃的魚比較多。

同安街口有一家皮鞋店，鞋是自己做的，可以選了材料，量了尺寸定做，我赴美時，向他定做了一雙厚厚的橡膠底小牛皮鞋子，很結實，因為鞋底厚，在美國下雨天不怕浸水，又因坐汽車出門時候多，穿了近二十年，依然很好，可見是貨真價實的扎實貨。

在新店溪沙攤上，有家蒙古烤肉攤，夏天晚上，吃烤肉，河風吹，也是一絕。

螢橋街上，有幾位北方老鄉，合作做水餃出售，生意挺好，有時買做宵夜，在現在看來那不值什麼，但在當時，卻認為是無上美味。

從台北來的人，都知道永和豆漿店，油條又鬆又大，豆漿原汁原味，到美國後發現居然有人開了永和豆漿店，可見其很出名。

在螢橋竹林路攤邊，有一位空軍校官，退休後在路邊攤，做蟹殼黃燒餅出售，每天只一定數量的做多少個，生意再好也不多做，也不預定，如要吃，得到他攤位旁等待，等待他烤好出爐拿走。那餅，做得又鬆又香，甜的一泡糖汁，外加桂花香味，鹹的蔥花香味中夾雜著豬肉香味，再加爆香的芝麻，實在好吃，餅兒不大，一次可吃好多個，我們去買時，往往先講好這一爐全買。日後奔波各地，還未吃到同樣好吃的餅，即使家鄉所做的餅，還不及他的夠味，他如開店營業，一定門庭若市，就是不開店，真是怪人一個。

台灣省機關很多有自備招待所，民政廳在淡水有招待所，職員在週末和假期，都可前往渡假，也可借座請客，我曾帶小兒女前往海邊游泳，他們玩得很起勁，現在他們長大了，不知道是否還記得當年遊樂。

臺灣銀行，是我後來任職的機關，在新北投招待所，同仁們常去聚餐，我吃到一種菜，名叫「司扣耶扣」，那是日據時代所叫的日本菜名。那是一種火鍋，火鍋不加水，完全用蔬菜煮出液汁，然後將豬肉、牛肉、雞肉、魚片、蝦、魷魚等等加入，燙熟了吃，配料是醬油、糖醋、蔥、薑等，放在碗內，另加一個生雞蛋。據說因火鍋火氣太大，加了生雞蛋可以減少火氣。如有人喜歡吃辣，自己加入碗內，熱呼呼的，甚是過癮。

現在回頭來談談我自己任職情形。

民政廳技正，沒有固定的職務，凡是民政廳行政方面的事，都可插一腳，平常核稿而已。

（二）台灣省地方自治研究會。

民國三十八年一月，陳誠任台灣省主席，朱佛定先生留任民政廳長。

陳主席有二個發展台灣的計劃，一個是實施地方自治，另外一個是耕者有其田，我有幸都參與在兩大計劃內服務。

先講地方自治研究會，三十八年間，台灣省參議會時，通過參議員劉闊才的提議。「地方自治通則公佈以前，提早頒佈本省各鄉鎮自治暫行條例」，民政廳接到公文，認為可以執行，就擬了「台灣省地方自治研究會組織規程草案」，報請省政府修正核定，規定委員都由省政府聘請。此計畫正合陳誠主席人民至上的政策。為了尊重起見，除主任委員由陳主席商由前行政院副院長張厲生先生擔任外，其餘委員二十八人，一部份是本省對地方自治有興趣的，對地方實際需要有深切了解，和具有民望的人士擔任，而且產生地區遍及到本省每一個縣市，這樣一面可表達地方上真正的意見，所定出來的計劃方案，不會成為閉門造車，另外一部份專家學者，使得在學理上有所根據。陣容非常堅強，其名單如次

主任委會：張厲生

委員：薩孟武、王開化、方揚、阮毅成、李友邦、連震東、黃聯登、韓石泉、劉闊才、林世南、吳鴻森、林忠、陳油、戴明福、林利生、黃見亨、陳春金、顏滄海、鄭昌英、杜錫圭、劉瑞琬、王開運、何景察、張吉甫、林彬、楊大乾、林金鐘、李茂松。

民政廳先擔任籌備工作。在同年八月間，朱廳長召集一次座談會，商定籌備進行情形，並商定調用民政廳技正方永施擔任本會主任秘書，因主任委員原來是前行政院副院長，方技正原擔任是行政院科長，兩者容易溝通，並由袁委員繼熱協助，其除照主任委員意見聘請不支薪的少數研究員以外，一切應處理之事務人員，按其性質需要均向民政廳調用。

八月十五日本會正式成立，典禮完成後，當日即開第一次會議。以後陸續開了十次會議。

會議重點：

一、調整行政區域。二、研究有關民意機關之組織與職權。三、縣市議會的職權。四、

研究關於縣市會議與縣市政府，與省議會省政府之關係。五、台灣省會議選舉罷免規程。六、草擬「台灣省縣市實施地方自治綱要」。

會中授權阮毅成委員在綱要前章，草擬總說明以資完備。

省府陳主席在本會第八次會議十一月來本會發表演說，其大意是：「省府定十二月五日召集全省行政會議，以決定明年度施政方針，關於施政方針草案內，以推行地方自治為中心工作之一，不論任何困難，本省地方自治一定要從明年度開始推行，並計劃在二年內予以完成。只要我們有計劃，有準備，有步驟去做，相信本省地方自治工作，必能順利完成，希望諸位委員對於實施步驟加以充分研究。以最短期間內擬定詳細計劃，可於下月初旬提交行政院會討論，至於推行所需時間，雖然預定兩年，如可在更短時間內完成，則縮短亦未始不可，本人一定虛心接納。」會議閉幕散會後，主任委員張厲生邀請在台北附近居住的委員座談會，研究地方自治實施的步驟問題，指定方主任秘書，袁委員繼熱草擬了「台灣省縣市完成地方自治步驟意見」，另附「實施步驟表」，提出委員會後討論，隨同有關通過議案一併呈送省府。

到十二月十九日，本會舉行第十次會議，各委員因為省府已決定改組，並且定於二十一日移交，本會委員都是陳主席聘請，並不是省府機構，沒有繼續存在的必要，而且大部分重要的自治法規，已經完成，所以決定宣告結束。把沒有研究完成的「台灣省縣市選舉罷免規程草案」送請省府參考。

綜計本會自八月十五日開議到十二月一日結束，共計四個月又六天。在十次會議期中，開大會二十五次，審查會八次，座談會二次。研究完成的方案和法規有：「一、本省調整地方行政區域案。二、台灣省縣市實施地方自治綱要草案。三、台灣省縣市議事選舉罷免規程草案。以後有關地方自治實施的附屬法規，則由民政廳本著省府意見繼續研究辦理了」。

(四)司法行政部

三十八年十二月，陳誠擔任行政院長，張厲生為副院長，他已簽報陳院長，調我回行政院任職，是他於地方自治研究會結束後對我的安排。正在等待赴行政院報到時，有一天林彬先生突然光臨寒舍，說他已奉命接任司法行政部長，正在物色班底，希望我能到他那裡服務，我將張厲生副院長已有安插的話告訴他，我對他的好意，我非常感激。他說我不妨去問問張先生的意見給他回答。

我把此情形報告了張先生，張說人生際遇，不限於一格，最難得的是際與遇，要別人知道，已不容易，知而能遇，那是更難了。林部長既然找上你，你們之間即有知遇之緣。因此他主張我到司法行政部去。因此我就到司法行政部去工作。同時我也告訴了朱佛定廳長，他對張厲生先生的決定也很贊成。

那時司法行政部有兩個秘書，朱志奮是簡任主任秘書，我則任荐任機要秘書。部內有三位無錫同鄉，一個是位資深立法委員陳洪（吳稚暉的表甥），與林部長同任立委多少年，此次是來幫忙的，任參事室主任，另一位是汪禕成，人很能幹，主意多。他是次長查良鑑在上海地方法院的推事，也派在參事室，再有一位是吳稚暉的族人，派在人事室。到三十九年十月，朱主任秘書辭職，由陳洪先生與部長商量升我為簡任秘書。其留下來的遺缺，留待韓忠謨兄自美國耶魯大學學成回國後，即任職司法部，我和他辦公桌兩桌相對，朝夕相處四年之久，等林部長辭職後我們才分散，他後來轉任台灣大學法學院院長，銓敘部部長。他任部長時我已經任職臺灣銀行，生活安定，所以未去找他，否則他定會將我安置的。人生是否有緣，不可預知也。

林部長就職後，首先召開全省司法會議，召集全省法院院長、檢察長開檢討會議，一面是長官與僚屬有一見面機會，同時也可暸解地方司法首長的心聲。

第二步是出發全省巡視，到地方實地看看，院、檢、監、所的情形。每到一處，都邀集地方有名望的人，座談或密談，以了解民間對當地司法風氣，和司法機關的印象，作為日後施政時的考慮。出巡隨員，是我和台灣高等法院民庭錢國成（以後擔任最高法院院長），及監所主辦人尹屏東三人，每次與地方人士晤談時，都由我紀錄，回部後摘要送部長參考。

此次出巡，途中在火車上跟陳果夫相晤，我以政校學生的身分，去拜謁陳果夫，並報告是陪同林部長巡視的，他要我代向林部長問好。林部長得知我已經晤見陳果夫。並囑咐問好，他自己就先去拜訪果老，回來後，他說果老知道政校高等科水準很高，有很多傑出人才，並拜託他對我多照顧，林部長說他很看中高等科同學呢，那時台南高等法院分院院長程元藩也是高等科同學，所以陳果夫有此話也。

林部長學者氣息很重，雖然身任部長，仍兼任台灣大學教職，平常常聽到教授們對於司法界的批評，所以組織了一個司法研究會，聘請有名學者及法學教授為委員，記得會員中有趙琛、梅仲協、史尚寬、戴炎輝、蔡章麟、洪力生等人，另外政務次長查良鑑、常務次長也參加，政務次長在林彬任內無變動，常務次長起先為曹鳳蕭，以後為曾伯猷、徐世賢。梅仲協是民法專家，很健談，講話很風趣，趙琛的著作很多，在法學編譯社出版，我以前讀的民、刑類書籍，大都是他的著作。

常務次長曹鳳蕭人很富態，有一次，他和林部長等去北投洗溫泉澡，因水過熱引發腦溢血，接送回家後不久死亡，部裏為他舉辦了盛大追悼會，一切遵照古禮，由當時檢察長朱煥彪為總提調，儀式隆重而肅穆，別處很少看到。曾伯猷為恂恂儒者，宅心仁厚，司法是懲人的工作，雖說是懲惡保善，畢竟有違所願，而且林部長精力過人，覺得雖以配合，幾次請辭，都為林部長強留，到後來他夫人親到林公館，說我先生身體不好，還想多活幾年，請林部長開恩放了他罷，話說到此，只好准他辭職了。我那時，常常在上海名人虞洽卿先生的公子虞舜所辦的法令月刊上寫法律有關的文章，遇有疑慮處，常好像學生請教教授一樣去請教曾次長，他也很欣然的教導，他辭職我也很為婉惜。

接任的常務次長徐世賢，和林部長配合得很好。他女婿李元簇，後來任副總統，他因為曾任軍法局長，有些台灣人對他有恩怨，所以他從不提起翁婿關係，以免影響女婿的前途。他退休後蔣總統念舊，安插他在中央銀行任顧問，辦理有關法律問題。那時我任臺灣銀行法務室主任，在同一大廈內辦公，所以時有接觸。臺灣銀行董事長馬兆奎先生，是嚴家淦總統的要將，他因事與司法界發生誤解，糾纏不清，他要求徐世賢去紓解，徐說他離開司法界不久，有所不便，介紹我去解釋，我找了台北地方法院院長吳樹立、說明事情經過，獲得諒解。

在四十三年六月谷鳳翔接任林部長，我不便在部長室，就調到徐次長辦公室，相處一段時間，直到我去考選部任職時離開。徐次長後來也到了美國，我們常見面。

林部長要我主編司法月刊，類乎司法公報，編務很輕鬆，每月出版一期。

在此時，內政部長余井塘成立了中國內政社，由內政部主任秘書許健任主編，聘請了我及羅志淵先生為編輯，所有編務內容，三人共同負責。許健和我有深的關係，已見前述。自然不便推辭，羅先生是政校前期畢業生，後來任政校教務主任。內政月刊是學術性的刊物，我在該刊寫了好多篇文章，其中一篇：「論憲法上立法權與行政權的關係」。共約一萬字左右，內容充實，當時立法委員幾乎人手一冊，其中頗多是余部長到立法院接洽或報告公務時，立法委員向余索取的，也給了余部長很大面子。立法委員都是法律前輩，對此文並未提出任何質疑。許健談及此事，也很有光彩。我在內政月刊寫稿是不取稿費的，僅由許先生代表月刊社不定期的請客，以資慰勞，飯局都在許公館，內人每次都參加，增加私誼而已。

林部長在任內有很多是外界不了解而誤解他，那時國家財政困難，司法經費非常拮据，要改善司法環境，非錢莫辦，林部長對錢看得很緊。外界指責他很小氣。那時財政部和司法行政部都有規費的獎金，財政部是緝私獎金，司法行政部卻是財務罰鍰獎金，財政部長是嚴家淦，他很體貼下情，每次緝私獎金報部後，全部分散給同仁，林部長則不然，財務罰鍰獎金報部後，他提出不到十分之一的獎金分配給同仁，大小一律，上至部長，下至書記官，同樣拿到象徵性的獎金。和財政部一比，人人心中不樂，以後攻擊他的人也以此為一項，說他飽入私囊，其實是冤枉的。台北的司法大廈，裡面有司法院、公務員懲戒委員會，行政法院、台灣高等法院、台灣地方法院、和司法行政部。司法行政部為大廈的總管理機構，在二次世界大戰時，美機投彈炸總督府，同時波及了司法大廈，中了重磅炸彈。我們到司法行政部辦公時，進司法大樓的門，就看到炸彈炸穿了幾層樓的殘破建築，一切是被炸時現況，政府根本無錢修復，因此在內辦公的機關，都感到辦公房屋的不敷使用，對民間的觀瞻也不好，林部長到任後，立意要將他修復，他利用財務罰鍰的獎金，累積獎金到一定數額，發包動工，將司法大廈炸燬部分修復。一般人不明究意，以為是政府出資修復的，其實是錯了。

司法大廈修好後，續存的獎金再蓋司法官訓練所，任命王建今先生為首任司法訓練所教育長，（王教育長乃是我在江蘇省訓練班的訓導主任，他來部洽公時，我稱他為老師，他很自謙的說他沒在區訓班授課，不能稱老師，希以同事相稱。），司法官訓練所分期集合現任司法官加以訓練，結業後發回原職，結業的學員，部長鼓勵他們以師生的身分，有事直接與地通函，用以了解該地司法實情，其用意是在兼聽則明，而不料此事卻又是污衊者引為口實之一。

綜合他在職其間的政績可歷舉如下：

1. 加強檢警聯繫，以打擊犯罪。命令各該地檢察處與司法警察機關按期舉行檢警聯繫工作。
2. 建立民眾以言詞告訴，告發制度，各地檢處設申告鈴。
3. 各法院普設公設辯護人，以維護被告權益，如無力聘請律師辯護者，亦得受法律保障，有辯護的機會。
4. 推廣公証制度，減少民事糾紛。
5. 訂定「台灣省戒嚴時期軍法機關自行審判及交法院審判案件劃分辦法。」以釐清其權責，減少民間對軍法管得太多的恐懼心理。

6.培育司法人員，除司法官考試及格者的實習時間加長以外，並向有關機關洽商擴充法律教育機構，除各大學法學院、系外，另在台灣省行政專科學校，增設書記官班，在警察學校附設監獄官專修科等。

7.實施監獄與看守所分立，日據時期的刑務所，將刑事罪犯與疑犯羈押在同一機關內，及監獄與看守所不分立，流弊甚大，因此逐步將該地監獄與看守所分別設置，皆有權責。對一般疑犯較有保障。

8.統一犯人待遇。廢止日據時代犯人分等供食制。

9.擴充獄、所的設備，提高作業導師的技能，使罪犯均能學得一技之長。

10.最重要的一項，乃是對司法人員的監督。

按照我國的制度，法官依據法律，獨立審判，不受任何干涉，因此審判權之行使，由法官自行負責，處於超然地位。但有行使審判權而產生之此種行政事務，必須加以處理，例如：司法人員之選用、風紀效率等等，司法行政部責無旁貸的應加以監督，此種監督，不涉及審判案情及其審判之內容。其監督的方法，重在考察司法人員之品格、操守、生活習慣、服務態度、以及社會輿論的批評、人民之控訴等，都可以作為查考的資料。在辦案成績方面，訂定審查辦案書類及考核進度等具體辦法，就其辦案之合法性、適當、及迅速列為準則，經常考察，遇有不合標準者隨時促其注意，並依法執行獎懲。在實施此監督時，其風評不佳，及雖有不良行為而無實據之司法官，既不能率爾免職，就運用調動的方式，使其離開作惡之環境。此種做法，在監督上確有收穫，但最受司法人員之責難。因為他們在服務地點安置一個家並不簡單，包括住屋、家庭人員的生活方式、兒女教育等等，每調一處必須重新調整好生活，尤其夫妻均有職業者，將分居兩地，更是不便。在調職時，代為說情者，林部長一概不理。此在風評不佳之司法人員，實在是咎由自取。

但多少有人遭惡意中傷，或情報不確實而遭牽累者，自必認為不公平而起怨嘆，慢慢地積成一股逆流，雖不敢公然反抗，然而被覬覦者所利用，捏造好多不實的指控，稱有十大狀，以黑函的方式並不具名。不斷的向總統府、行政院、司法院、中央黨部、監察院等控告，無數次的謊言，即可使人半信半疑。最後監察院派監委陳志明來查，記得那次到司法行政部調查時，林部長不在，由我與韓忠謨兄接待，陳委員說你們是看門的，不談也罷，忠謨兄為此而生氣了半天。那一次雖然沒有遇到林部長，而控告內容有一項卻涉及到我，他們指控說主任秘書方某某外調耕者有其田督導，林部長縱容他仍領取司法行政部薪俸，事涉包庇貪污云云。陳委員要我做詢問筆錄，其實此事是想當然爾的推測之辭，因為我在外調擔任耕者有其田督導時，在領取津貼的那一個月，即將司法行政部原領薪津退還。由主計處主任具收，並出具證明，以後改為留職停薪，再未向部中支領過一文錢，當陳委員出示控告文，要我說明時，我將此情形告訴他，並將主計處主任出具之退款證明書文給他看，他沒有話說了，知此為誤會，將此款勾消掉了。

以後此案移送到公務人員懲戒委員會去，所控告的十大罪狀中，九項不成立，只有一項，原來不直接和他有關係的事項，牽強附會到他身上。

當時公務人員大家生活清苦，林部長想到監獄犯人，平白支用囚糧，也不合理，所以要求監所提高作業，以其成品出售後，將其盈餘全部用來改善囚犯生活，既不耗費國帑，囚犯又得實益，實在是一種良政，作業中包括開闢農場，種植蔬菜之類，生產之蔬菜，平常作為監所囚犯自身食用，每逢過年過節，將一部份產品送給法院及司法行政部，用以表功。受領者又分配到職員每人幾顆白菜、蘿蔔等，其實職員們並不需要這種福利，但既然送來，也就分掉了。依照規定，人犯作業都應給予報酬，有些監所照規定給酬，有些監所疏忽了沒有給酬，於是控告中說是剝削人犯勞力，不給酬，既違法又不合人道。此事是林部長發動的，雖然下級機關違法，但部長卻應負監督不周的責任，其實此事只是似是而非的說法，部裏推動此事，並沒有要他們白費囚犯的勞力，各該機關自應依法付酬，其忽略不給者，亦只能由違法者自行負責，充其量也只能追屬上級機關負責，何能以此怪罪到部長身上。

那時承辦此案的公務員懲戒委員會資深委員，張穎影先生曾私下表示，此事不能責怪林部長，但另一方面壓力太大，公懲會非常為難。

林部長為了解除這種尷尬的局面，就自動辭職，總統聘為國策顧問，由監察委員谷鳳翔接任司法行政部部長。

在攻擊最厲害的時候，我們也推測此案的幕後人，到事情了結後，新任部長在人事配置上，隱隱顯現出來。

林部長辭職後，我們仍時常相往來，有時提此事為他抱不平，他都笑笑不掛在心上，此種襟懷，實在難得。

林部長的工作很忙，白天常常要參加各種會議，到一般員工下班時，才是他正常批公文時間，而他抱持今日事今日畢的信念，每天都要到十點多鐘才回去。而我則是陪同他的人。高考前輩李學燈先生有一次問我，他說他每天看到部長室燈火通明，總要到十點以後才熄滅，究竟你們在幹什麼？我說也無特別的事情，只是忙著辦不完的公事而已。

在長時間陪侍的時候，有時閒聊，談及他一生最感到光榮的事，是年輕的時候，承辦了曹錕賄選及段祺瑞執政期間殺傷請願學生二案，壓力之大，一般人難以承受，但他卻本於一股熱血，不畏強勢，辦得有聲有色。

又談到平生最佩服的人，最推崇胡漢民先生，說他勤奮廉明，公忠體國，不恥下問，做事契而不捨，不達成功不停，絕不半途而廢，真是革命前輩的典範。

（五）耕者有其田督導

耕者有其田，是陳誠任省府主席時候要做的政策，他改任行政院長後，仍念念不忘此事，督促內政部長黃季陸推動其事。

在四十二年一月由總統府公佈「耕者有其田條例」，省政府不久即公布「耕者有其田施行細則」。

於是正式實施耕者有其田的工作，主其事者是台灣省地政局，其核心人物是局長沈時可，副局長何夢雷、技術室主任尹效忠。（乃蔡松坡女婿，也是我的高考同年）。

地政最重要的是：地籍，每個地方，每一筆土地都有詳細的圖和面積的記錄。其次是地權，記載每筆土地的地主。最其次是地用，記載該筆土地是做何用途如水田、畑（乾田）、農地或商用地、荒地、水蕩等等。又地主是自耕農或是出租土地者。地主所有土地並不全在一起，可能分散在各縣市，一定要查明他所有全部土地的主權，才能作為處理徵收放領等的依據，所以直到全省地籍總規戶完成後，才開始工作。

美援機關「農村復興委員會」也參加此事，提供二筆經費，一是協助台灣省限田準備工作費用，一百萬元。（限田工作發展為耕者有其田的工作），第二筆費用是協助實施耕者有其田的工作，計一千萬元，說明此項經費，只能用在核定的工作範圍內使用，不可移作他用。並且明白要求聘用耕者有其田督導，每一縣市設一人或二人，由地政局統一辦理。由於經費來源並非政府所出，其酬金比照美援機關的標準。較一般公務人員發給多出甚多，聘用期間為一年，自四十二年一月至同年十二月。

由於此是難得有的職缺，所以推薦的人很多。我在行政院任第一科科長時，主管內政部（包括地政）台灣省政府因有些地政政策，須向行政院說明，由民政廳朱佛定廳長，指派地政局長沈時可到南京與我見面洽談，因此我與沈熟悉。朱向沈提起我可任督導，沈因此派了我在雲林縣督導，此縣是農地多的大縣，沈再派戴日標和我共二人，日標與調查局有關，此外台南縣的督導，是高考同年詹世騮兄，他是由阮毅成先生推薦的，阮任浙江省民政廳廳長時，他任餘姚縣縣長。此外各地督導就不太清楚了。

我工作地點，借用台南土地銀行雲林分行內。

雲林縣地政科科長名劉東如，人很能幹，是土地測量專才，以後他轉任全國測量總隊長，當時在地政科的張國維，後任內政部民政司長。

雲林縣有幾個地政事務所：斗六、虎尾、北港、西螺、是實際辦理地政的基層機構。耕者有其田限期實施，在限期內重視進度，督導工作是協助和監督，注重防弊，督促進度，解決農民間的糾紛等等。在此限期內，農民因產權糾紛的事項比較多，尤其是共有地，產權複雜，有些非政府行政上所能解決的，要由當事人提起民事訴訟，由法院解決。其涉及耕地放領等手續上發生的問題，都送到地政局由技術室答覆。

我們多半時間是隨著工作人員下鄉視察，工作自由，說忙不忙，說空不空，每隔一段時間，由總督導熊先生邀集有關地區的督導集會，報告督導情形，由熊先生報告此一段時期的工作重點，一年以來工作人員克盡職責，並未發生舞弊案糾紛，進度亦不落後。平平穩穩的離開雲林。回到司法行政部銷假。

我在離開司法行政部時，已向林部長取得留職停薪的承諾，其後又遞辭任，經他慰留。直到四十三年十一月，谷部長任內轉到考選部才辭職。五十二年七月，由地政局轉送行政院頒發的「耕者有其田督導獎狀」，距離實際工作時間已相隔十年了。

(六) 考選部和倉庫公司

考選部部長史尚寬，和林部長都是老的立法的委員，兩人交情很好，史介紹孫逸塵到司法行政部，擔任總務司司長，史任考選部長，任命孫為考選部次長，林部長辭職後，他知道我在司法行政部已成閒員，不得意，由於我是高考出身，向史部長推薦到該部任簡任秘書，原想擔任司長的，因為沒有出缺。沒有機會。秘書工作也很輕鬆，核核稿而已，四十四年六月，到台灣倉庫公司任職，同時辭去考選部職務。

台灣省主席嚴家淦是財務專家，認為台灣經濟發展，所有生產物品需要倉庫儲存，所以設立倉庫公司。任命省府委員侯全成為董事長，侯是名醫，對公營事業是外行，他的親戚蔡培火和張厲生相熟，向張請教，張認為建倉庫必要涉及土地問題，所以他建議找內政部地政司司長劉岫青任總經理，侯同意他的意見，由蔡商得劉同意後發表為總經理，劉知道此事是由張厲生先生成全，向張道謝，張忽然想起我去司法行政部任職，現在林部長辭職，不妨到此新成立的公司去任職，向劉透漏此意，我並不知道此事，有一天劉找到我家裏，一定請我去擔任倉庫公司主任秘書，以事出突然，莫名所以，所以劉告訴我是張厲生先生所推薦的，我才釋然，同意和他共同創業。劉是書生本色，帶去朋友沈鄂，曾任南京郵匯局長，派他為業務處長，另外任用了他親戚做出納課長，其他職員不多，多數的職員，由侯董事長提出，交由總經理派任。

為了興建倉庫，侯與劉意見不洽，同事不滿一年，到四十五年五月改組，劉去職，由省黨部主任委員藍蔭洲繼任，我當然隨劉進退。

劉去職後，有友人告訴他，行政院新成立的國民住宅興建委員會，有簡任秘書缺，是否由他試向委員長孟昭贊推薦，劉不想再在官場裏混了，想很單純的去教書，他告訴我有此機會，我轉向林部長報告，他請郭冀（外川）向孟提出，郭此時是陳院長的機要人員，向孟一說即成，於是我又到國民住宅興建委員會去了。

相處很好。

（七）國民住宅興建委員會

四十五年五月，到國民住宅興建委員會去任職，主任秘書石鐘琇是歌樂山行政院同事，相處很好。

國民住宅興建委員會於四十四年七月成立，乃是政府為了安撫立法委員和國大代表們，由臺灣銀行投資二千萬元，設立的專責機構，興建國民住宅，以最便宜的價格，配售住宅給他們，以後並擴及中央機關的資深公務員，也可同樣配購。此是德政，凡購到住宅的皆大歡喜。其奈資金有限，未能大量興建，於是又引起未能配售到的人們怨言，最後終於將興建委員會撤銷了。由內政部辦理善後，其職員則給資遣費遣散，其不願遣散的，則由內政部和臺灣銀行分別安置。

那時內政部長為田炯錦，台灣銀行則由副總經理應昌期負責。臺灣銀行不願意負擔太多人員進入銀行，能進入銀行者太少了。

那些等待安置的人員，每個人都想入銀行，於是到處找門路想辦法，第一關就是要內政部將其列入安置銀行名單內才有機會。

我想田部長以前擔任監察院西北按察使，而他又是陝西人，應該與陝西元老于右任家有關係，所以想起于右任的公子于望德，是行政院同事，他離開行政院進入外交界，擔任駐巴拿馬大使，現正在家，只是不知他是否還記得我這行政院的科長，但不妨去試一試，就去拜訪他。

承他接見，對我還有印象，我告訴他現在情況，拜託他向田部長推薦列入安置臺灣銀行的名單內，他一口答應，真是出乎意外，以後田部長果然將我列入臺灣銀行名單內，正式去臺灣銀行任職。

（八）臺灣銀行

四十九年五月一號，我去臺灣銀行報到，先由業務部經理余建寅接見洽談，然後去人事室填表，指定醫務機構去體檢。依照台銀規定，凡任職的職員，不能有肺病，如有肺病則不能任用。我都照辦了，他們說等到體檢表收到後另行通知到職。

其後體檢結果，以前有肺病，現在已鈣化完全痊癒了，此肺病乃是我大姊生了乾血癆，我受感染所致，那時我只十五歲，距今已三十四年了。等了不久，接到人事室通過去任職了，職務是秘書室秘書。核文書科的稿。

我入行時的董事長是張茲闓，總經理王鍾，以後董事長換了尹仲容，總經理換了周友端。

那時農復會主任委員是蔣夢麟，他曾任行政院秘書長，有一位同事李循和，英語是一流，他帶李去農復會任機要秘書，以後李循和離開農復會，到大學去教授英文。

我去看李循和，帶去我在中央日報社出版的《最新實用辭典》。想拜訪主任委員，希望他能有機會轉託台銀尹董事長照顧。尹曾任蔣的部下，李說蔣先生正在熱心研究小學，此字典投其所好，也可參考，他不在會，我的意思可以轉達，大家是老同事，有機會提拔是應該的。果然不久我即提昇為副主任秘書。因總經理也對我很好，此一定是尹董事長所關照的。

以後董事長又換了陳勉修，他是陳誠的兄弟，總經理換了毛松年，我曾參加革命實踐研究院受訓，毛總經理也是研究院同期受訓的學員，他從中央銀行轉任過來的，因為有此關係，也很受他照顧。

毛總經理到職時，在中央銀行帶過來兩個人，一是王百昌，任總務主任，一是金懋熙，在總經理室辦公，以後台銀設置電腦，因為金英文很好，主辦電腦連線工作。

以後王百昌受人攻擊，辭離總務室，改任房地產管理室主任，由我接任總務室主任，總務室組織龐大，共有職員一百多人（包括司機）。

這是我第一次真正管理這一百多人的單位，好在制度早已建立了，辦公人員各司其事，事務進行，也無甚困難。

在我這一任，也有些留念的往事。

有二次熱鬧的集會，我女兒在美國出嫁，總務室同仁知道了，紛紛送禮，我一概退還，為了表示感謝，我想請他們吃一次喜酒，由我請客，他們商量好，以羅漢請觀音的方式，為我道賀，此次共有十桌多一點。

另外一次是我六十歲生日，全體同仁為我慶壽，仍然用聚餐的方式祝賀，我再三關照，此是自願集合，不勉強。結果有二十多桌，這二次都很愉快。

也有不愉快的。

臺灣銀行需要供應的物品，有些是總行用的，有些是包括總分行需用的，由總行統一購置後分送到分行，數量很龐大，如果承辦單位舞弊，會關係到銀行信譽，不幸此科長卻不乾淨，供應商人反映到毛總經理那裡，確實有據。總經理不想家醜外揚，要我向他表示，要他自請退休，或轉調其他單位，不負責實際責任的工作，我委婉的將此事轉告，但是沒有說明是上面的示意，他堅決不同意，而且對我有敵意。我無可奈何，請安全室主任邀他談話，說明利害，他才自動辭職。

庶務科長對升遷的員工，要求好處，當事人不表拒絕，卻為平時不滿他的下級職員，告到地檢處，經地檢處傳訊後收押禁見，送到看守所羈押，此是一件大事，雖然羈押是法定程序，要經過審判後才能定案，所以科長缺仍保留。其中有一款，說告訴人曾明白告訴主任，但主任卻不理，有包庇之嫌，並且在地檢處畫聲畫影的說明時間和地點，案經法院審判，科長的太太來找我，我說是否真有其事，我無法判斷，最好自己去找那個升遷員工的當事人，加以疏導。法院開偵查庭，不得要領，我告訴他太太所請的律師聲請法官實地履勘，以證明告訴之事確實與否？

法官准其申請，到台灣銀行實地履勘，根據其在地檢處所聲稱告訴主任之地點和時間，找我去詢問，我就照他告訴人所說的地點，分別站定，我和他的距離太遠，不可能聽到他的聲音。而我那時間又在開會，並不會到所說的指定地點去，附送那天的開會記錄。法官認為告訴人的話都不確實，當場予以訓斥，告訴人並強辯說我有意護短，法官不理他回去了，結果判無罪，回行復職。我為了冤家宜解不宜結，告訴科長放寬心胸不予計較。

法務室主任許敏惠升任合作金庫總經理。辭去台銀職務，由我接任，我也離開總務室到法務室去，法務室比較單純，平時指示總分行間對外的法律問題，如有訴訟，則聘請律師。每隔幾個月，邀請同業的法務室主管，到銀行工會開法務組會議，台銀是金融界龍頭，所以義不容辭的擔任銀行公會法務組組長。

業務上與客戶涉訴訟時，都由律師出面，我們法務室同仁不必去對簿公庭。

法務室工作時間比較久，毛總經理出任僑務委員會委員長，辭去台銀總經理，由中央銀行推薦何顯重來繼任，何重顯後由王振宙接任，在王接任時，財政廳為簡化銀行機構，將銀行法務室取消，有關法律事務，則歸併秘書室辦理，王總經理到任開始，為了表態，率先將台銀法務室撤銷。

我又轉到銀行業務發展研究室，直到退休為止。

有些事會有巧合。

我在總務室的時候，有一次業務會報，總經理也在場，營業部經理祝源溥，當場對總務室提出責問，說營業部同事有事向總務室要求幫助，總務室同事不予置理，未免太瞧不起人了，官僚化。我說你說的事我不知道，也未見同事報告，我回去後會關照處理的。祝經理是陝西省祝主席的家人，氣焰很高，但是對同僚還算和氣，不知那天會發脾氣，有些反常。不料過了幾天，他服毒自殺身亡，其身後喪事，由總務室去料理，其協助辦理喪事的，就是那位被指責的同事。

我在政校高等科讀書時的訓導處副主任楊萃一，到台銀擔任人事室的副主任，他有一筆錢，交儲蓄部沙濟琯，借給沙的友人，利息比較高，當時並未給收據。不幸沙因車禍身亡，此款無法歸回，拜託法務室想辦法代為收回。楊在校時，即是糾正我小組會請假事的當事人，想不到此時反而來要我幫忙。沙也是個奇人，他深通命理，自己算命，告訴人，他在那年命盡祿絕，可能遭橫禍。雖然很小心了，還是車禍身亡。

退休後，台銀董事長兼公會理事長陳勉修先生，聘請我到銀行公會擔任法務組長。直到去美國時才辭職。

（九）台灣的地震、颱風和洪水

台灣全年地震不斷，都是中度以下的地震，我居住的台北，得地利之便，絕少對地震有恐慌，所以感受也不深。台灣最大的地震，在民國四十年十一月，全省大地震。那次災民達五萬四千零五十八人，死亡者四十三人。

對洪水卻親身受到。

台灣最有名的是水災，在中南部是八七水災，在北部是愛美颱風水災。

一九六二年（民國五十一年）九月初，廣播、電視、報章都報導愛美颱風的動態，而且說明是特大颱風，我家住在永和鎮保福路旁邊，一排五、六間二層樓房，我家是邊戶。樓房一面臨街，一面是低漥的荒地，雜草叢生，低漥處和路面相差有二層樓的高度，房屋基地用石塊和水泥建成駁坎，從荒地向上仰望，房屋高高巍巍，頗有危懼的感覺。荒地的面積，和對街相望，其寬度差不多有八分之一里，真是既深又廣又長。平時有積水處，生長布袋蓮的花，我們常常由路面爬下去採來插瓶子。每次有颱風來的時候，因為是獨立樓房，又處在邊間擋風面，有時會引起損失。此次既然是特大颱風，不能不加以設防。

九月四日，機關學校放假或停課，我去買了些三夾木板，將迎風面的窗戶四周釘死，凡是能被風吹跑的懸掛物，都收起來。也買了些麵包罐頭等食品，和積儲了幾個大桶清水，又買了些照明用的電筒和蠟燭之類，已備不時之需。

九月五號颱風如期而至，聽到狂風在屋頂吹過，傾盆大雨，豆大的雨點，打在外牆上，拍拍作響。那時一家人，我們夫婦和三個兒女，都已回來，在天災時一家人團聚一起，至少心理上有安慰。

白天雖然內心上有震撼，但看得見外面如鉛的天空，和狂舞的樹枝，多少可以減輕恐懼感，到了晚上，就不同了，無電無水，大地陷入一片黑暗中，點起的蠟燭，被門窗細縫中吹進來的風吹得忽明忽暗，全家人坐在客廳裏，好像與世界上的人們都隔絕了，猶如在孤立無援的孤島中。唯一能取得少許安慰的，只有收聽廣播。在黑暗中，風、雨聲特別大，狂風從低窪空曠的荒野中吹來，遇到牆壁的阻擋，順著斜形的牆壁過去，牆壁有些晃動，門窗都嘎嘎作響，一家人無言默默的坐在一起，大家心理感受到屋頂恐怕會被大風吹掉，房子會不會吹塌，但是誰也不願意說出心中的恐懼，同時，誰也不肯上床去睡，不知道為了等待什麼，下意識的就不願意分開，也許集體的恐懼，比單獨的恐懼在心理上總是好一些，安慰些。颱風天特有的悶熱，籠罩整個屋子內，又不能開窗，真是痛苦的煎熬。

風雨整晚不停，但間歇時，有一陣一陣的急驟風吹來，嘯聲非常可怕。有時不知道什麼東西刮倒的聲音，有時外牆上又有風刮物體撞擊的聲音。我們也無心，無法煮飯，大家吃些乾糧也就算了。蠟燭吹熄了也不想去點它，如此手拉著手，在沙發上呆坐了一晚。時間一刻一刻的過去，謝天謝地，總是曙光出現了，風雨並未停息，房子沒有倒塌。

一晚上的雨水，水已從門外漫進客廳，我們只好躲到樓上去，冒著雨到陽台上向外一看，真是乖乖不得了，房外是汪洋一片，屋旁的窪地已成為怒濤滾滾的大河，河中浮木、樹枝、破碎的建材，以及很多家用器具，都向下流，迅速流去，其間也雜有死亡的家畜、家禽屍體。

在靠近我們駁坎外邊，游著無數的蛇，一般的是無毒蛇，有毒蛇如雨傘節、赤鍊蛇、百步蛇等，卻都在水中間昂首前進。

兒子童心未泯，在陽台上用竹竿挑蛇，看它爬行進我們屋邊，則用竹竿挑起擲向中流。雖然如此，仍然有許多蛇，隨著水勢，從門隙中鑽進來，躲在園子裡的石縫或花盆底下，後來水退了，我費了好大勁，才把它們清理掉。

路邊樹的根部浸在水中，上面枝頭被風吹得東倒西歪，有些樹連根拔起，橫在街中。

我們住的那一排房子，是林代書所蓋了出售給我們的，在九月六號上午，有一陣子風雨暫時小了一些，林代書撐著雨傘，穿了雨衣，赤了腳穿了短褲，來察看，在路中間涉水而過，我們在陽台上看到，和他打招呼，他說昨晚很擔心，怕我們這些房子是否會被吹塌，尤其我們邊間，是風勢出口處，更是危險，現在看到大家無恙，心理很高興。他和我們說話時，有一條蛇纏著他的腳向上爬，他急的直跳腳，用雨傘將蛇挑開，趕緊回去。

風雨仍不停止，只是稍微小一點，滿街積水也無法外出，最危險的是水在不斷上升，先進入客廳，漫過沙發，眼看它一點一點的升高，從樓梯的台階一級一級進入水裏，後來升高到與窗沿相齊，家具在水中漂浮，最可怕的是不知道水要漲到何時才停，心想如果再上漲，永和鎮要完了。我們最後也只好到屋頂避難。幸而水勢到窗子的一半停止了，我們才鬆了一口氣。

永和鎮市區兩邊店舖，半淹在水裏，永和路街道，已成為一條河道，不是水深沒膝，而是深可行舟。天災雖然阻止了交通，但是有些事不能不往來的，例如有人生急病，生產、以及救助傷患，另有商業上、人事上、事務上不能不往來。像此情形，先進國家是用直昇機作交通工具，我們那時沒有如此進步，只有用船來作交通工具。街上水的深度，不僅可以用小型的舢板，甚至中型的船也可行駛。不知道那裡來那麼多船，在街道中往來。

永和鎮和台北市交通，有一座中正橋（原名川端橋），橫跨在新店溪上，平常水位不太高，河堤旁有人搭棚，作有名的蒙古烤肉，生意還不錯。此次洪水迫近橋面，那些提岸兩旁的臨時建築，都已給水衝得蕩然無存。

永和鎮此次水災，如何如此特別大？原來以往新店溪常有洪水為災，為了保障台北市，在市區那邊岸旁，築有高而寬的河堤，其高度足以阻擋洪水，而永和那一面，並無防止的建築，因此大水一來，漫野的洪流湧入永和鎮了。

洪水過後的善後工作十分惱人，不但人勞累，錢也花了不少。此後我們將住宅廉價賣掉，搬到台北市那邊，靠近新店溪堤岸旁水源路所蓋的「河濱大廈」去。在此地仍然可以享受到中正橋上夏日涼風，和新店溪平時波平浪靜的樂趣，而無須再擔憂洪水來時那種無望的驚悸和恐懼了。

台灣的颱風，年年降臨，中度颱風不斷，大颱風卻不多，每遇颱風，困擾的是漁船，台灣四面環海，漁業是經濟上生存的一環，漁船出海打魚，隨時要注意颱風氣象報告，及時返航。民間一般社會動態，看颱風的強弱而有不同，在強颱期間，機關放假，學校停課，每人都加強防颱風災的措施，尤其颱風洪水災情，往往比大地震來的嚴重，尤其最受影響者是農民，因為颱風都帶洪水，對農作物有不可避免的災難。尤其土石流在颱風豪雨時發生，更是一種災難。總而言之，大地震不多，洪水最可怕，颱風見慣了也無所謂了。

二十二、赴美國

（一）第一次到美國

我在台灣退休時，女兒和大兒子都已去美國，並且都已成家，在美國結婚，我們無法前去參加。

女兒已考取公民，宣誓入美國籍，有資格為父母申請移民，她來信說，我們夫婦的綠卡大約不久即可核定下來，希望我們先去美國一趟，看看美國生活是否合適。

我在一九七八年八月，首先去美國到洛杉磯，住在女兒家。從地域上來講，已繞了半個地球。而文化上也走出了東方文化，進入西方文化。其間種種差異太多了，從當年第一次履美國是頗多感覺。

先從地理環境說起，從台灣地狹人稠的海島，到曠闊無際的大陸，首先驚奇洛杉磯地區之大。大洛杉磯區域，包括八十一個區域城市，面積達一萬多平方公里，是台灣全部面積三分之一強，換言之，差不多自基隆到台中。因為地大，可以利用的空間也大，每個區域城市，都有自己的都市計劃，一般而言，馬路寬闊，旁邊都有人行道，人行道內外再加草坪，看上去一片綠色，賞心悅目。

氣候高爽，雖熱而不出汗，與台灣有十個月潮濕的悶熱不同，洛杉磯得天獨厚，是陽光地帶，一年難得下幾天雨。拜氣候和陽光之賜，樹木終年不凋，所種花卉四季不斷，以前人讚美蓬萊仙境云：「有四季不謝之花，八節長春之樹。」洛杉磯已達此種境界。可惜陽光太強，一年中炎熱的時候太多。

女兒住在蒙特利市，是丘陵地，市區有高低起伏的小土坵，馬路隨坵形建築，汽車行駛有時從高處一瀉而下，建屋在土坵高處的人，下山坵到平地，步行非常吃力，好在汽車多，可以解決此種困難。

洛市處在地震帶，隔一陣，會有大小不等的地震，但和台灣終年不斷的地震相較，還是比較平靜的。

洛杉磯處沙漠區和大海之間，本身沒有水源，全靠科羅拉多河河水供應，科河的水屬於北加州管轄，常常以減少供水威脅洛杉磯，有時政府也呼籲居民節約用水，但講者諄諄聽者藐藐，這也是洛杉磯的隱憂。

科羅拉多胡佛水域發電力強，供電充足，洛杉磯一般電都不節省，晚上商店關了門，人都離開，而店內電燈規定要全部開啟，所以晚上到市街上，一片光明，燈火輝煌，卻空無人跡，也是洛杉磯一奇。

到美國首先接觸到的食品，是麥當勞裏的「漢堡」、「熱狗」和「炸薯條」。墨西哥食品的「比薩」，也是很流行，牛奶、麵包、雞蛋都很便宜，用於基本食品價格不高，居民的生活也能過得去，但不知何故，美國流浪漢特別多。這也是東西文化的不同之處，我們東方人一般的習慣是平時儉樸，多儲蓄，一但遭遇意外，可以支持一段時期，而美國人卻不同，生活都透支，只顧眼前舒服，一但失業。貸款所購的房屋、汽車都被銀行收回，又無儲蓄，被趕出家屋，便成了無家可歸的流浪漢。

第一次走進美式超級市場和購物中心，好比走進台灣的菜市場和百貨公司，貨品都標價，由顧客自選自取，也不怕偷，當時很以為奇，然有些市場有保全措施，若小偷被抓到，處罰很重，但此不是阻止偷竊的主要原因，而是根本人民有守法習慣。當年治安良好，很少聽到打劫和搶人的新聞，最多是硬碰硬，搶銀行，現在卻不行了，以蒙特利市來講，幾乎不斷的有不良份子向住戶搶和偷，甚至進去闖空門大搬家，晚上行人也是他們的下手對象，撫今追昔，不勝感慨。

在台灣時，一般人都穿西裝和打領帶，名為西服，初次到西方國家，認為應該都是穿西裝的了，而事實卻不然，洛杉磯人民衣著很隨便，平常一件襯衫，襯衫第一個釦子也不扣，一條牛仔褲，多半穿球鞋，除非參加正式場合，或是上班族，規定穿著正式衣衫，才打領帶，我們也學得隨便，舒服得多。

洛杉磯因為少雨少風，所以蓋的多是木造房子，先搭一座木架子，外加白粉夾板牆，屋頂也是木片或塑膠片，如此地震也不會震倒，只是需要防白蟻和防火，如出售房屋，必須先請白蟻公司，將房屋用塑膠幕布，四周圍圍起來，在幕內噴灑殺蟲劑，殺白蟻的證件，是出售房屋中必要文件之一。

屋外油漆的顏色，隨屋主喜愛，住宅區五顏六色，一應俱全，構造的樣式，也是小巧玲瓏，很有些像卡通電影中的玩具屋，社區對房屋建築控制得很嚴。例如在聖瑪利諾地區，在自己園子裏砍伐一定尺寸以上的大樹，要市政府許可，否則是違法。即使是自己蓋圍牆，也是要得左右鄰居同意。違章建築，當然更不用談了。如按照我們東方人的習慣，這些都是我自己的權利，又沒有侵犯到別人，別人就不會來干涉，在這裡就行不通。

多年前，台灣經濟還沒起飛，市面流行機車，汽車還很少，到洛杉磯，滿街都是汽車，每家每戶平均都有兩台汽車，因為市區太大，沒有汽車，簡直沒法出門。雖然也有公共汽車，定時行駛，但路線不多，而且受時間限制，經常二十分鐘或一小時來一班，到週末假期，出車的時間更要延長。搭公車的都是無車階級的貧民，或老年人，他們要出門，非得在車站耐心等候不可。與台灣的滿街計程車和公車不停的行駛相較，非常不方便。

社會上人際關係絕對是個人主義，對個人的隱私權，看得比任何事情都嚴重，千萬不可侵犯到別人的隱私權，有時公家執法，侵犯了隱私權，其執法行為可宣告無效。

宗教信仰很普及，教友能互助，到處有教堂。人與人之間，表面看起來很親切，如在街上，即使不相識的人有時也會互相打一招呼，就其實內心有十萬八千里的距離。

在政治制度上，因為發號施令的人，都是民選，所以對選民意見特別重視。一切重要政策，都要開聽證會，聽取對事件有關人們的意見。如對政府處分不滿意，也可要求開聽證會裁決。

到美不久，美國總統任滿，要舉行大選，看他們兩黨競選的那股勁兒，真是鉤心鬥角。現任總統，不能利用他所有的權勢左右選舉。其理由是讓選民了解此候選人的人格，候選人對此也無可奈何。總統定時召開記者會，發表施政報告，記者詢問的問題，深入而尖銳，有時使人難堪，但回答者從無怒色。在我們東方人一向以人治為本體的國家，像大陸毛澤東當權時，批評毛澤東一句話，可能坐牢，台灣雖較好，但得罪當權者，日子也是不好過，想起來真是汗顏。

我第一次來美國，首先要解決的是，佈置即將來美國定居的居住問題，由女兒陪同到處看出售的房屋，高格調的買不起，低格調的又看不上眼，最後在阿罕伯拉市的Lapeloma街上選中了一間，房子不大，園子很大，園子裡有好多果樹，房價也不太貴，但距離女兒住處比較遠一點，自己的能力，只能夠置此房屋。所以決定買下來，我先搬出女兒家住下去，過了兩個多月，我回台灣，將房屋交給女兒出租，等我們全家移民美國後再住進去。我於一九七八年十一月七日返台。

我們在台灣除內人外還有小兒子，雖然已經大學畢業，仍不能把他留在台灣。因此女兒也設法為她辦移民。

(二) 移民入籍

我回到台灣後，同年十二月十日，女兒將我綠卡寄來，內人那時仍住美國女兒家，所以她的綠卡就直接交給她。我們夫婦赴美定居已無問題，到同年十二月十三日，女兒又將核准小兒子移民的證件寄來，他們需要到美國在台灣的機構面談，解決簽證問題，才能和我們同去美國。

在我去美尚未回台時，內人為要照顧兩個外孫，在八月十七日也赴美，就定居在女兒家，女婿和女兒都有工作，要照顧二個小孩，原很為難，外婆去了，他們才放心安心工作。

我和小兒子原本沒有問題了，不料在小兒子尚未去美國機構面談時，突然美國和台灣斷交，因此我們兩人都不能如期赴美，唯一辦法只有等待，一家人分隔兩地，雖然心急，也無法可想。直到一九七九年台美關係解決，小兒子在一九七九年八月二十三日去美國機構面談，到九月六號取到簽證，我和他於九月十四日一同赴美，一家人在美國團聚了。

我們住入原購的房屋內，因為和女兒住家比較遠，照顧二個外孫有困難，只有繼續找房子，最後找到松樹谷pine Vally一處有幾個房間，跟女兒家也比較近，就把拉巴拉馬的房子出售，一九八〇年四月，搬到松樹谷。

女婿是建築師，在蒙市發展業務，蒙市很多商店和住家都是女婿大壯建設公司蓋的。他在愛默生街找到一處老房子，改建新屋交給我們居住，我們也支付了一部份的資金，從一九八三年九月遷進居住，已不再遷移，到現在二〇〇六年已住了二十多年了。

美國入籍公民面試，除了一定條件外，必須要用英文面試。後來放寬了，年齡老邁的人，可以帶人陪同翻譯，通過面試，於一九九六年六月宣誓取得公民資格，正式入籍為美國公民。

(三) 美居生活瑣記

1、老圃閒談

我們在美國房屋，先後有三次，第一、二次的房屋院子大，原來屋主都注重園藝，院子裏樹木、花、草都很悅目，我們入住後，反正閒來無事，一大半時間放在植物上，第三次居屋院子雖然比較小，但空間也不少，仍然努力於園藝。先後寫了二十篇老圃閒談，都刊在世界日報上，每一篇有一主題。都是根據園藝裏的經驗寫的。

⑴玫瑰和薔薇。

第一次住屋，房子種的玫瑰、薔薇非常多，而且年代久遠，有幾棵用架子搭起來，比屋頂還高。有一架薔薇花架，花開時超過千朵，滿樹艷紅，內人看了好喜歡。起先都在院子裏欣賞，後來想想何不插花，放在屋裏觀賞呢，於是每天剪那些含苞待放的玫瑰和薔薇，交叉插在花瓶內，選在室內適當位置，分外顯得雅致宜人。到春天，花圃出售玫瑰花苗，買了回來種在空地上，更增加美麗。第二次住居，不僅後園廣大，門前也有空地，車道旁一排過道，種了三十一棵玫瑰，紅、黃、白的花色不同，真是好看。過道另外一邊是綠色草坪，花草相交，相得益彰。

種植玫瑰，要將泥土耙鬆，比照每一棵花苗根鬚的長度挖圓形的土坑，在底層先做基肥。就是將肥料和營養土混合成鬆鬆的土質，加水使其潤濕，花圃裏買回來的花苗，包著塑膠袋裏原來有的營養木屑，不要全廢棄，靠近根枝一部份要留用，將花苗輕輕安置在土坑的基肥層上，兩旁用營養土和老土的混合土壤填塞、壓實、每棵花苗大約澆水兩大桶，務必使其四周圍土地都潤濕，初步工作完成後，每天都要澆水，不久花苗主幹上發出新芽，原有的小芽也日見長大，看到抽葉、生花苞、開花，我們也陪著它的生長而興趣勃勃。平日要注意的是生白葉和蚜蟲，如有發現，就要去花圃買藥水噴灑。

⑵蘭花

我家鄰居老美麥克先生和他太太來我家拜訪，帶來一枝盛開的白色蘭花，一枝上有十幾朵，他說插在花瓶裏，可以保持一個多月不凋謝。坐對名花，清麗秀逸，正是心曠神怡。

大約在四月間，報載有一處專營蘭花的花圃，歡迎參觀選購。

那花圃非常大，蘭花種類很多，花的顏色和花朵的姿態，真是美麗，最艷麗的是嘉德利蘭，花開得最多的是喜姆比蘭，此外還有拖鞋蘭，石斛蘭等等，麥克先生送我們的，就是喜姆比蘭的一種，據說在寒冷地帶，可開花達三個月以上。石斛蘭有春秋兩種，春石斛蘭在春天開花，喜歡溫度冷一點，秋石斛蘭在秋天開花，喜歡較高的溫度。

我們選購的原則，一是看花色，尤其注重花瓣與舌瓣顏色的比對，花色以純色鮮麗為上。二是看花形，花朵外型趨向圓形為好，花的大小和花瓣、萼、唇瓣的形狀，都要配合的恰到好處。三是看花瓣質地要厚，越厚開花的壽命越久，買蘭花要自己選，貴的不一定好，廉價的花，也可以挑出好的花來。

買回家後，就用心栽培。培養的方法：

（一）光線、不可直接曝曬在日光底下，太強的光，會使葉綠素消失，光照不足，又會使葉子變暗，生長停止不開花，我們是把小盆蘭花吊在樹枝上，大盆蘭花用架子承載，也放在大樹底下，透過樹葉的縫隙可以照到短暫的日光，且可遮陰。（二）通風，蘭花必須安置在通風處，蘭花的葉面，有許多通風的氣孔，肉眼看不出來，他可以蒸發多餘的水分，提供呼吸所需要的氧氣，也是發生光合作用所需的二氧化碳的通道。（三）澆水，澆水對蘭花的培養是否得法，有很大關係。蘭花生性比較耐旱，二、三天不澆水，不會枯萎。（拖鞋蘭則天天要澆水）栽蘭花都用容易通過水流而能保持溼度的材料，最常用的是蛇木塊屑，原則上夏天每天澆水一次，冬季二天澆一次，上午澆水最好在日照時蒸發掉。（四）溫度、蘭花的生長，在白天葉片進行光合作用，製造生長的養分，同時也進行呼吸作用，溫度越高，呼吸作用進行得越快。消耗養分越多，到了晚上，不起光合作用，呼吸照常進行，不製造養分，如溫度太高，就消耗儲藏的養分，發生營養不良現象。（五）施肥，蘭花施肥宜淡，不宜濃，適當的施肥，可使花生長旺盛，開花豐滿。

⑶草坪

我家草坪，屋子前面靠人行道那裡，是種著一般柔草，名為草皮，經過修剪，碧草如茵，平平整整的很好看，當地住戶的屋外邊的草坪都是這一種的。

屋內院子裏，有另外一種小型的嬌貴的草。圓圓的嫩嫩的，此草經年常綠，比高麗草皮更悅目，厚厚茸茸的，很像綠茸茸毛毯。這都是老屋主精心照顧的。我們看房子時，特別欣賞那圓草坪，我們和他閒談，她很直爽。她說你們看到此草很漂亮，但很難保養，不像外面草皮那樣容易栽培，她每天多半忙在草坪上。交屋臨別時，他瀏覽院子，到處摸摸果樹，花木的花花葉葉。還特地在圓草地上徘徊了一會，似乎有留戀不捨的心理。草坪離不開水，水管裝得到處均勻，只要擰開水龍頭，水就四面噴灑，並不麻煩。

我們沒有保養經驗，只知道按時噴水，和按時施肥，卻沒有刻意注意到園草中叢生雜草，其中有一種俗名叫金花菜，學名叫宿苜，葉子綠的也是圓形，但是幾片葉子長在一枝葉瓣上，很難辨別，直到金花開出來了，才發覺綠草中有點點黃花，才去拔除，它長得又快又密，而根部橫生，蔓延到處，其中花苞成熟時，種子散入草內，無從撿取。植根又深，拔雜草傷及圓草，到最後東一塊，西一塊的缺草處，很難看，又發現鍋牛蟲，只好全部清除掉，買了種子重栽。

至於草皮，我們每天澆水，按時施肥，以為沒有事了，可是有些地方仍然枯黃，後來才弄清楚，草籽有好多種，隨著時序不同生長，有春秋草，有冬草。每種草過了生長期，自然會枯萎，我們了解原因，就購買了四季適應的混合草種，才解決問題。

⑷其他各種花類及園藝有關事項

我家是坐落在標準的住宅區，松蔭夾道，鳥語花香，清靜優美，社區像一個大花園。家中有花棚，前屋主在花棚和居屋內，到處都放置的青綠色的植物及美麗的花朵，到他們離開時，花棚和屋內植物全部移走，我們入住後，覺得空空洞洞，像是缺少了什麼似的，最後才弄清楚，室內沒有綠色植物和花朵點綴，缺少生趣，因此重新佈置。室內植物有三種佈置方式，一種是懸吊的，一種放在牆角處或走道邊的，另一種是放在茶几上、櫃檯上、或電視機上面的，吊掛植物是用長春藤，蔓綠絨，吊蘭之類，此種植物是蔓生的，會隨著吊籃四周垂直生長。放在牆角的用大型花草，但要注意生長型態，不可用橫生的那種，其種類隨花的季節而隨時更換。擺飾調劑用的，大都用小盆栽花草或花瓶插花。

花棚更可任意佈置，木本草本的都可選購安置。木本的有九重葛，草本的有牽牛花，最容易栽培，花朵也美觀。聖誕紅在聖誕節開出紅色葉片，也有香花。如梔子花、白蘭花、茉莉花、木香花、夜來香等等，我家都有栽種。

另外有一種花名叫曇花，是白色的，開花時間短所以叫曇花一現，如果把握了開花時間，可以看到他含苞開花到凋謝的過程。花形很美麗，無法長時間觀賞，也是很可惜。後來我們栽培有一種紅色曇花，花形和白色曇花差不多，但花開後可保持幾天，而且很容易栽植我們將其原葉片剪下，送給朋友插入沙土盆內，即可存活。每年春夏之間就是花季，時間很長，值得欣賞。

⑸花團錦簇春意濃

內子素來愛花，美化家庭，為其特長，於是每天蹲在園子裏種花栽草，樂此不疲。滿園花卉，成為眾芳國，時見彩蝶翩翩花中間，園中有老樹，九重葛圍繞樹身，紅花朵朵燦若錦霞，暮春三月季節，鶯飛草長，時見鳴禽翔集，婉轉鳴啼，雖非人間仙境，卻也能怡情悅性。

園中除了地植花木以外，另外在花台上栽種了許多盆景，蘭花是不適宜土栽的，是盆栽中最多的一種。蝴蝶蘭開時，鮮豔奪目。

綠竹原是高雅的植物，可惜生長太快，在園土內到處伸展，侵害其他花木，也只好請他屈就安居在盆內了。

有一種二年生草花，名叫長春花，生長力最強，花色多而艷，栽在地上，像錦簇一團，其枝條著地之處會自己生根，可以脫離母體生存，將他與本枝剪斷，挖出帶土的根，栽入盆內，存活率達百分之百。

天竺葵也可用盆栽方法，花朵垂垂，艷麗可愛。

園中以栽花為主，家屋裏培植了許多常綠的草本植物，此種植物，以不需陽光直射，經年常綠，不凋謝，不需多加肥料者最為相宜。

曇花移栽最方便，需將其生機旺盛的葉片切下來，埋入盆土內，不要放在陽光下，保持盆土的潤濕，即可存活。

吊蘭的培植，是將其枝條上垂吊的小蘭花摘下，將其連根栽植土中，不需好久即會生長，此種盆栽可以懸掛在室內、外，或是擺在花架上，讓其枝葉下垂，在長條綠葉中，每一長條葉都可以生長出一朵朵小小的蘭花，很可愛。

長春藤、生長力強，剪下小枝插在花瓶水中，不久即可看到生長根鬚，再將此根鬚之藤枝種入盆土內就可以了。此藤延伸力強，長枝可達幾公尺，將他放在欄杆上條條下垂，好像是綠色垂幕。

有一種巴西鐵樹，花圃出售時好像是一段段木材，頂端生有微微隆起地待長苞蕾，將木直立在水盆中，不須加肥料，即會發芽生長，在水盆大都可以維持兩年，屆時樹幹內自有的肥料已盡，必須改移種植到土盆內，否則必會枯死，此樹是大型闊葉，從不凋謝，偶而有老葉，剪去後新葉就會源源不斷上長。

將這些常綠植物配置在牆角、壁下、自然感覺有活潑的生機，再配合桌上不斷更換的瓶插鮮花，更富天趣了。

盆栽花木，首先要選盆，最好用瓦盆，雖然樣子不好看，但能透氣，如為擺飾用可以加套彩色磁盆。其次是盆土，要透氧良好，質地疏鬆，孔隙分布均勻，澆水後仍含有空氣，能讓植物根部進行呼吸作用。再其次是排水良好。一般說來，太緊密的土或黏土，或毫無氧份的沙土是不適宜的，必須用混合土，即是將田土加少量沙，加推肥後的腐植土，混合在一起使用，又肥料不宜過濃，以免植物燒死。

最後題了一首詩云：

翩翩粉蝶舞春芳，深苑鶯飛碧草長，移得銀盆栽彩葉，安排綠意滿房廊。

2、出境旅遊兩度返故鄉家中

我從民國三十七年離開大陸到台灣，然後來美國。離開大陸經過漫長的三十七年了，那是民國七十四年的事，有機會去大陸旅遊，是參加旅行社的集體旅遊，大陸已經封閉了多年，我們在國外的僑民，對大陸一無所知，要自己個人去旅行，幾乎是不可能的。

旅行社的名字是首都旅行社，是與大陸中國旅行社合辦的，在此地報紙上登出很大的廣告，旅遊的地點東到上海、杭州、蘇州、無錫、南京，西到西安。北到北京、長城，南到桂林、廣州、香港，東南西北，國內重點的名勝地，已達到了大半。時間是選在中秋以後重陽以前，那是大陸上天高氣爽的最好時節，來回是二十天。

在旅遊的過程中，雖然是走馬看花，而印象卻很深刻。每一個地點，都有它特色，北京稱得上宏偉，長城是雄壯，西安是古樸，杭州西湖是美麗，蘇州園林是幽靜，無錫太湖是秀氣，南京空曠，桂林山水是奇特，廣州是熱鬧，上海是擁擠，香港是繁榮。

我詢明了行程的時間，和各地落腳旅館的名稱，函告家鄉無錫的三弟，由他通知落籍東北的二弟。二弟坐了三天三夜的硬座火車，回到家鄉，準備兄弟相聚。又通知了落腳各處的老友朱龍湛、劉覽庭、沈嘯寰。朱是在上海，劉是在無錫，沈是在北京。

不久接到朱君來函，並附「鷓鴣天」詞一闋來促駕。詞云：

「去國卅年失髩青，相思萬里到而今，流光飛鳥同爭疾，心跡澄潭一樣清。人換世，谷為陵，梁鴻溪畔舊鷗盟，雁書不盡相思字，快接清芬訴別情。」

劉君步朱調前韻，也有一闋詞云：

「挺秀龍山爾許青、卅年懷舊昔猶今，白雲親舍滄桑變，遊子歸來花木清。過北關，謁金陵，比鄰總角故園盟，雞鳴風雨天涯近，白首相敘契闊情。」

我則和了一闋，詞云：

「南浦依舊柳色青，銷魂傷別憶古今，尊前莫笑黃粱夢，翔翱神州嘯月清，懷宋玉，憶茂陵，小南海畔記前盟，桃花潭水巴山雨，翹首雲天不勝情。」

在此二十天旅遊中看到了親人、朋友、高考同年，也參加了朱、劉二君的邀宴，至於各地的勝景，更是美不勝收。我寫了一篇〈故國山河寄萍蹤〉。刊登在中外雜誌第二三七到二四四期共八期才刊完。又在第二次回國後，寫了〈故國萍蹤續遊錄〉。刊載美夢居隨筆內。又將各名勝地旅遊重點寫了〈西湖遊〉，〈姑蘇攬勝〉，〈靈隱寺與飛來峰〉，〈桂林秋旅〉，〈春風十里楊州路〉……等文，刊登在《美洲世界日報》，其詳細情形不必細表了。

我在第一次回國，曾寫了七律一首，題名是：

回國有感（一九八五年）

三七離鄉七四回，朱顏皓首兩低佪，佇看城郭驚全變，忍撫風霜劫後哀，剪燭西窗類話舊，題名雁塔半成灰，江山萬古浮生短，歌放丁令一笑開。

朱龍湛步韻

遠別家鄉卅七回，驪歌又唱幾低佪，異鄉景物花前盛，故里林巒劫後哀，愧乏瓊瑤報知己，頻經滄海志未灰，便民橋畔釣鰲客，此日重逢老開懷。

劉覽庭步韻

似水流年去不回，航天返國一徘佪，新村迭見樓台興，遺跡猶存血後哀，親舍瞻依懷怙恃，故人敘別鬢斑灰，山河錦繡秋光好，兩載重來菊又開。

沈嘯寰步韻

綺歲離家老始回，親朋歡暢共徘徊，吟鞭欣指山河壯，掛劍難怯幽顯哀，且喜梅園千樹雪，猶憐烽火十年灰，飛觴紫陌燕京地，海外歸來群笑開。

第一次回國是民國七十四年十月十九日到達上海，二弟、三弟和朱、劉兩位好友及朱太太都來接機。約定二十號中午在杏花樓午餐，由於旅程關係，僅此短時間見面即匆匆告別，不勝惆悵，因此填了「唐多令」詞一闋致意，詞云：

「相敘杏花樓，申江碧水流，四十年，海外歸鷗，執手般般言未盡，忽忽別又離愁。故園正清秋，游人猶記否，萬河山，無限懷惆，往事而今成一夢，只白了，少年頭。」

朱龍湛步韻

「夕照映朱樓，恩波海外流，萬里槎，飛來盟鷗，別恨離愁知多少，怎相逢，嘶馬愁。去國幾經秋，湖山依舊否，訴不盡，無限惓惆，他日歸來重聚首，尋游釣，泛歪頭」。

劉覽庭步調

瀛海憶追陪，飛槎天上來，卅年間別夢縈迴，執手般般情激越，三總角，鬢毛催。

留影笑顏開，弟昆共徘徊，悵悾惚，乍聚相違，闊別天涯多少事，盈眉眼，但依隨。

第一次回到故鄉家中，是在集體旅遊中，抽出時間前往。那時老屋還存在，只是前後門都變了樣子。前門因為街道擴展，門外原有空地成為街道的一部份，大門直靠路邊。後面原來靠運河，現在已填塞成為街道。與家人相聚，父母親都已過世，親友中逝世者亦多，不勝感慨，忽忽相聚三日而別，我寫了一篇稿名為〈忽忽三日故鄉夢。〉刊載《無錫鄉訊》二〇三期到二一三期。

第二次返家中，是在民國七十七年，那是專程回去的。當時二下塘老房子已拆除，政府蓋了新房子補償，分得二戶，一戶只有一個房，由三弟的大兒子住，另一戶有二間房，三弟自住一房，小兒子住另一房，地點是南門外清楊路翠雲新村，清楊路夾道垂柳，風景宜人。當時堂姪任職無錫交通局副局長，由他調度一輛專用汽車，載我和二、三弟及少數家人，遊歷江蘇的名勝地，及太湖泛舟。我也寫了一篇重遊故鄉記。刊載在《無錫鄉訊》二三三期至二四三期。

3、美式婚禮

一九八一年七月十二日，洛杉磯天氣晴朗，連日炎熱過去，早起即覺得涼爽，我家老三定在今天舉行婚禮，真是理想的好日子。

人生過得真快，回想我們兩老在重慶歌樂山結婚，恍在眼前，那是一九四二年十二月十二日，正是隆冬季節，又是抗日戰爭最艱苦的時候，用最簡單的方式，在教堂完成婚禮，和現在相較，無論物質上、精神上都不能相比。大女兒、大兒子先後在美國出嫁和結婚，我們在台無法參加，僅在它們喜日，舉行新人不在場的喜宴，現在老三結婚，我們有機會參加，看看異國婚禮儀式和國內截然不同，值得一記。

在美國，老人家什麼都陌生，插不上手，一切準備工作，全由新人辦理，訂好教堂，地點在洛杉磯附近的安納罕郡Anahim，是一個頗有名氣的小教堂，美國總統雷根的兒子結婚時，也是在這教堂舉行婚禮的。牆壁上掛著雷根、南西、珍惠曼，在參加雷根婚禮時的照片，在婚禮中，我們坐在雷根夫婦當年同一位子，同一條椅子上，同樣領略兒子結婚時的感覺。遙想雷根當年，未免發思古之幽情。

婚禮前三天，教堂規定，凡結婚當事人和有關係的人要去預演，美國人實事求是的精神，可以佩服。在我們中國人看來，婚禮如何進行，只要口頭上說明就行了，為了進行得完美，而大費周章的預演，真是不可思議。

禮堂佈置得清新華麗，色彩柔和，大體上是用花、燭、彩帶、絲絲等交叉排列，配上婚禮後面牆壁那七彩大玻璃窗，透出瑰麗的光線，在華美中不失莊嚴的氣氛。教堂女職員，權充導演，逐步跟我們解釋婚禮進行的步驟，和當事人應注意事項，無論出場先後和動作，都有一定的規矩，不能亂。

正式婚禮是在下午四點鐘舉行，關係人都戴鮮花，按每人的身分，所佩的花朵種類及顏色都不相同。賓客陸續在四點以前到達，送禮並簽名，賀禮大都是大包小包的家用品，每件禮品包紮得很美觀，都附有一朵絹花，五顏六色，堆在一起，也是好看。

按照美國的風俗，凡是人家送禮，一定要在客人面前打開禮物道謝，此次因為是婚禮，賀客也多，無法按此習慣做。

賀客來了。由招待的人引導入禮堂，每一個人都由招待者挽著其手臂進場，指定座位，請其入座。原則上男女分開兩邊坐，如有小孩或老人不方便分開，也可例外混合坐。

全部賓客坐定了，教堂職員把走道裏一排蠟燭點起來，然後將欄住走道的絲繩拿開，然後奏樂。招待引導男方的女主人入場，也用手臂相挽，慢步而行，男方的男主人根在後面到達第一排座位，招待和女主人相互一鞠躬，女主人就坐在右面第一排第二個位置上，第一個位置是男方男主婚人坐的。跟著引導女方的女主婚人坐在左面第一排第二個座位上。以後男女儐相和新郎入場，最後女方男主婚人挽著新娘，在地毯上緩緩行進，那時全場人都起立，新娘到禮壇前站定。女方男主婚人將新娘的手交到新郎手中，退到座位上，全場也都坐下。

牧師先分別問新人是否了解結婚的意義。是否出自於自願，然後分別要新人宣誓，將雙方要如何相親相愛，克盡夫妻責任的要點，逐條誦讀，並要兩新人跟著讀，宣誓完畢，牧師做禱告。

接著指示新郎揭開新娘的面紗，雙方交換飾物，由男女儐相代勞，將飾物取交到對方新人手裏，分別佩帶在對方的手上，牧師又教新郎新娘到禮堂禮壇中間，在大燭台上各取一支蠟燭，同時點燃中間的一支大蠟燭，表示雙方愛心合而為一。點過蠟燭，退回壇前，轉身向賓客道謝，請男女雙方主婚人上台，和新人及儐相等照相禮成。

婚禮完畢，到餐廳吃西餐，採用自助餐方式，熱鬧而不喧嘩，最後賓客告別，新人們在門口握手道謝。

新人登上汽車，出發到新房，禮車上掛滿了紙紮的花，後面保險桿上掛了一串空鋁罐子，開出時叮噹作響，親友們的車子在後面猛按喇叭，美國交通規則，是禁止鳴喇叭的，可是結婚例外，喇叭鬧得震天價響，沒有人會責怪的。一路上行人駐足觀看，有些人揮手向新人道賀。

美國婚禮和我們中國比較，前者省事而不失熱鬧氣氛，場面也來得莊嚴，但過於嚴肅。後者太熱鬧了，證婚人等致詞也冗長乏味，敬酒時新娘一連換幾套衣服亮相，實在也無必要。兩者婚禮最大差別，在於新人父母的立場，我國婚禮，父母居於主持人地位，是父母為兒女舉辦婚禮。在美國則以新人為主體，新人為自己舉辦婚禮，父母稱之為主婚人，其實有類賓客。前者以家為主，強調親情，後者以人為主，強調個人獨立自主，兩者因為文化上的差異，表現的方式就不一樣了。

4、我家A、B、C

在美國出生的中國人，有人叫他為ABC。A是America，B是Brith，C是Chinese。

我和兒女移民美國，此兩代即使取得美國公民，都不是在美國出生的，只有第三代到孫兒、孫女才是道道地地的美國人，也自然成為ABC了。

中國有句成語：「橘逾淮成枳」，其意是說土生土長的水果，遷移了產地，因水土不同，就會變種，原來好的橘變成不好的枳了。

從台灣遷移到美國，遠離了故國，隔了半個地球，在此異域出生的第三代，究竟有無變質呢？以我家而言，據我的觀察，他們有些地方真的是變了，如：語言、文字、飲食、社交、其他習慣等等，自然美國化，已融入美國社會。但對我國固有的文化，由於家庭的薰陶，一點沒有改變。在智慧方面，由於美國是開放自由的國家，沒有升學壓力，教育並不那麼刻板死記，能自由發揮所長，與美國人一爭長短，往往超過同齡的那些白人孩子。

我有二個外孫，三個孫兒，兩個孫女。孫女年紀還小，看不出來其智能如何，但他們能見貌辨色，聰明伶俐，討得大人歡心，想必長大後一定不差的。

我家老大是女兒，他和女婿都受過高等教育，也許是優生遺傳的關係，二個外孫智商都很高，大外孫在高中時參加全國性中學生外語比賽，脫穎而出，獲得高分而得獎，他比賽的是法語組，後來全家去歐洲旅遊，都是由他做法語翻譯。

他高中畢業時，我們去參加典禮，看到校長親手頒給他雷根總統的獎狀，也取得了加大柏克萊分校的獎學金，輕鬆地取得名校入學。在大學時期他不是讀死書，功課固然是全Ａ，課外活動也都是領導人。大學畢業時，因課業和活動能力都是上乘之材，獲得許多名校的獎學金，在麻省理工學院取得碩士，現在就職ＩＢＭ公司，得其公司器重。

他弟弟因有哥哥榜樣在先，也力爭上游，蒙特利市剛開始行駛迷你公車為市民服務，因是創舉，為了廣為宣傳，曾徵求市內各校的學生為公車命名，他也參加了，其題名被錄取。在開車典禮那一天，我們看到他上台領獎，和另一位得獎的白人學生在台上合照，樂隊奏樂助興，公車開始上路。在此熱鬧的場面，兩位得獎人上台亮相，博得台下一片掌聲，我們全家都有榮焉。他在南加大畢業後，對商業經營有興趣，全心投入經營，現在已收到初步成績，在美國以商業掛帥的社會，在可預見的將來，必然是一位商場能手。

大兒子是博士，媳婦是他同學，取得碩士後結婚，他們生活在俄勒岡州，不和我們住在一起。大孫子有數學天份，美國每年舉辦全國中學生數學比賽，採逐級甄選方式，先是在他學校所在地的波特蘭市全市學校比賽，獲得第二名，由媽媽陪同他去華府參加全國競賽，雖然未能奪魁，卻能列入高名次，回來後學校引以為榮，當地報紙也詳加報導。

他在中學畢業時，名列全校第一名，按照學校規定，凡每年第一名畢業的學生，其名字刻在學校特立的石碑上，一面留做學校紀念，一面也供後學參考，因此他永遠留名在學校的紀念碑上了。由於功課好，申請到名校史丹福大學。取得碩士。

二孫子在功課上雖然比不上哥哥那麼光彩，但成績也是不差，他從另一角度發揮了才能，參加學校的課外活動，聯合各學校合組的學生鼓號樂隊，在當地頗有名氣，如逢當地有各項慶祝活動時，都請此樂隊助興。他中學畢業後，進入「賓雪凡尼雅」名校讀書，完成學業。

他們兩兄弟都是修習電腦，現都已分別就職在大企業內。

三孫子是二兒子的小孩，也住在洛杉磯，這個孩子，小時後就與眾不同，有天不怕地不怕的性格，有時我們帶他上街，在超級市場內遇到大孩子，他都去撩撥，那些大孩子反而躲躲閃閃的避開他。

他上一年級的時候，老師對他很頭痛，因為他不肯安分的聽課。有一次學校級任老師和我兒媳婦聯繫，拜託家庭能否管教他，不要再調皮，如再不安分，只好要他換班了。

兒子、媳婦聽到都很不安，他兩雖然都是受過高等教育，卻不是學教育的，又加孩子年齡太小，很不好管教，正在為此煩惱時，忽然接到校長來信，據他觀察，此孩子天份高，要他去參加一個測驗，如通過，二年級時可進入資優班，換言之，就他的部分智力，可以不受平常教育年級的限制，可以越級就讀。兒子帶他去測驗，輕易通過了。雖然如此我兒子認為還是按部就班的讀書，比較踏實，否則會養成孩子自傲的心理，難與人合群。為此平平安安的小學畢業。有一次他來我家給我看一件紀念品，那是畢業競賽時獲得的獎章，我問他畢業競賽時是哪一門功課最好，他說是數學得最高分，我要他把獎章掛在胸前，拍了一個紀念照。我和他談當年調皮往事，他說因為對老師所教的早已會了，不感興趣，所以當其他同學聚精會神受教時，他無聊極了，才會去逗同學、老師感到頭痛，其故在此。

以後經由兒子再三開導他，有些事不要自己認為真知道，多聽老師講授，可能發現自己所不知道的，或是糾正自己誤解的地方，他聽了父親的教誨，慢慢地將頑皮的習慣改過來了。

現在他在南加大讀書，日子過得很快，也快要大學畢業了。

一般說來，華人的智力，比任何民族的高，在美國這樣可以自由發揮智能的環境下成長，可以說枳逾淮成橘了。但中國人可惜缺少合作精神，往往個人自視甚高，瞧不起旁人，看見別人的成功，有時候因為忌妒心理而扯其後腿，實在要不得。

其實一個人的力量畢竟有限，合作力量互供所長，成為整體的力量是無可比擬的。各個民族間能合作的是日本人，美國也不錯，如我們民族能改正此缺點，其前途實在是無可限量的。

5、參加外孫畢業典禮

大外孫蔡崙，在舊金山柏克萊加州大學畢業，邀我們外祖父、外祖母，會同蔡家的家人前往觀禮。內人身體原來並不適宜遠行，但對外孫有特殊感情，所以也參加了。

記得外孫兩歲時，由女兒攜帶到台灣探親，整天拖著一塊布，說是他的伴侶，如拿掉了，心理就會不安，連睡覺時非擁有這塊布不能入睡。

那時我們住在台北市南昌路，南昌大廈的第十層樓，他喜歡看汽車，我抱了他到頂樓屋頂平台上，俯視街上往來的汽車，他很以為樂。又記得去信義路去吃老張擔擔麵，他不肯安靜的坐著等麵送來，需要我抱著他到門外去坐在石板上，數往來的汽車。

我們移民來美時，他和弟弟兩人都在小學讀書，女兒女婿白天都有工作，無法照顧，由外婆照顧了好多年，放學回家後，兄弟倆人吵吵鬧鬧，無時或停，玩具隨處亂擲，滿屋子亂得不得了，外婆隨時收拾，耐心為他們排難解紛，無時無刻不敢放鬆，生怕一不小心會發生意外。現在回想往時，苦樂都有。因此兩個外孫自然和他親近。

等蔡家祖父母也移民來美時，外婆刻意和他們疏遠，讓他們與祖父母親近，所以兩家親戚從不會因孫輩的關係而引起不快，這也是內人懂得人情世故及做人的道理。

蔡崙從小就功課很好，父母不用操心，學校成績都是A，高中畢業時，得到好多學校的獎學金，最後選定柏克萊，既是名校和洛杉磯比較近，假期時可以就近來探望父母。

我們在台灣時參加了二個兒子女兒在淡江、文化、東海三個大學的畢業典禮，大兒子後來在美國得到博士學位時，我們在台灣未能參加，此次是第一次在美國大學，參加畢業典禮，在感覺上和台灣的典禮作風上有所不同。台灣是莊嚴肅穆，學生們也比較安靜，美國則輕鬆自在，學生們也比較活潑，尤其在此自由主義出名的柏克萊學生們，是更自由自在。

典禮是在一九九四年五月二十三日，星期一舉行。

我們在五月二十一日星期六，和女兒及蔡崙的弟弟蔡翔，先去舊金山，蔡崙的祖母和他父親則在二十三日當天來，當天即回洛杉磯。

洛杉磯飛機在二點五十分起飛，三點五十分準時到達舊金山的屋倫機場，外孫已在機場等候了，他為了招待我們，特地租了一輛大型車，每天租金幾十元，由他開車陪我們在舊金山遊覽了幾天。

在屋倫，我們有二位朋友的太太，住在屋倫老人公寓，一位是二十八年高考同年詹世騮兄的太太，另一位是以前行政院同事李循和兄的太太。詹世騮是台灣手套公司的董事長，李循和是蔣夢麟先生的機要秘書，農復會退休後到大學教英文，兩位先生不幸都已去世了。

我們按地址找到老人公寓，門外卻掛著旅館的招牌，原來是旅館改做老人公寓的。裡面一切都是原來旅館的格局，比洛杉磯的老人公寓舒服。

內人和女兒入內找尋，兩位太太都不在家，剛好有詹太太的鄰居經過，引導到另外一家找到了，他們正在打牌，不好多事打擾，稍一寒暄後即由詹、李兩位太太陪著內人出門一同和我打聲招呼。我們原想明天去雷諾賭場玩的，邀他們同去，他們欣然答應。後來到旅館問櫃檯小姐，據說從舊金山到太浩湖四個小時車程，再到雷諾加二小時，來回一趟要十二個小時，加上賭場裏玩的時間，根本無法抽出時間安排，所以通知他們只好作罷。

我們住的旅館是全世界連鎖的有名旅館，房價比較貴。地址在舊金山高樓的中心地點，門外即是舊金山電纜車的地點，住的觀光客很多。進入旅館，第一眼即看到一個特色，他有五線電梯，成圓柱型，電梯是透明式，像燈籠似的，上部和下部都有半圓形的罩，裡面亮著燈光，五線電梯此上彼下，好像五只大紅燈籠，在上上下下，煞是好看。

舊金山電纜車車票每張六元，觀光客可以持票整天坐車上下，不必換票，我們原想坐了玩，後來因為自己既然有租車可坐，到處自由，所以放棄了搭遊覽車的機會。

舊金山地方小，建築稠密，停車場很少，路邊收費停車場都滿滿的停了車輛，自行開車最大的問題是停車，外孫對此情形很熟，在華埠找了花園角一處停車場，停了車才安心觀光。我們預定想買的東西，找來找去都找不到，問東問西才找到買了，又到有名的梅西百貨公司去選購了一些東西。晚上去參觀金門大橋，過了橋看到舊金山那面正在放煙火，很多觀光客都在觀看。晚上看金門大橋車輛川流不息，燈光照耀像二條火龍在橋上飛舞。

舊金山也有翠亨村假日旅館，和洛杉磯蒙市的翠亨村是同一家，其隔局佈置也相仿，我們在那裡吃了西餐。此外也在美利華大酒樓，屋倫的香港東海餐廳，台灣飯店都吃過飯，大體講來，所燒的菜比洛杉磯差，而價格則比較貴。

星期一，等女婿和他母親自洛杉磯來會合後，仍由外孫開車去柏克萊學校，在途中花店裏買了花，準備典禮時外孫佩戴，以表示慶祝。

先到他住的學生宿舍參觀，宿舍和一般家庭住宅相仿，有二個房，大客廳，專用廚房。兩個學生，分住一房，比起台灣大學裏學生宿舍好多了。

離開宿舍到校本部，學校因已放假，在校學生不多，除應屆畢業生，和其觀禮的家人朋友外，也有些閒雜人等。校園裡時常看到年輕戀人親密的鏡頭，在校門口，有人坐在地上拉琴。

到典禮廣場，有人赤膊在擊鼓，所擊的是扁扁的手鼓，用手敲鼓的中央或其他部位，以及鼓邊，發出聲音都不同，其聲頗有金石之音。

其間敲出：「洞、搭、蓬、恰」的節奏，表演分明，擊鼓者專心一致，目不斜視，儘管廣場上穿著學士袍的學生人來人往，他都視而不見，我很佩服他的技巧和定力，使我想起三國演義上彌衡赤膊擊鼓罵曹操，那種旁若無人的氣概。

兩點鐘，外孫拿來了來賓入場證，憑證進入典禮會場。三點正式開始，會場像台灣電影院有上下兩層，典禮台很寬大，起先人聲嘈雜，人們也互相走動，到典禮開始，樂聲大作時才安靜下來。

蔡崙讀的是生物化學系，共分三個不同班組，其重點：「一是生物細胞進化、一是生物的物理、一是生物神經。」畢業班有博士學生十七位，學士學生二百六十人，另外加上別系的二人，因未及參加本系畢業典禮，而來補行典禮的，共有二百七十九人。

首先由系主任領導二十多位師長上台坐定，都穿著博士服，戴著方帽，大都是穿黑色的博士袍，是柏克萊本校博士的標準禮服。另外有二位穿著紅色博士袍的師長，是英國來的博士，其禮服代表他母校的標誌。

系主任致開幕詞，以後指名兩位學生代表致詞謝師，博得台下許多掌聲，以後節目都由系主任一一唱教授的名字，分別由座位上起來主持儀式。

學生代表致詞後，穿紅色的老師說明本屆畢業生的概況。

其後是頒獎優秀學生，授獎老師介紹每位得獎人的特別成就，得獎學生在台上排成一列，受台下家長們的鼓掌祝福。

接著是博士班畢業學生授證，每位準博士被指名後上台，即由座位中一位指導老師出來為他授證，先簡短的講畢業生的專長和成績並致祝詞，跟著為他繫上博士綬帶，有的指導老師不止指導一位畢業生，他就重複的為畢業生授證。

最後是畢業的學士班學生授證，這是重頭戲，一個一個點名上去領證，證書放在台上桌子上的兩只竹籃中，據說這是象徵性的臨時證件，以後還要分別給予正式畢業證書的。

在每名學生叫上台時，台下雜聲並起，有鼓掌聲、有怪叫聲、有吹口哨的不一，而是震得觀禮者耳朵翁翁作響。也因此而增加了一種歡樂的氣氛，此雜聲都是畢業生的家人、好友、或參加社團組織的啦啦隊，其中尤以參加教會組織同學的啦啦隊，叫得最為起勁。在畢業生上台、下臺時，獻花拍照的更是不斷。

全部典禮完成時，已五點多了。

散場後廣場又是一片惜別聲，從此一別，各自東西，不知何時再能重逢。

柏克萊校園環境清幽，到處是大樹和綠地，建築物散處其間。我女婿也是柏克萊碩士班畢業，他們父子是先後同學。

女婿指點我們他在校的往事，有一道溪流，是我們中國學生稱他為草莓溪，其實溪旁一棵草莓也沒有，也許他另外有一則故事。

其後我們分別賦歸，過幾天，外孫也回家，完成了人生這一階段的成就。

外孫其後到麻省理工學院讀碩士，在畢業時，因為路遠，我們就沒有去參加。

6、參加公民第一次投票

在一九七八年，以綠卡移民美國，那年美國宣佈與台灣斷交，也因此而住下來。持綠卡並非美國公民，沒有投票權，沒有美國護照。以及其他權利有關事項，也有差別。

在我心理，我是中國人，在美國是暫時落腳，遲早要落葉歸根，不必費心機去考公民。

直到美國政府為了減少預算赤字，拿非法移民開刀，連帶影響合法移民，要取消合法移民各種社會福利的政府補助款，其中最重要的一項是醫療補助。美國看醫生和住醫院，都是非常貴的，如果沒有政府醫療補助，生病要自己花錢，只要一場不大不小的毛病，就可以傾家蕩產，此是大事，迫於現實，只好考慮投考公民，先修習考公民的資料，討教過來人的經驗，其間過程不必細表，總之是費了一番心力，總算拿到美國公民證，正式入籍美國。

是公民就有投票權。

那年是總統柯林頓競選連任，共和黨候選人是杜爾，是老資格的參議院共和黨領袖，是個競選的硬對手。

民主黨和共和黨，都傾全力在全國展開競選，其間花樣百出。

我第一次行使美國公民，就是投票選舉總統。每位選民必先辦理登記，要合法登記後，選務機關根據選民的地址，分配到其最近地區的投票所投票，同時將要投票選擇的議案及選舉注意事項、選票樣本，及投票所所在地址、投票日期時間等，通知選民。

另外，將印好各個投票所投票公民名冊，分發給該投票所。

在投票那天，有義工參加服務，每位選民按時拿通知函到投票所去投票。

義工根據通知單上的人名、地址、和選民名冊相查，兩者相符，就要投票者簽名和自寫地址，發給選票，在投票所裏秘密投票。

我去投票所辦理手續時，選務人員核對名冊，沒有我的名字，原來選民登記太遲了，選務機關來不及印入選民民冊內。承辦人與選務所聯絡，臨時填了一張表，拿給我選票去投票。

選票除了選總統以外，另外十四項提案，都要在此投票時決定通過與否。

我除了選總統外其他提案十四項沒有表示意見，只有一項二〇五號提案，案內是否廢除平等權法案，所謂平等權法案，對於少數民族和婦女在政府機關的聘僱，房屋貸款的優待，政府發包工程，和教育問題等給予優惠。如同意廢止，顯見對少數族裔的權益有損，所以我投了不同意廢止的票。

結果柯林頓總統當選連任。二〇九號法案卻遭百分之五十四的選票通過廢止，在我來說也是一種失望。

美國的選票是封在一個封套內，由選務人員發給選民，由選民自己拿到投票處將選票取出，上面印有幾個號碼，另外備有一本號碼與提案內容對照表，選民將選票放在投票器上，選票上面有二個孔，剛好嵌入投票機內，於是選票上面的號碼與對照表上的號碼一致。另外有一支鋼針，對照你要選票決定提案內容的號碼，將針插入是與否一欄，將其打孔，再將選票取下，重新裝入封套內，交付選務人員，他將選票的存根撕下交給你，就算投票完成了。

美國投票，乾淨俐落，事先準備工作做得好，每一位選民都可以收到一份選票手冊，上面印明提案內容和正反雙方意見供選民參考。投票現場，也沒有核對身分證和簽名刻章那一套。選票只要打孔，不必像台灣那樣加蓋戳記，容易弄錯，實在值得借鏡。

7、友朋間消遣打牌

我們中國，不知在哪一個朝代，發明了麻將，真是奇妙無比，揉合了競技和賭博在一起，以公平合理的機會，滿足人們希望心與好勝心，輸贏可大可小，看同桌人的經濟能力，自己商定。難怪成為舉國通行，雅俗共賞的娛樂方式，獨樂樂不如與眾樂樂，四個人或五個人（其中一人輪流作夢），說說笑笑，消磨整個上、下午，有時是傍晚到午夜，輸家花錢找樂子，贏家取不傷廉，賓主盡歡，其樂無窮。

大凡賭博和競技最大的分野，賭博是靠運氣，個人無力控制，例如擲骰子、推牌九、拉吃角子老虎、輪盤賭、打沙哈等等，你下注，輸贏任憑天命。競技則不然，例如下圍棋、象棋、西洋棋、各種運動比賽等，都要靠自己的功力和技巧，要強過對方才能得勝。很少靠運氣，當然有例外，如對方下錯了棋著，一著棋，通盤錯亂，對方會乘機得勝，為什麼會下錯棋，那還是功力的問題。

麻將這玩意兒，說他是賭，他又需要靠自己技術，說他是競技，有時又憑運氣，實在是介乎兩者之間。

打麻將就是有一點兒不好，費時太久，年輕人有此嗜好，費時失業，毀壞前程。有些嗜賭成性的人，又自不量力，輸贏超過自己能力，認為非有大輸贏不夠刺激，以致陷入無底洞，碰到老千或是設局詐賭時。會弄到傾家蕩產。這並非麻將本身問題，而是個人自身的克制問題。霸王賭，實在全無娛樂可言。

打麻將將最可看出一個人的個性，以前人說，選女婿不妨先邀他打一場麻將，平常隱藏的個性，會在無形中流露出來，膽子的大小，思慮粗魯和縝密，氣量的寬窄，忠厚或狡猾，仁善或冷酷，喜不喜歡佔小便宜，肯不肯吃虧，誠實不誠實等等，冷眼旁觀，一目了然。平常一般人所說的此人品性好或不好，涉及個性方面。在打牌時都在無形中表現出來。

我年輕時雖然懂打牌，但是不賭，直到五十歲以後，內人認為將來退休後，總得有一項嗜好，才好打發時間，而同事間私人交往的不多，也須結識合得來的朋友。所以鼓勵我參加打小牌。於是邀了四對合適的同事，分成男女兩組，每星期輪流到一家去玩，使得勞逸平常，也可乘此機會每星期打一次牙祭（也就是吃好一點）。如此連續了十多年，輸贏不大，消遣時間而已，直到我們來美後中斷，其後有一對夫妻也移民美國，另外兩對則始終在台灣沒有變動。到了美國參加老人公寓集團，和臺灣銀行同事來美的朋友，以及高考同年的朋友們打牌，打牌時間很多，最多時是每星期打五次牌，換言之，每星期有五六天消磨在牌桌子上。反正都是退休的老太爺，兒女都奮鬥有成，不能天天陪父母親，也很贊成老一輩的消遣。有幾家家中牌桌子是不拆的，我家也是其中之一，家中有一個房間為麻將間，專門用來打麻將用的。輸贏也不大，吃飯是叫菜館裏送來，有些家裏雇了下女，自己燒菜請客，也是很方便。直到我九十四歲生了一場病，引發骨質疏鬆，不能久坐，打牌是要久坐的，因此只好退出。好在我消遣的方法很多，雖然不打牌，也不會寂寞。

在數十年打牌經驗中，我覺得一場麻將，相近於一個人的一生。有人手氣好，一帆風順，從開始到結束都是順手，這是命運好的人，一生榮華富貴。至於霉運，則不同了，要吃遭人碰，和牌後一張，好比背運的人，蹭蹬一生。有些技術好的人，就是摸不到好牌，有力無施處，好像是懷才不遇。也有根本談不上技術的人，手氣特別好，像是痴人有痴福。有些人喜歡行詐騙人上當，例如明明不要的牌，摸進後，不爽快打出來，故意在自己牌中搬來搬去，最後好像很不得已才打出來，也有人故意亮牌，使人錯覺尚未成型。正是好像世事上的鉤心鬥角，爾虞我詐。

有時你手上有一副大牌，對方正要打出來的牌，正是我所需要的，他已亮出了底，但是猶疑不定，打不打？剛巧有人來打岔，他問來人，來人看了牌，說此牌你自己有用，不妨留著吧。試問你心理惱不惱，這又像是正有一樁好差事或好買賣要到手了，給第三者進了讒言，以致失去機會的感覺是一樣的。

牌底子雖然好，如富家子弟雖然家底厚，但是也還得靠摸牌上張，也就是雖然有基礎，仍得努力才行。有的牌底子不好，好像寒門子弟，毫無基礎，但摸牌進來，張張有用，結果此不像樣的牌居然和了。就像寒門子弟較富家子弟運氣好，成就比富家子弟高。

忠實的人喜歡打正面牌，容易給對方看出來，有沖牌嫌疑的牌不打，而老天爺不虧待他，會自摸和牌，反之狡狂機靈的人，喜歡走偏峰，使人摸不清他的牌路，常常和小牌，和了無數次小牌，抵不上人家自摸一副大牌。

吃虧和佔便宜是相對的，有時吃虧就是佔便宜，例如看到別人家要吃牌，來一個見吃碰，當然使對方吃虧了，可是自己的牌也弄亂了，不容易和，而對方有時反而作成一副大牌自摸，此種情形，也屢見不鮮。

打牌的規定最公平，四個人在一圈牌中輪流作一次莊，因為莊家比閒家先摸一張牌，如此輪流互不吃虧，每四圈上下手對調，此時可以根據上手對自己的情形，有怨報怨，原來給上手盯牌的悶氣，還他一個盯死人，使他不得翻身，快意恩仇，豈不快哉。

平常是打十六圈完畢。每人在一場十六圈中，總有一段好境，只是時間有長短，順家好境長，霉家好境短，在順逆境中，好比算命先生批命時說的，人們流年運氣的好壞。所謂付付有希望，牌牌無把握，也是上了場為何不肯中途停止的原因。直到十六圈完，才決定真正的輸贏，也就像人生的蓋棺論定。

古人以棋局喻世事，所謂「龍爭虎鬥一局棋」，其實麻將亦然，好像是一局世事。

世上的事，有不變的因素，有可變的因素，曹操八十三萬人馬下江南，孫權以不到十萬人對抗，此兵力的對比是不變的因素，天會起東風，助東吳一臂之力，燒得曹軍焦頭爛額，此是可變因素。符堅以百萬大軍，進攻東晉，投鞭可以斷流，東晉謝玄僅以五萬兵抵禦，這也是不變的因素，想不到符堅軍臨陣半渡，朱序策反，軍心大亂，以致大敗，此是可變的因素，事先沒能預知的。

圍棋變化固然多，但都基於下棋者雙方功力的對比，沒有許許多多可變因素插入其內。而麻將則不同，四個人角逐，技術的高下，公平的競爭，此是不變的因素，而牌風的好壞，造成很多複雜的變化，這是可變因素。例如，有人做清一色，三家都看得清楚不打沖牌，正好要自摸，已經摸到手了，正在高興，而為別人叫碰，只好將摸到牌放下，叫碰的那家取牌後開崗，崗上開花，一副小牌和掉了，這就是可變的因素，是預料不到的，所以龍爭虎鬥一場來比喻世事，是更為貼切。

（四）詩詞、文章、書畫

1、詩詞集。

詩與詞乃歷代文人的必須具備才能，詩，古代即有，孔子將古代詩刪定三百〇五篇為

《詩經》，在唐以後的文人詩，大都是指唐詩，其體例很多，主要的是五言詩和七言詩。詞也是唐代起源，最盛時代為宋代。所以後人稱「唐詩」、「宋詞」、「元曲」。

我在乙種實業讀書，朱夢華先生即教過做詩的方法，那時只有十五歲，對我只是啟蒙而已。到嚴家橋小學任教員與沈嘯寰同事，兩人進一步探討，對詩多一些了解，到二十三歲那年，到贛、浙、閩宦遊，才正式題詩，同時涉獵詞，宦遊歸來，草擬詩集《浙閩遊草》。

到美國後，與大陸通郵，其時二位總角交朱龍湛和劉覽庭都健在，朱任大實業家榮德生的秘書，為了應酬，必須精研詩詞，劉自無錫國學專修館畢業後，也以詩詞為專業，我們通訊後，互以詞詩唱和，出版了《三總角唱和集》，《嚶鳴集》等詩集，又將三人詩詞長卷送無錫博物館永久收藏。二〇〇三年大陸中華弼會八十週年書畫典藏展覽，我以詩參賀，該會長陸炳文先生給予感謝狀及收藏証。同年，大陸文化部中國詩書畫研究院承辦的：「國際華人詩、書、畫、印藝術大展」，我獲得詩歌作品優等獎。

我所收集詩，詞有關的書籍，包括：《全唐詩》、《全宋詞》、《古今詩話叢編》、《詞話叢編》、《彊村叢書》、《唐宋元明百家詞》、《詞律》、《花間集》，《唐詩三百首》，《宋詞三百首》，《白香詞譜》，以及許許多多解析詩詞的各種辭典，以及各種詩詞選集等等，其中很多是大部頭書參考而已，真正得力的還是《唐詩三百首》和《白香詞譜》。

做詩和詞，除內容當然重要外，其字面首重的是平、仄，其次是韻腳和格調的規律。

我是無錫人，從小就習慣鄉音，鄉音完全不合平、仄的四聲。所以做起詩詞比語言合乎平仄者（北平語）要困難得多。韻腳有譜可以查，不會錯，平仄就靠不住了。所以每首詩或每闋詞，先擬一底稿，其中除了確定的平聲或仄聲字外，凡有疑問者，必須查字典，標準本是商務印書館出版的《新字典》，上面每個字都註明韻腳，換言之，就韻腳的所屬即可知道其為四聲中哪一聲，平上去入四聲中，上去入三聲都是仄，只有平聲是平，如此執簡御繁不致弄錯，其不合平仄者必須換字，換到合適的字才合用。有些詩人所謂「口占」，我是完全無法做到的。

根據我的經驗，無論詩的絕句、律詩、詞的長令、短令，要做得好，必須注意主題、意境（包括情、事、境），聲韻（包括平仄和韻腳），造句（美與雅），琢字（推與敲即是琢字一例）。如能情境交融，行文自然，絕無勉強造作，生硬等痕跡，才是佳作。

2、文章、著作。

我寫文章是多方面的，有學術性的，有旅遊的、有親身經歷寫實的、有書本上看來的故事、有的直覺、靈感來時寫的等等。

寫作的動機也不一樣，有的是有所作為的，有的人情方面的，有的為了稿費而寫的，有的是偶發寫的。

寫了文章一定要發表給大眾看，否則自我欣賞，也沒有意思。所以有的自己出書，有的在報紙的副刊上發表，有的是在雜誌上發表。

約略計算，除著作成書外，大約已寫了五、六十萬字。

關於著作方面，在台灣時出版了：《肖像畫法》一冊，是參考王雲軒著的鶴棨人物畫稿三千法，以及在義生絲廠時，與同事陸祖康共同學習函授的木炭畫法，以及陳舊村教授的人物畫法，參考自己的經驗寫的。其二，《內功健身集粹》，題目既然稱是集粹，當然是摘取了歷代健身運動的內容，以及自己身體領會到的健身法而寫的。

到了美國以後出版了《美夢居隨筆》兩輯，第一輯內容是旅遊，第二籍內容是掌故。此外詩詞方面也出了著作，已見前述。

3、書、畫

先講畫，我在前文的書中已提到，我在家照顧大姊病痛停學時，曾照《芥子園畫譜》臨摹中國畫及在絲廠裏和同事參加函授肖像畫法。其後又參閱王雲軒所著的鶴巢人物三千畫法，稍有根底，以後抗戰流亡時轉入政途，曾中輟一段時間，直到民國三十七年六月，上海出版公司發行鄭振擇編輯《韞輝齋藏，唐宋以來名畫集》，以八開宣紙用珂羅板印刷書冊，計一百三十五幅唐宋名畫，我花了一個月薪水的重價，購買回來。又興起了重提畫筆的興趣。以後斷斷續續買些書局出版的畫冊，加以臨摹，雖然稍有進展，但是不敢參加書畫社的正式的畫展。

到退休後赴美，有閒暇有閒錢，購買了北京榮寶齋出版的《榮寶齋畫譜》八十多種，以及台灣藝術公司的各種畫冊，凡古代和現代名家畫冊都可在家中瀏覽臨摹，藝術上自然而然的進步。先由梅蘭竹菊四君子水墨畫開始，以後如花鳥、虫、魚、飛禽、走獸山水、人物等都畫，雖然不能自成一家，卻也可免於膚淺之譏。也有得獎者如我和朱龍湛、劉覽庭三人合作的詩書畫手捲，由無錫博物館永久收藏。我所作畫也多次為澳洲漢聲雜誌採做封面畫。一九九九年十二月，北京文化部世界華人書畫作品編輯委員會，出版《世界華人書畫作品精選集》，用重磅道林紙，十六開印製。據其前言稱，共集稿一萬五千餘件，精選二千餘件，在此二千餘件中精選四百餘件編入。我以書法編入選，女兒明漪以中國畫入編入選。取得入選入編証書，並購買此精冊自存作紀念。

再談書法，我和詩、書、畫，參加美國洛杉磯藝術學會，以詩書畫三種作品參加各次展覽及比賽，以書法得獎為多。行家說我書法比畫好，我得此啟示，就致力於書法。

寫字和書法不同，一般人寫字是為表達意思，並不研究各種書法字體的寫法法則。而歷代書法名家作品，看上去非但都很美，而且雅致。如要達到傳世佳作的意境，那得下苦功摹習其作品，南方名家傳世的是帖，即是字寫在紙上，帛上的。北方傳世的是碑，字刻在石碑上，由石碑上拓印來。要達到一定水準，才能創造出自己的一套。

我國有系統的文字，是殷商時代的甲骨文，繼甲骨文後興起的字體是篆書，篆書分為大篆、小篆，大篆包括籀書、金文（鐘鼎文）、石鼓文等三種。金文是鑄在青銅器上，成為銘文，創於商末周初，由於青銅不易毀損，所以留世甚多。石鼓文是刻在鼓形石器上面的篆字，在世不多，現在僅有十鼓存在北京故宮博物院。

小篆是秦統一六國後所規範的文體，亦稱秦篆，出於李斯之手，其字體瘦硬婉通，號為：「玉石篆」。

隸書是漢代通用的文體，由篆簡化而成，漢朝定為入仕標準。

篆書的字體只有橫、直、點及轉彎，隸書再加了撇和捺，書家稱之為波、磔，其實就是撇和捺的別稱。

隸書以後有演變成為正書，其寫法和現代楷書差不多，晉書的「孝女曹娥碑」，其中僅有少數字與現代楷書不同。正書成型，首為鍾繇，後傳王羲之，成為歷史上最有名的書法家。所有正體字的架構，寫起來是一樣的，然而寫法筆劃的肥瘦、堅挺、柔婉、秀逸，各有不同，楷書流傳自今，已成為全國普遍通寫的字體了。

正書後為草書，草書有章草、今草、狂草等區別。

章草是隸書變化而來，每個字都是獨立，不相連屬，今草則不然，完全脫離了隸書之意，筆劃趨於簡省，字與字之間，有些是帶有浮絲般的聯繫。

行草是正書偏近草體，其字體較為灑脫，如行雲流水，不像正書那般刻板。

現代人書寫草書，很多別出心裁，完全不受前人拘束，行間不整齊劃一，筆劃粗細不等，都很耐看，頗有藝術之妙，雖然如此，萬變不離其宗，筆力必須雄健有力，所謂鐵畫銀鉤，如纖弱無力，則不足取了。

最近，有書法學者，創立了藝術旋律體，其創意取自於音樂，抑揚頓挫，高起低落，突然停頓，驟然揚聲，千變萬化，不受固定規律束縛，高昂處如萬鼓雷鳴，低婉處如游絲一線。

其意在打破成千年來相傳不變的字體排列，直行並排像棋盤一樣，他們視為此種一成不變的寫法太拘束了，完全脫離藝術的觀點。所以其字體是不採直行排列，每行中字數亦不固定，有的一行只二個字，有的七、八個字。字型筆劃粗細不等，配合所寫字的內容，就文中涵義的悲、喜、哀、樂情緒，寫景的高低遠近，配合書寫，要達到能引起觀賞者不僅覺得美，而且有感情，其意雖美，但實行起來卻不容易，我也在試寫中。

我認為字有根源，以甲骨文為最古，篆、隸、正、楷書，平平穩穩，無法發揮書寫人的才氣，只有草書不受筆劃拘束，可以自由發揮，卻沒有想到直行排列，整篇一律算盤式的格局，居然也能打破。

由於此種認知，所以我著力書寫者為甲骨文及草書，並又加上旋律。

甲骨文所能收集臨摹者不多，而且其筆劃都是用刀刻在獸骨上，談不上美觀，所以只能採其字的架構，寫法則不用刻畫那種枯燥無味原體，而沒改用一般近乎篆體的寫法。又以甲骨文少見，集字不易，購得甲骨文辭典一種，作為參考，草書除狂草外，其他都寫。

我從日本平成五年到平成十六年，參加日本愛知縣、名古屋市、稻尺市、歧阜縣、歧阜市、羽島市、大恒市七個縣市和全國性的日本人書畫、日本水墨會所聯合舉辦的國際勸募展。除七年、八年、十一年三年沒有得獎外，其餘九年都得獎，其中包括五個大獎。

二〇〇五年，大陸文化部中國畫研究院，文化部文化藝術人才中心，文化部藝術服務中心聯合主辦，中國詩書畫研究院承辦：「國際華人詩書畫印藝術大展」，於四月十七日隆重開幕展覽，其得獎者則另舉辦頒獎典禮，我書法獲得特別榮譽獎，詩歌得優秀獎，女兒明漪中國畫獲得優秀獎。

據其報告，此項活動經過二年多徵稿，集稿作品的華僑多達四十多國，作品達五萬多件，得獎者不多，可稱殊榮。

我以書法得名，女兒則以油畫得名，她以中國畫為底子，深入油畫內，自成一格。在美國油畫界「二千年藝術大賽國際展覽」中，她以油畫「冬天」，在作品一萬三千九百幅畫中，脫穎而出，獲得風景組第二名，可說是沙裏掏金。

它國畫也有根底，先是就教於嶺南派，又轉入金石畫派，最後從事大寫意，自從參加美國油畫比賽後，專心油畫，中國畫則偶一為之。她檢討中國畫與油畫兩者的不同，國畫重意境，油畫重寫實，國畫留空白，油畫需填滿，國畫用墨，以黑色為多，其他彩色比較少，名作都甚雅淡，而油畫則色彩豐富多變化且厚重，國畫重線條，油畫則重明暗，如此種種，有不可合併的距離。

二〇〇二年，她參加聖蓋博藝術協會的「春季藝術大展」。她以風景和花卉二幅參加，在風景和花卉兩組內各得第一名，媒體報導的大標題是：「方明漪畫作雙料冠軍」。

又在同年間，參加全美油畫家協會主辦的「第十一屆全國年度大賽」，贏得全國最佳風景獎，媒體報導是：「方明漪畫作贏得全國獎」。

我在九十歲時要如何慶祝，女兒想出了在我生辰日，聯合舉辦了「父女書畫聯展」，定名為藝壇雙輝，在洛杉磯第二文教中心展覽，由於媒體的報導，參觀者甚為踴躍，是成功的一次展出。我提供的是書法，她提供的是油畫、中國畫和插花，甚得好評。

二十三、浮生回顧

（一）多病之身倖享遐齡

我身體並不是健壯型的，是高而瘦的。在浮生中若干年間，無論內科或外科都患病很多，先講內科，我姊姊患了癆病，我在十四歲的時候，忽然吐血，原來感染上了肺疾，母親不放心，要我休學一年在家休養，可是在同一家庭與病姐是無法隔離的，我終日與肺癆菌接觸，也並沒有常看醫生和吃藥，只是少勞動，多休息，注意飲食，增強自身抵抗力量，慢慢地自動將癆病治好了。肺部只有幾個鈣化的傷痕而已，其後有免疫力，沒有再發生。

民國十八年，我在絲廠裏做事，感覺胃腸不舒服，可能是受到流行性感冒的感染，生了中醫所稱之「單癮病」，久燒不退，由父親雇了船到絲廠接回家。遵照醫生的規定，嚴格限制飲食，在一個月期間內，每天只喝了米湯和補藥藥汁，身體日見消瘦，也不覺得飢餓。到後來成了皮包骨頭時，幾乎看不到肌肉，如此經過二個多月的治療，才慢慢知道飢餓了，開始吃固體食物以後完全康復。記得在最後一段時間，我很餓，母親不敢多給我食品，我偷偷地拜託堂妹妹蕙芬，她在競志女學校讀書，我請她在放學回家帶一小包花生米來給我，我偷偷地吃，好有滋味呀。

以後抗戰時在行政院，住歌樂山龍井灣，那時流行惡性感冒，同事中有幾位染上了，我和一位身體健壯的同事住中央醫院，有二個月，那位健壯的同事醫治不好而去世，我則痊癒回來，去醫院前在房屋後面種的白菜，回來時已長得肥大，正好用來補充食品。

抗戰勝利，還都南京，有一次全家去新街口菜館吃小籠包，回家後發燒不退，經醫生檢查是受了細菌感染，患了副傷寒症，在醫院治療出虛汗，渾身為汗溼透了，每天好多次出汗，每次都要換內衣褲，最後護士覺得煩了，我按了幾次叫人鈴，她們也不來，不得已只好敲銅面盆，敲得震天價響，她們不得已只好來服務。

以後到台灣，來美國，未再有內科病找醫院。

我所患的外科病太多了。

最先是住醫院割除痔瘡，在手術時用局部麻醉，不感覺痛苦，麻藥退了，每天大便仍非要經過肛門不可，就吃了很大的痛苦，為了減少痛苦，幫助復原，每天泡坐熱水澡，是最痛苦的過程。

其後副睪丸發炎，割除一邊副睪丸，並不傷及睪丸本體，只是去除像粗粗血管一樣的肉管，就是副睪丸，吃苦不大。

而後是膽囊發炎，住醫院割除膽囊，是大手術，全身麻醉。割除膽囊後，成為無膽之徒。說也奇怪，以往膽囊結石時，不能多吃脂肪食品，一吃就痛，割除後卻百無禁忌，任何肉類都可大快朵頤。但仍是自我節制少吃。

我的腸胃向來不健康，到老年患了憩室症，所謂憩室，並不是休憩的場所，乃是一種腸病的專門名詞。辭海對憩室的解釋是：憩室乃是病理學名詞，消化道黏膜向壁層外突出之囊狀膨起。室壁由粘膜及漿液膜組成，壁間則為少量結締組織與纖維。常位於食道、十二指腸、結腸、空腸等處。一般無症狀，然在食物或糞便瀦留引起炎症時，有局部疼痛、壓痛、及發熱的症候，俗稱為憩室炎。

我起先是大便時間不定，一般要到上午十點鐘左右才有便意，而一有便意就急不可待的上廁所，這樣對生活方面非常不便，試想十點以後，正是生活活動之時，如出門在外，臨時便意，豈不麻煩。也去問家庭醫生，問有無方法恢復到每天早晨排泄，他說每個人的生活習慣不同，排便時間也不一樣，似乎沒有辦法變動。以後又變成每便一次不能即完畢，隔了一個小時又要來一次，再後來，一天排便三次，最嚴重時竟然有一天五、六次，每次一瀉即完，不久又要排泄了。所排出來的糞便也不是乾的圓筒狀，而是半乾半濕的黏液狀，好像腸子沒有將食物養分吸收完畢，就急於排泄出來了。雖然大便不正常，但對身體好像沒有大的影響，只是便急時短暫的脹痛，便後一切正常，也因此遲遲不去就醫。

到最後實在影響生活，太不方便了，就去看腸胃科醫生，醫生說要先檢查才能知道病情，照我的情形，胃是沒有毛病，腸則可能有問題，最可怕的是癌症，但我已不正常了二、三年，想來可能性也不大。其他如發炎或潰瘍，也不會長期間不痊癒的，最可能是長息肉或生憩室。

檢查是照腸胃鏡。先兩天不能吃固體食物，只能喝果汁和吃果凍等維持營養，再吃灌腸的藥物，醫生說以前吃蓖痲子油，吃了不舒服，現在改善了吃一種藥粉泡的水，一袋粉泡一加侖水，每次喝一大杯，味道有點像海水帶有鹹味，凡是喝進去多少，就會排出多少，連帶腸胃內未完全消化的食物，一起排出來。大約喝了半加侖的藥水就去醫院檢查，到了醫院再灌腸幾次，直到排出來的液體像清水一樣才合格。因腸鏡是伸入腸內檢查的，如腸子內留有食物殘渣，影響視線就不確實了。

檢查時間也不久，局部麻醉，也無何痛苦，只感覺到檢查鏡在腸子內挺伸。到最後用力挺伸時，有些不舒服的感覺，可是那時已可將鏡子抽出來了，檢查時還照了照片，證實是生了瘜室，也就是腸子內長了些突出的泡。

問醫生何以會生瘜室？他說平時植物性的纖維吃得太少了，我正是這個習慣，每次吃到蔬菜的筋筋渣渣，一定吐出來，卻不知因此生了瘜室。

醫生沒有給我藥物，大概此病非藥物所能治療的，他叫我多吃蔬菜纖維。蔬菜纖維以菠菜為最多，其他綠色蔬菜，和胡蘿蔔等也可常吃，我平常以為芹菜、韭菜等有筋，想來纖維最多，而事實則不然，還抵不上菠菜。水果方面則吃香蕉和蘋果，蘋果要連皮吃。

另外在藥房和健康食品商店，也可買到各種植物纖維的製品，有用大、小麥葉子做的，也有用混合植物纖維做的，有粉末型、有小顆粒等，也有加糖或加香料的。

我吃的一種結腸藥劑（coloncleanse），罐子外面有結腸形狀的商標，藥是顆粒狀的粉末，沒有味道，不十分好吃，我為了調味，每一罐纖維素加一罐杏仁霜，混在一起，杏仁霜本身有甜味，也很可口。照藥劑說明每天吃一到三次，每次一匙。我是先用少許的水，將一匙混合食物調和使成糊狀，然後再用溫水稀釋，大約一杯玻璃杯，然後喝下去。

如此將植物蔬菜、水果和健康食品纖維素雙管齊下，差不多經過一個月，病狀不藥而愈。恢復到每天九點鐘以後大便，而大便的形狀也恢復到長條圓筒狀，一次即可便畢。據醫生說，以前不能一次便畢，是由於憩室阻礙，能改善就好了。他又特別提醒，要小心不可將雞碎骨、魚刺、和乾果硬物吃下去，如不巧將憩室截破，會發生胰膜炎，醫治起來非常麻煩。

老年人攝護腺會肥大，阻礙小便，此是身體機能老化自然發生的。小便不流暢，嚴重起來，會尿道阻塞，尿中毒。我發現有此現象，女兒勸我乘現在身體還很健康時去醫治。先找可靠的醫生，據有些過來人說，如醫生手術不好，會小便失禁，那就麻煩了。打聽了好久，找到了可靠的醫生去求診。

診治分三次進行。

第一次是確定是否真是肥大，或是有其他毛病。第二次照膀胱鏡順便勾絞一小塊肉，檢查是否有癌細胞，第三次動手術割除。

到正式動割除手術前，要經過X光照片及超音波掃描。動手術時由泌尿科主治醫生和腎臟科醫生會同進行。每過一關都要抽血驗小便和做心電圖等，他們對別處所做報告，以謹慎的態度，非自己來專做一套才放心。萬無一失。那些例行手續和X光照片、超音波掃描等那些沒有什麼痛苦的，不必多談，只將二次手術情形和手術後的感想寫一點。

在照膀胱鏡的一次，到蒙地貝婁醫院，在掛號處辦了手續，進入醫療室，將所穿的衣服全部脫掉，換上醫院所備，後面開口的長布袍，頭上戴了膠罩帽，睡在病床上打點滴和灌腸。此期間我很清醒，聽到女兒和一位老先生聊，他也是陪一位病人來的，他原在中國天津出生，住在北戴河，以後回美國了。前二年，特地參加旅行團到中國去訪舊，起先不准他入北戴河，其後託導遊向上反映，說他出生在中國，十六歲才離開返美，現在已過了五十年，此次和妻子、兒女，來找當年生活遺跡，等於是尋根，足証他對中國的熱愛，如不讓他達成意願，不知道會有多少失望。在國家來講，也是不好的，最後准他去了。他還到海邊石頭上撫摸了一會，告訴家人說他幼年時游泳後，常常躺在那塊石頭上曬太陽。當年所住的房子已不見了。他父親是教授，在中國大學教書，他自己回國後讀到化學博士，要想回到中國教書，他父親告訴他不要去，因為那時已動亂不堪。他就改學醫，開業做醫生，現已退休。

後來我主治醫師來了，因為是同行，交談得很熱絡。

他又說，中國人民是好的，就是政府不好，舉例言之，有一次在北京吃冰糖葫蘆，這是小時候常吃的，現在念舊，又去買了吃，臨走時忘了將照相機留在那裡，到旅館才發覺，再和導遊一起坐車到那裡，售貨員說，是有一架照相機留在攤子上，怕顧客來找，所以中午都沒有離開。他很感動，要給酬勞，對方堅決不收，最後暗地裡塞了些錢給他。我問導遊為何他不肯收錢，導遊說此事如收了錢，一定要報上去，政府承辦人對國外旅客不放心，他怕增加麻煩，所以寧可不受錢，最後你暗地裡塞錢給他，我只當不看見，也不會上報的，此兩人都夠人情味。

又講旅遊團其他人到舊遊地方，發覺都變了，自從大陸發生天安門事變後，他們都不想再到中國了。

其時我已感覺腦筋有點模糊，原來點滴裏放了麻醉藥，不久入睡。動手術時我一點都不覺得，醒來後感覺便急，但是脹，卻便不出來，妻和女兒都在床邊，說你儘可小便，不必下床，因已裝了導尿管，一面接到尿袋上，所感覺的便意，是導尿管的反應。

休息了很久，換上了自己的衣服回家。醫生說多喝水，少吃食物。

回家後一直到第二天早上，真是難受，並不是痛，而是便急時排不出來，好像海潮一樣，一陣湧來，膀胱都脹痛，卻給管子阻止了，在此小口徑的尿管內擠出一些尿才放鬆一點，但感覺膀胱內積尿甚多，如此周而復始，整晚不能入睡，也不敢喝水，怕尿脹次數增加。所有排出的尿液內中夾雜血塊，直到早上，積尿太多了，將管子衝出來一半，於是如決堤一樣，流到滿床都是，人卻輕鬆多了，才能入睡。

再過一天，去醫生診所，將導尿管全部取出來。打了消炎針，醫生說沒有事了，過幾天會復原。

在割除手術時，所有一切準備的資料都已齊全，醫院正式指定病房，手上套了紙的號碼圈，換了醫院長袍另加一層壓力襪子，用病床推送到手術室，刮去體毛，此次卻是全身麻醉，手術大約一小時。割除攝護腺，有兩種方法，一是在腹部開刀直接割除，另一種是從尿道內伸進手術刀，用電動去刮除。我是用第二種方法。醫生說刮下的碎片有半茶杯。手術後推入加護病房，麻醉藥大約多了一點，很久沒有清醒，從加護病房推回到普通病房時，還有點昏昏的，腿還舉不起來。

在病房裏，身上有打點滴的管子，有洗膀胱水的管子，穿著壓力襪子。護士每十分鐘量溫度和按脈搏，到晚上確定一切正常，才改為一個鐘頭量一次，因為有洗膀胱水打進去，所以尿會多一點，不像第一次那樣難受，尿袋裏起先都是血塊，以後血塊少了，尿液逐漸變淡。也定時打消炎針。兩天以後將洗膀胱水的管子取掉，恢復得很快。到第五天，取下導尿管，醫生說取下導尿管，一般現象是會有些疼痛，有時尿會失禁，也會尿血，這是正常現象，不必擔心。果然取下後，尿道發痛，吃了止痛藥，就沒有感覺了，沒有失禁，只是尿血。

政府規定，醫藥補助此種手術，只能住醫院五天，所以到了第五天就出院回家了。醫生關照注意事項：一、不能上下樓梯，二、不能提重物，三、不能跳動。這都是怕影響傷口復原。仍每天吃消炎片，吃流質食品。過了好一陣子，才吃實物。

我家中住在三樓，由女兒、女婿二人半扶半抬我上去的。以後好久都在樓上。小便時剛開始很不舒服，慢慢減退。每天飲食都由妻送上來。回家後過了十天，才慢慢地上下樓梯，過了二十天才出門，那時走路兩腳還是虛虛的，以後天天好轉，恢復正常了。

一九九四年三月六日，老同事閻邵武先生因車禍去世，十六日，在天普市殯儀館舉行追思告別式。亞凱迪亞市長和夫人也到現場弔唁。

閻先生的車禍非常奇突，他們夫妻倆早晨在人行道上散步，意想不到有一輛車衝到人行道上，朝閻先生背後撞下去，以致跌倒死亡，而肇事者棄之不顧，逃之夭夭。此事成為中文報紙地方版的重要新聞，連日刊載，警察也要市民提供目擊者的資料，好追查兇手，閻的家族也懸賞知情者報案，可是鴻飛冥冥，無法破案。

我當年在台灣銀行總行，擔任總務室主任，閻先生是副主任，總務室組織龐大，包括管理全省分行的警衛、車輛、營建等等，有同事一百多人，閻先生為人篤實誠懇，待下寬厚，代我分勞，很得其臂助。我們來美後，互相往來，不意其以八十高齡，慘遭橫禍。

我本人也遭逢到車禍，幾乎送命，也許命大，得保生命。

按照政府規定，公務員年滿六十五歲，必須退休。我六十五歲時擔任台銀的法務室主任、銀行公會法務組召集人，唐榮公司常務董事等職務。

在一九七六年三月二十一日，（陰曆是二月初三），是我六十五歲的最後一天。那天唐榮公司開審查會，審查承包沙烏地阿拉伯的工程，因關係重大，由郭永董事長主持，我及蔡勁仁兩位常董也參加。會議自上午十點開始，除了吃飯時間外，下午繼續開會，到四點結束。期間銀行公會打了好幾通電話來找我，會議完畢，搭公車回家。我家是住在南昌路，地點是在寧波西街和福州街的中間，是一棟十層大樓，我門口也是公車站下車的一站地點。

下車後，想到與台銀同事約好明天到我家來設宴送別，要買些招待的東西，就到對街百貨公司去選購，買了東西，要穿越馬路回家，看看兩面都無來車，而寧波西街和福州街交通號誌都是亮著紅燈，同時有一輛公車停在家門外，馬路邊上下旅客，想來穿越馬路不會危險，當我已穿過馬路，只差一步就踏上人行道了，那時寧波西街黃燈剛轉綠燈，車輛在黃燈時已開動蜂擁而來，照一般情形來講，我已走到路邊，從來沒有車輛會走公車內線衝上人行道的。意想不到，竟然有一輛腳踏車穿越公車內線直衝過來。剛巧我一腳踏上人行道，那車子會衝上來，所以立即站定，腳踏車速度太快，來不及煞車，在我身邊擦過，勾著我的衣服，硬拖過去，人飛上天空，接著來一個翻身，直到街心摔下來。在被撞的剎那，心中有一個飛快的念頭，想這一下完了。因為我們家鄉有一個口頭禪說：「六十六，棺材頭上滾角落」。意思是說人生六十六歲，是一個生死大關。我明天就是六十六歲了，難道竟過不了這一關嗎？想念未完，拍的一聲，人已著地。幸好並非頭部著地，而是左面膝蓋骨著地，拍的響聲，乃是骨頭破裂的聲音。同時右手肘也著地，以無比的摩擦力，在路面上擦過去，將西裝外衣、襯衫及內衣等都磨穿了一個大洞，幸而有此衣服的阻擋，肘部只不過是皮肉傷，沒有傷及筋骨，當然血是流了很多。

我人還清醒，翻身起來，覺得不能站立，所以用手摸左膝蓋，膝蓋骨已摸不到了，褲子上血肉淋漓，膝蓋骨處成為凹陷進去。

撞人的腳踏車，是兩個年輕孩子，一人踏車，一人坐在橫槓上，年輕人好衝，他們拼命踏得快，要和汽車比賽，因為走公車內線，看不到前面情況，等看到有人時，已經來不及躲閃了，因此闖下大禍。撞車的孩子下車來，扶我起來，我左腿軟綿綿的不能站立，移動時腿不聽指揮，小腿骨向後彎而疼痛。

車站售票亭的人是熟人，趕緊拿一個小椅子讓我坐，剛巧七樓鄰居杜維藩太太（杜月笙的媳婦）走過，我要他帶信給我太太下來。

內人不久來了，她很有果斷，立刻攔了計程車，扶我上車到郵政醫院去。到了醫院門口，先叫撞車小孩下車去問能否照X光照片，醫院說可以，於是下車，用我身邊所戴的公保證掛了號，入醫療室便找X光照相師，但人找不到，原來他已經下班了。不得已又轉到南昌X光院照相，洗出照片一看，膝蓋骨已破裂，分成二塊，一上一下，相距約一吋，膝蓋骨左右的韌帶當然也都斷了，非住醫院不可。那時空軍總醫院骨科主任周裕璘，是有名的骨科醫生，他是台灣省菸酒公賣局主任秘書王君實的女婿，內人恰巧在主任秘書室服務，因此與周醫師家也相熟。

內人馬上打電話給周太太，請他轉商周醫師設法病床，此時急如星火，向郵政醫院索回公保證，掛號處已換了人不接頭，直到找來原掛號承辦人才取回證件，真是屋漏偏逢連夜雨。

那撞車的二個孩子，都嚇得臉色發白，他兩人是補習班同學，穿得也破舊，看上去並非富裕家庭，我那時忽發憐憫心，我想要是我自己兒子闖了此禍，心理上是如何著急，推己及人，我就對他們說，不要慌，好在人沒撞死，骨傷是醫得好的，也不要他們出錢，一切醫療費用，都由內人自己付了，我看到他們感激的心情，隱隱含著淚光。

既然決定住院，就搭計程車到空軍醫院，計程車司機以前也受過傷，也是周大夫治好的，他感激周大夫的醫德，為此有一搭沒一搭的談自己看病的情形，連計時表都忘了扳下來，被我發現了，叫他板下來，免得他受損失。

到了空軍醫院，周主任已有電話給住院醫師，陳醫師看到我們去了，馬上要我去急診處手術室抽瘀血，上石膏，送入病房，公保病房原來二人一間，此房內另一位病人是肺癌，他病入膏肓，內人一想不好，請醫生改到特等病房，一人一間，每天房金是六百元，公保只付一百五十元，其餘四百五十元我們同意自己付。等一切就緒，內人回家取衣物及用品，肇事的孩子，也叫他們回去，等明天再來。

不久，周大夫和他太太來看我，（周太太是護理部主任）我住院期間，受到他們夫妻的照顧。我因沒有傷到神經主脈，並沒有大痛，除了上石膏不能行動外，一切尚稱正常，我對病情盲目的樂觀，周主任卻沒有我這樣信心，在急診處抽瘀血時抽不出來，等上了石膏，那原先抽血的針孔處滲出來了，把層層紗布都溼透，另加新紗布用手按住，隔了好久才止住血。

內人一直忙到半夜十二點回去。

三月二十二日，是我六十六歲生日第一天，內人一早即打電話通知台銀同事，取消了晚上宴會。於是同事們紛紛到醫院來探望，我也在醫院裏做例行的醫療手續，包括量血壓，量體溫，照X光照片，做心電圖等等。肇事的孩子早上來了，下午回去。內人則整天在醫院裏陪我。

第三天，我服務的三個單位同事，都來看望，包括郭永董事長，此外同鄉、朋友等也都前來。周大夫看我病情一切正常，決定明日動手術，晚上先灌腸及剃體毛等等。

第四天，及二十七日，正式開刀，八點五十分進開刀房，開刀房和病房有一段距離，天下微雨，自病房下電梯，要經過露天院落，內人用傘為我擋雨，好在天氣溫和，沒有受到風寒，內人擔心我會成跛子，我安慰他不用擔心，其實我自己也不知道後果會怎樣。

在開刀房，睡在手術台上，上面掛著弔燈，光線很強，此是動手術必須要看的清楚，有一部抽血機，抽出污血。護士們忙七忙八，有人在我脊椎打麻醉針，用布周身蓋著，右手臂量血壓，有一位護士照顧，左手臂打點滴，由另一位護士照顧。身體四肢不能動，只有頭部能轉動。不久護士用針觸我腿部，問有無感覺，我說已麻木了，然後醫生動手術，我一無感覺，只能聽到看不到，抽血機隔了一陣抽一回，麻的感覺，先是左腿而後右腿，而後腹部、胸部等逐步上升，胸部發冷，護士他說那是藥性的關係。我看那點滴管子裡的液體，有時滴不下來，他就將手上針頭改換姿勢。

約過了一個多鐘頭，有些作嘔的感覺，幸而手術已完畢，胸部的冷也漸漸的退了。

十點鐘推出開刀房，回到病房，神智很清楚，就是身體麻木，由幾個人把我抬起，才換到病床上，以後麻藥性一退，觸及脊椎打麻藥處都酸痛不堪，只能忍著。點滴裏加了些藥，包括新陳代謝，價錢很貴，公保不能全部負擔，其差額自己出錢，總之所費不貲。

撞車孩子的父母也來探望，他們為了表示歉意，拿了四千元作補償，其實他們不知道我們花的錢要幾萬元，四千元無濟於事。原來想不收此錢，無奈他們再三要求收下，為了讓他們安心，也只好收下了。

自此以後，內人天天來醫院陪我，有時在醫院過夜，幫我做些因不能行動而需要做的事。探病的朋友終日不斷，不必細表。

開刀後第七天，周主任要我下床試著走，已經可以勉強支持了。

開到後八天，醫生拆除皮膚上所縫的線，他說若有急事，也可以勉強出院，但最好能在醫院多住幾天，真要完成復原，需要半年以上。

四月七日出院，距出事已十五天，離開刀已十二天。出院前先換石膏，原來是用半面石膏用紗布綁起。因怕回家後會移動，所以由周主任親自動手，為我換了整個圓筒型的石膏模，他說等開刀滿五星期才能拿掉。以後傷口陸續長新肉，很癢，隔了石膏不好抓癢，只能用打毛線衣的竹針伸進去抓抓癢。等五星期後拆石膏模，一切都很好。

那時女兒和大兒子都在美國，我們只告訴他們大概情形，叫他們不要回來，小兒子在馬祖服兵役，打電報去要他請假回家，可是電報不能通達，因此這次醫院全由內人照顧，非常辛苦，我也感到不安。

在病床上我回想出事的情形，真是愈想愈害怕，要是當時頭著地，腦骨開裂準沒命，要是臉部著地，說不定因此鼻塌，又假如路上剛巧有汽車開過，一時煞車不及，必然在身上輾過，也是死路一條，上天選擇我最輕處受傷，真是不幸中的大幸。

我參加閻邵武先生告別時所穿的西裝，就是那年車禍中擦破的那一件，事後加以織補，帶到美國來的。

我到美國來已將近三十年，回首當年，往事歷歷在目前，當年所遭劫難，真是死生有命，半點不由人也。

二〇〇五年，我在美國生了一場可致命的怪病，那時我已九十四歲了，病名是：「淋巴腫瘤」。，是在腸子裏發生的，淋巴腫瘤何以會在腸子裏發生？弄不清楚。但是據二〇〇五年，九月十六日世界日報醫藥欄刊出：「切除膽囊後有大腸直腸癌危險的研究」，他們假設膽囊切除，會使大腸內膜接觸膽汁酸和未消化脂肪的機會增加，可能損害大腸導致癌症。腫瘤是導致癌症最可能的途徑，幸而我是患良性的，尚未變成惡性，因此得保住性命。我在若干年以前就摘除了膽囊，可能因此成為誘發的病因。

先是二〇〇四年，在十二月間，腸胃不舒服，不想吃東西，吃了東西以後，肚子上右方好像有硬塊，摸上去感覺微微的有點痛，不摸則不痛，以後痛覺不斷上升，吃了腸胃藥，病況就是不變，去家庭醫生那裡看病，也不能斷定是何病，要我去腸胃科醫生，照X光照片，發現腸中有一段黑影，他說這裡一定是有病，還沒有發作。要是發作，可大可小，必須照腸胃鏡子仔細觀察。

在二〇〇五年一月二號，先給我吃瀉藥，藥水份量多，味道特別難吃，也不能吃任何食物，吃點瀉藥後開始瀉，斷斷續續的瀉個不停，真是痛苦。

一月三號住醫院照胃腸鏡。看了腸胃鏡以後，醫生臉色沉重，先和家庭醫生商量，再告訴我家人說，病情不輕，要急速開刀醫治。問他是何病，他們不肯直接回答，既然醫生有此表示，也只好同意開刀。

他們二人忙忙碌碌，聯絡其他醫師，要醫院安排時間，屬於急症，醫院以最快速度排定在一月四號開刀，此是大手術，要開腸破肚，有幾個危險，其一，我年紀已老大，身體情況是否能承受此大手術，無法預測。其二是否是癌症，要取出病灶化驗後才能決定，其三，動刀後是否會發生併發症，也無法把握。所以開刀時由外科醫生動刀外，家庭醫生、腸胃科醫生、血液科醫生及其他有關醫療人員都在場，以防發生意外時可以急救。

我反正已麻醉了，什麼也不知道，最著急的是內人和子女，手術花了七八個小時，病灶有四公分，附著在腸子上，腸子割除了九到十英吋，腹部刀口，自肚臍上面一吋開起直到上腹部末端七吋半長，計有八英吋長。手術完了，病體正常，推回到恢復室，恢復知覺，醫生和內人才放心。

病灶取出後，血液科醫生馬上化驗，確定是淋巴腫瘤，以後除了短時間由開刀醫生照顧，防止傷口發炎外，不久即轉交到血液科醫生，變成主治醫師，因為病灶附著在腹膜上，無法刮乾淨，以後有繼續生長的可能，必須打一種針加以治療，清除餘毒，並防止其移轉到其他器官，此種特殊治療的針，價錢很貴，醫生說每針要四千元，這針要打八針，每三星期一針，起先二針，是到醫院裏打的，順便也打補血針，直到七月十六日才打完八針。每次打針後，都必須抽血檢查其效果，到八針打完醫生才恭喜我已完全控制住了，以後不會再發生同樣的病，為了保險起見，以後仍會做不定期的驗血，到血液科醫生那裡複診，以求萬無一失。我體重在三月十九日打第三針時是118磅，以後不斷增高，最低時是123磅最高時在八月間達到128磅。穩定在125磅上下，每天吃飯有定量，大便也正常，可說是恢復正常了。

醫院裏也有安排了資深護士來家裏探視，量量血壓等等，來了好幾次，看來身體已正常，就不來了。

淋巴瘤既已痊癒，我想應該過平安的日子了，卻不料在十月間，又發生了不幸的意外。

十月十一日，我去銀行提款，銀行就在我家附近的一座大廈的底層，大廈的二層樓，與馬路相平，在馬路進入大廈，再搭電動扶梯上來，在電梯移動的中途，我突然跌倒了，人已昏迷，電扶梯還繼續不停的移動，我身體側面貼著電梯，手腳也夾在電梯內，究竟是何原因跌倒，因人已昏迷不知，到現在還記不清楚。如何跌倒的。等到醒來時，發覺橫躺在電梯中間，要想站起來，就是用不出力，有一個人站在我旁邊，叫我不要動，說救護車快要來了，我茫然不知所以。

不久救護車來，好幾個人將我抬上車送到醫院去，我渾身是血，衣服破爛，左面半個面頰有三分之二，受到電梯硬物所摩擦，已皮破肉碎，手腳上傷創處處，內衣已全部為血浸透。

醫院裏動了緊急手術止血，救護人員在電梯內檢拾衣服內所遺下的物品，在記事簿上找到我家地址和電話，通知了內人，內人又轉知了兒子、女兒，他們都到醫院裏來。

醫院病房沒有空，只是處理病況，兩臂上了藥外貼塑膠布，面部則止血後上了藥，用紗布包紮起來，成為紗布包裹的一個頭，左面眼睛也受了傷，睜不開來。

醫院說大致已處理了，破碎的面部皮膚，要專門醫生去治療和縫線，他們寫了專門醫生的名字和地址，已約好了明天去看病。等到很晚還是沒有病房，所以只能先回家。

第二天上午先到家庭醫生處讓他了解病情，然後內人、女兒一起帶我到專門醫師的診療所去。醫生是美國人，他們只負責縫面部破裂的皮，動手術時，主治醫師在旁邊指導，由女醫師動針線，破碎處太多了，每縫一針，痛一下，約莫下來大約縫了五、六十針，歷時很久，最後總算完畢了，那天是星期三，要我們星期五去複診。仍然用紗布包了頭，至於手臂上和腿上的傷處，醫生說是醫院負責醫治的，他們不能代醫。

為了防止傷口發炎，處方開了好多消炎葯，他們說要全部吃完。以後隔幾天去複診一次，大約過了三個星期，才將包頭的紗布拿下來。他們不肯代醫的身體多處傷口，也已自動止血結痂，所以不去理他。左眼受了傷，不能合眼，用貼布將眼角上下貼起來，開了止傷的藥膏，每天塗一次，每天換貼布和塗藥膏，醫生叫他護士示範給我內人看了，在家中做護理，複診主要的是看縫線的地方，每次都有進步，到了十月三十一日去醫生處拆線，那女醫生很細心，用醫生專用的利剪在縫線上剪開，再用工具取出斷線，做手術時也是刺痛一下，等全部拆線完畢，看鏡子裏照出凡縫過線的傷處，留有黑色的疤痕，要等傷口全部長好，結痂處自動脫落，才算全好，如此大約要三個多月，在未全好時，仍不定期的去複診。事實上是逐日好轉，疤痂漸漸脫落。

兩次大手術能夠安然度過，可說是奇蹟，以後的情形，只有步步留心，希望不再有意外的傷害，以及不再患上大病，就能安心度過餘生，而到百歲壽齡。這是希望，其實我仍有身體上無法醫治的毛病，名叫「骨質疏鬆症」。是由缺少鈣質引起的，平常我們食物中很多是具有鈣質的，如果鈣質不夠，必須補充鈣片，倘若不注意補充，身體上會自己自動的從骨頭裏抽出鈣來補充，此抽出的鈣質，骨頭是不會再增長的，日積月累，骨頭就會掏空脆弱，一遇衝擊、如跌跤等，骨頭就會跌斷。脊椎是最容易受傷的部分，即使沒有跌倒，因骨頭疏鬆久了，無力支撐體重，彎腰駝背無可避免，所以老人們會有彎腰駝背現象，都是因缺鈣所致。

我年輕時，身體雖然不能稱健壯，但體格健全，無論站與坐，身體都筆挺，直到退休時仍然如此，那時老年的朋友，就提醒我要吃鈣片補充，我對醫藥常識太差，又因生過膽結石，自以為補充鈣片，豈不會增加結石的可能嗎，所以不聽勸告，直到八十歲以後，骨質不良的現象慢慢的發生了，看了骨科醫生，照了X光照片，斷定是骨質疏鬆後，再生骨質是不可能了，雖然吃了藥，僅是保持不再惡化而已，此藥每星期吃一顆，每天再吃兩顆鈣片補充，仍然無法恢復往日的形狀，以後看到廣告，有一種健康食品名叫「骨膠原」，說了可以增生骨質，買來吃，全無效果。由於此病不能久坐久站，平時消遣的打麻將也停掉了，看上去此病可能要伴隨終身了。

（二）我何以能長壽的檢討

我一生既然如此多病，生活的環境過程如此多艱困，何以仍能長壽？實出意外。此則有待檢討，一定有長壽之道。

維持人的生命，包括兩部分，肉體和精神，兩者相輔相成，都要健全，肉體是實實在在的身體，精神是意識，是思想行為等等，依藉肉體向外表達的作為，如僅保有肉體而缺乏意識知覺精神，就是植物人，精神有病，意識不清，不能配合肉體，就是精神病。

無論肉體和精神都要活動，流水不腐，門樞不朽，是動的關係。關於肉體的動，體操是動，走路也是動，我在民國五十一年三月出版了一本書，名叫《內功健身集粹》，因內容充實，並附圖說，第一版一個月即銷售完畢，同年四月再版發行。內容包刮我自創的「實驗臥功健身術」，主要是腹式呼吸，臥功健身動作，配合腹式呼吸運作，得益匪淺，到現在年老我尚在運動。

運動要有節制，不要太劇烈，且要有恆心。

關於精神方面，我很佩服四書中的《中庸》其中的二句話：「喜怒哀樂之未發謂之中，發而皆中節，謂之和」。所謂「節」，及是恰到好處的意思。

大儒朱熹解釋云：「不偏之謂中，不易之謂庸，中者天下之正道，庸者天下之定理。」

精神上最重要的是，一切生活行為，都要求其中道，不可偏急，物極必反，樂極生悲，唯有取中道，遂能可長可久。

道家始祖，老子道德經也云：「多言數窮，不如守中」。

佛經所謂：「諸法空相，要回歸本我原具之佛性」。

我一生都守此中道，無論對人對事，都不偏激，從來沒有發過脾氣。

有時遇到困難，或受冤屈的時候，遭人指責非議時，內心難免憤恨，總想發發脾氣或做出反擊報復行為，都是自我克制，不要太過激動，順其自然，一肚子怨氣先不去管他，睡了一覺，讓精神平靜下來，慢慢地事情也就平安過去。

有時遇到無法一時寬解的事，仇恨心理日日累積，竟然發現怪事，好像醫生所稱的人格分裂，閉上眼睛好像就有一個善良的我，出現在思想的範疇裏，對憤恨的我，加以勸說，提出各種理由，自說自話的對談，等事情解決了，那善良的我也就不見了，其實此各種理由，早已藏在潛意識裏，只是為仇恨心理所掩蓋，不去深思，最後藉此種虛幻的行為來表達，也是自我解脫的一種方式，不是壞事。

由於此種中道思想，化解了無數不可知的後果。

我且作了一首座右銘，來鞭策自己。

座右銘道：「毋意，毋必，毋固，毋我，不遷怒，不貳過，嚴以律己，寬以待人，恢恢有容，是為真君子。守信、立誠、重情、有義、有為有守，大丈夫當如是也，置之座右，用以鞭策。」

其實這些身心上的修養，全屬老生常談，人人都能做到的，看各人的決心而已。然而卻是達到長壽的關鍵作用。

對於飲食方面，最重要的是不抽煙，不酗酒，不貪食，不偏食，食不過量，定時進食。

生活起居，不睡懶覺，不熬夜。

為了調劑生活，常常聽音樂，看看書，寫寫文章，寫寫書法，有時也做做詩，一面喜歡園藝，現在不適宜體力的勞動，如園藝之事，完全由內人負擔了，生活不緊張，但很緊湊，不讓身心閒散，閒散了會自覺衰老。所以對以後歲月也很樂觀。

現在每天生活，已有固定的時間表。

半夜醒來，做床上運動，再睡一會，在起床前，先聽聽短時間的音樂。六點左右起床，吃過早餐，看當天的報紙，有時間則看看書。午飯過後不定時的有幾種工作選擇，寫文章，（在我一個月開刀出院以後，到能動筆時即寫文章，到九月止，已在《世界日報》刊載五篇，《環球彩虹雜誌》一篇。寄去《中外雜誌》一篇，已來函通知，決定刊出。），聽音樂，看電視連續劇，晚飯後多半續看電視連續劇，到十點睡覺，在睡時放送音樂陪我入睡。如此整天沒有空閒，生活過得充實。

這些都是我何以長壽的檢討。

我最後的願望和目標，是長命百歲，從現在起到一百歲，還有六年，希望不再有何意外，到時安然西歸。

我自擬了一付自輓聯，道：

緣起投生，緣盡歸真，塵世歷盡千災百難，仍然是無怨無悔，宅心仁厚，暫遊西方極樂。

靈自空來，靈回空去，人生經過悲歡離合，都具有大情大愛，行善業報，重回娑婆世界。

橫批是：「我會再來」。

中篇：二弟

一、生存中尋夢（入海軍學習——一九四六年）

大哥比我大八歲，我讀書時他已就業，每月薪水收入，全部交給媽媽，家庭狀況漸有改善，所以我能讀完中學。

畢業後，恰巧海軍雷電學校招生，我去投考錄取了。入學前需要寫履歷表及志願書，其中有一項需覓得高級文、武官為保證人。我們沒法找到保證人，後來想起鄰居謬斌，剛從江蘇省政府民政廳長下臺，一定有保證人的資格，拜託他做了保證人，順利入學。此是軍事學校，教育嚴格，先經過短期間的入伍訓練，然後進入術科和學科的課程。術科方面特別重視游泳和實驗射擊，海軍離不開水，軍人離不開射擊。其餘知識方面的課程，包括海軍歷史，軍人守則，艦艇的構造，魚雷的性能及其使用方法，以及軍艦的駕駛及軍艦上武器的使用等等，理論和實踐並重。魚雷快艇屬於秘密發展的武器，快艇的戰士，都要具備為國犧牲的決心。日後一但與日本作戰時，駕駛快艇衝擊敵艦，爆破魚雷，與敵艦同歸於盡，其任務與其後日本空軍的神風特攻隊自殺飛機類似。

我在校讀了半年，自信一切都能跟上進度，不料有一天，學校發給退學命令，其理由是課程不及格。在我聽來是晴天霹靂。日後聽到學員中，與校方關係密切人秘密告知，政工人員調查我保證人士繆斌，他有親日傾向，唯恐我日後洩密，對國家不利，所謂課程不及格是藉口，此是內情。我受了無妄之災，真是有苦說不出來，只好乖乖退學。此事對我而言是否塞翁失馬，得失難料，魚雷快艇日後發展，在對日抗戰中，發生了作用。學員有升有沉，有的建立戰功後扶搖直上，建立了海軍中另一系統。其不幸者在戰爭中犧牲生命者很多很多。

雷電學校退學後回鄉，就業發生問題，那時大哥已從小學教育方向發展，介紹我去學校擔任半個頭教員，所謂半個頭教員，就是任教的課程，與一般教員相同，而所支薪水只有正式教員的一半，此是學校人浮於事的一種變通方式。

繆斌有一位交通大學的同學叫陳祖光，他在上海創建了電機企業，製作變壓器和電燈泡等基電用品，設有工廠，需要人手，繆斌知我失業，就介紹我去機電工廠工作。工廠的負責人名叫李貽棠，是正宗學校畢業的碩士取得機電工程師的執照，對廠方年輕有為的職員很是照顧，我在工廠裏的工作，都是實體操作，由李廠長悉心指導，邊學邊做，頗有心得。同時在工廠放工後，參加機電有關的輔導學校，每天騎腳踏車出去上學，來回要一個多小時。我也不怕吃苦，晚餐往往祇吃了兩個麵包而已，如此教學相長，頗得李廠長的信任。以後中日戰局不利，上海雖有發展，陳祖光將企業遷移到重慶，仍由李貽棠負全責，李也將我帶到重慶去，在重慶小龍坎設廠，業務發展也不錯，我是搭滇越鐵路進入大後方的，到了重慶先去大哥處，大哥那時已任行政院科長，在歌樂山服務，兩人劫中相逢，悲喜交集。

李廠長和廠中同事，也在小龍坎辦了一個菜館，大哥來時，常到菜館吃飯。

我那時熱衷在研究製造自動製造螺絲釘的工具，克服了種種困難，終於將自動螺絲釘製造成功，為了製造此機器，將薪資所得，除與大哥每月分擔寄回無錫父母家用外，其餘均投資在製造機器之用，等到機器製成，要實際生產時，已無餘力支應，大哥向行政院同事宣傳投資，遂能正式製造螺絲釘上市。此時重慶的小五金製作者不多，所以生意很好，可惜我沒有製造螺絲釘的原料，螺絲釘要一小段，一小段將粗鐵絲截斷製作，此粗鐵絲名叫「盤元」，是鋼筋水泥建築材料之一，用於綑綁鋼筋用的。重慶的建築，都是用竹片水泥，根本沒有鋼筋水泥的房屋，所以鐵工廠也不製造「盤元」出售。如要訂製必須花大筆費用，不太可能。沒有辦法，只有用土法找鐵匠打造此粗鐵絲，如此成本很高，製造螺絲釘成本大增，而手工打鐵做成的粗鐵絲其質量也不夠，硬度不足，影響成品，如此一番苦心，一片熱望都成泡影，最後只能將機器出售，勉強歸還股本。

二、故鄉經歷的風雲（一九四七——一九五九）

抗戰勝利，我在一九四六年回到無錫，勝利後的家鄉各行各業都呈現一片蓬勃生氣，我對今後前途，刻不容緩的該有所計劃，多方的考慮，結合自己數年來從事電機工作的技術和經驗，決定籌建一電機製造廠作為發展的起步點，當時無錫這類工種的企業工廠單位很少，在這有利的客觀條件下，就毅然決定付之行動，工廠以製造磁鐵開關為主要產品，勝利後，尤其後方歸來的很多人，都有創業的信心，游資很多，但沒有一定的方向，我就以集資方式和幾位熟悉的朋友商量，在相互信任的基礎上入股投資，廠址很快就在周山浜廣勤三支路八號。原來是一家金屬加工廠，該廠因另有新創，答應出租，更有利的是原工廠除車間和辦公室都設備齊全，車間里的操作機械車、刨、鉗床亦具備，原負責人和我的一位夏姓朋友很熟，故承租條件非常遷就，接手後經三個月籌備，註冊一切就緒，定名為新中國電機製造廠，性質為股份合資，由我負責人事及產銷工作，招聘工人亦已到位，一切初俱規模就開始運轉，按原計劃製造磁鐵開關為重點產品，充滿信心，以為一帆風順，勝利在握，殊不知事先未曾對市場作深入了解調查，產品尚未出廠，而舶來品已捷足而至。令人措手不及，競爭無望，轉業又無所適從。騎虎難下，經朋友介紹以代替無錫二家紡織廠加工鐵鑄零件，以維持日常開支，可是仍然難以脫困難轉，開辦僅一年多就宣告結束，創業雄心以失敗告終。當時三弟正在全力創辦廣播電台，到處奔波，見工廠遭此遭遇，深感扼腕，但無能為力，徒嘆無奈。

工廠辦完善後工作，不久經介紹受聘無錫郵電局擔任工程科技人員，主要是勘測架設通達農村和鄰縣的電話線，當時電訊事業很落後，電話交換通訊仍是人工操作，依賴交換機，對線路分布架設工作，十分緊迫，由於我過去對電器電訊知識方面有基礎，很快由生疏熟練到後來擔任全部架設和設計，經常率一班工人外出工作。

一九四八年，徐蚌會戰結束，國民政府行政院將遷廣州，大哥已經辦理資遣，一時人心惶惶，我服務單位的人們也不穩定，不知何去何從。

那時剛巧在重慶的老廠長李貽棠，有信給我，我們在抗戰勝利後，原有的機電廠結束，全廠同仁，各奔東西，但仍有聯絡，他還都後任職資源委員會，奉命接受日本人在台灣一部份機電廠，任務艱鉅，頭緒紛繁，急需找幫手去共同辦理此史無前例的艱鉅任務。

在大原則方面，資委會已有基本上的規則，但是因接受單位各個不同，尤其是事業機關，不僅人事上的處置，還有生產機器的是否完整，（多數生產單位的機器廠房，或炸燬，或遭惡意破壞）。

他與我在重慶相處得很好，因此約我希望能去台灣幫忙，他信上說，接收完竣，能恢復生產時，他就是預定的接班主持人，要我不妨去台灣看看，是否留下來，職務方面，他有權安排。他又說大陸形勢以如此亂，不如在台灣尚可安定生活。

他已在台北購置了住宅，如我同意去，給他回信，他可派人到基隆接我，我到台北他家先住下云云。

我那時在服務單位生活安定，而且和老母親住在一起，抗戰時期未盡兒子責任，如現在又將生離，於心不忍，但時局不安是事實，不容不考慮，因此躊躇未央。其後知道大哥一家將赴台灣任職，因此決定陪大哥一起去台灣看看情形，所以函覆李先生，我將陪同大哥一家去台灣，並將船期告知。

我們是在一九四八年底，搭的中興輪，上船時是冬風細雨，船在台灣海峽航行，風波不定，並不平穩，好在行駛的時間很短。到了基隆，李先生自己沒有來，是派人來接的，直接到台北李先生家。

在他家住了幾天，大哥大嫂也寄住在那裡，李家很和氣，李伯母和李太太也誠心招待，很不好意思。

在台時間匆促，沒有到處遊玩，我和李先生到日本人留下的機電廠去看查了幾次，也和留守的日本技術人員交談，完全了解此被接受工廠的情形，生產工具的機器未遭破壞，生產品的銷售和生產用的原料，留守的日本人員，和台灣技師都據實相告，情形很是樂觀。

不久，大哥已由民政廳安排了住處，我們離開了李府，在台灣的大概情形，大哥在他上篇中已有敘述，不再重複了。只是我急於想回大陸，希望能和女朋友結合，如可能則請母親一同到台灣安居，如能達到理想，三弟可能也會來團圓。此是一門心思，並未想到時局變化得那麼快，結果女朋友轉投入他人懷抱，而大陸和台灣斷絕了交通，等我再想前往時也不可能了。李先生當然很失望，但也無可奈何。此短時期不到一個月的台灣行，也只能做為生活的一小回憶了。

回來後仍在郵電局工作。直到一九五一年，眼見全國電訊事業和全國各地建設，一日千里的飛快躍進，充滿著對未來的無限信心和希望。

政府政策，隨形勢變動，各項政治運動，亦針對性的不斷展開，一九五一年，結合社會情況對國家幹部，公職人員，對社會工商企業，掀起舉國上下聲勢浩大的三反、五反運動。三反是面對公職公務人員以反官僚，反貪污，反浪費為主要方向。郵電局在職幹部，凡有涉及到經手經濟工作的人員，都要徹底清查和交代，是否有貪污浪費現象，尤以貪污為重點，我多年來的工作是負責工程科的線路架設，經手過材料進出，亦就成為清查對象之一。運動開始，先是自己交代，隨之單位成立專案組進行核實，在這期間內，暫停原本工作，全日投入配合，直到專案組人員認可為止，我在一九五一年三月份開始自我檢查，數年來在工作上一向謹慎小心，貪污行為未沾染，浪費現象在施工過程中在所難免，但絕非出之故意，故對運動亦坦然面對，可是一切都出於意料，自我檢查一而再，再而三，始終不能通過，結論是我在搪塞，企圖蒙混過關，一星期後，就宣佈不得回家，留專案組禁閉反省交代，日以繼夜的對我反覆交代政策，要我坦白，否則嚴懲不寬待，我摸心自問，反覆回思，數年來按月按年在各項工程中，未有過逾越紀律之處，對國家要負責，對個人亦要負責，假如為了審查早日結束，可以回家，自欺欺人，自我妄加罪行，亦違反政策和自己人格，所以始終堅持一切實事求是，在此情況下，審查人員採取二十四小時日夜反覆對我詢問，有人輪換，監督要寫材料和檢查，斷斷續續將近一個月，精神已瀕臨崩潰，但我還是堅持原則，決不做自欺欺人之舉。中午吃飯時，有人監督一起到外面食堂就餐，有多次在去食堂的必經之路，見到三弟在附近小店門口等著，彼此遙望無奈，悽楚之感，更覺現實無理可喻的殘酷。何日能還我清白，渺茫而無期，人生到此萬念俱灰，生死抉擇於一念，但想到老母年邁，再經不得晚年風霜，自忖不能步入自絕蠢舉。專案組人員長期未能查得有所證實材料，說我頑固不配合，並一再告訴我，若得不到預期效果，決不停止偵訊，從那時起，對我人身、精神上施加壓力，日甚一日，手段亦達無所不用其極，在此情況下，精神已完全崩潰。理智亦已無法自控，有一天中午去食堂就餐，乘監督人員亦在用餐時，就趁機走到街上，在小店裡寫封短信給三弟，大意是自已蒙受不白之冤，無法自清，只能以死昭示清白，臨書難忘者，小弟及老母，希望小弟多加保重，一定要代盡孝道，侍奉老母以終天年。信投入郵筒，對家園鄉土，做最後一瞥，就步至寶界橋上，面對太湖清流，自知此生已矣，縱身躍下，在我剛躍入水中，剛巧有一小漁船划出橋洞，見此情景，船上漁民迅速划近我身邊，將我拉上漁船，經再三勸慰，並曉我以大義大理，最後通知了我單位，立即派員將我接回原單位宿舍，此事立即由局領導涉身過問全程，再做鄭重調查中，未有實據佐證，加罪無據，更不能做畏罪自殺之定論，權衡實際，就宣佈暫停檢查，回原崗位繼續工作，如有問題可隨時交代，一切亦不了了之。浮然一念，繫生死於一瞬間，今日回思當日之舉，實可悲又可蠢，清濁終究亦有澄清之時，出此下策，太失權衡。今日雖事過境遷，可是心有餘悸和後悔仍不斷。

三反五反運動結束後，我仍正常上班，又要兼任郵電局內部出版簡報快訊——油印期刊編輯，編刻蠟紙到印刷的工作。有一次由於消息振奮，內心激動，急於編稿付印，再刻蠟紙時，將偉大的領袖毛澤東的東字疏漏。形成偉大領袖毛澤，在印刷時未發現，立即分批郵件寄出，不久即有人發覺，馬上將發出的快訊急行收回，但部份已寄出無法即時追回，追查事故責任，我自當擔全部責任，因此已不是一般工作失誤，而是涉及影射汙辱領袖的嚴重政治問題，保衛科立即令我停職反省，交代思想動機，事實上我實在是出於當時情緒過分激動，致疏忽漏字，如有預謀，亦決不會如此明目大膽，授人以罪證，自取滅亡之路，可是事實昭然，雖傾心陳述，當時已無法證明，更無人敢作出無罪定論，事情過程很簡單，無須重複調查，經過一星期的反省檢查，暫以工作不負責出版期刊中，造成文字上的嚴重原則錯誤，造成很大的惡劣影響，應做自我反省引以為戒，此事就懸而未決告一段落。

一九五四年，國慶將近，我準備在九月三十日，偕妻去黃土塘鄉下，拜訪妻的老人，禮物都已籌備好，可是在二十八日下午，保衛科來人要我去保衛科談話，剛進門就有二公安人員前來，示出逮捕証，案由是現行反革命，在簽字後隨即帶上警車，直駛東門亭子橋看守所收押，第三天接到家中送來的衣服，被子及生活用品，知道家中已接到通知，可是老母不知如何承受此打擊，妻子懷孕不久，來日漫長，生死未卜，何日再見，遙無定期，心中一片茫然，在看守所歷時三個月，審訊後以現行反革命定案，判刑五年。不久即隨著一批犯人同押赴楊州投入勞改，到楊州勞改場所，依據犯人檔案，結合刑期長短，又根據犯人原來技術分配勞役工作，當時罪犯中五年期屬於輕刑，我就分配到電工班做架線工，很巧碰上了原在無錫亦搞無線電的朋友陳旭旦，他亦在電工班，此人無線電工程很熟悉，且擅長繪畫，但嗜酒成癖，他當時因何故獲罪，我毫無所知，就一起參加架線工作，不久在仙女廟施工中，他突患痢疾，醫治無效身亡，即埋於仙女廟路側荒丘而終。在楊州勞動不到半年，全國各地的勞改犯人，奉命調往北大荒墾荒，江蘇亦不例外，我們這批人就從楊州轉往黑龍江，紛紛派往各農場。我是分到湯原縣蓮江口農場，工作仍以電工為主，直到一九五九年刑滿就業，當時政策，就業人員不得返原籍，但可安排家屬來農場落戶定居，經再三考慮，就決定回家接妻兒來東北。

自逮捕到刑滿的五年中，我對定罪判決，由於很多不符合事實真相，始終不能認服，所以連續不斷的對定罪判決提出申訴，請求複查，可是毫無結果。

在一九六〇年秋，我按政策規定，即返回無錫接妻兒，由於決定行動很倉促，所以事先亦未與家中聯繫，那天到無錫已是晚上，坐車到家門口時，但見舊境依然，睹物觸情，不由悲從中來，泣然淚下，呆立在門口，不敢立即扣動門環，稍停後，輕輕的敲了二下大門，但聽到屋裏在問，是誰敲門？話音剛落，門已打開，第一眼見到開門的是我大姪女—小燕，我離家時她剛六歲，現又是六年過去，孩子已成長像個小姑娘了，開門後，她驚喜的向屋裏叫著，阿伯回來了，畢竟出於天性，她流露著無比的興奮，親熱的把我帶進了屋裏，我妻在一家小玻璃廠做小工，尚未下班，弟媳在工廠工作亦未回來，母親是斜倚在一張床上，目光呆滯的望著一群孫兒女，我心中一陣酸楚湧溢，略遲一分鐘，才緩步走向母親身旁，叫聲娘時，母親才醒悟，突然回來的是她夢寐思念的我，老淚哽咽，我盡量克制自己，噙淚攙扶母親坐下，屋雖狹隘，但老母整理得有條不紊，母親一人除操持家務外，就盡心照顧五個孫兒，其境之苦，其情之悲，言難達意萬一於點滴，凝望老母已白髮如霜，行動緩慢，多少年的精神折磨，滿臉皺紋深刻著歲月所給予的殘酷過程。母子天性，我再亦無法抑制揪心悲痛，但不敢放聲，只得強顏勸慰老母，問長問短，以緩解情緒，可是感受之苦，更甚於不如大哭一場，但不敢縱情，唯恐會引起母親情緒過分激動而造次。

進屋不久，尚未坐定，妻及弟媳先後回來，見到我都感到突然和意外，我簡單的告訴這次回來的目的，因時間倉促，所以未事先聯繫，妻子呆立良久，是喜亦是悲，不停掩面拭淚，隨即抱起我兒子，傳到我懷中。母親拉著孫兒的小手，教孩子喊：「爸爸」，當聽到第一聲含著鄉音的爸爸，抑制不住的激動，第一滴熱淚淌在孩子臉上漫開，孩子回答我的是一付天真的笑容，小手在拭著他臉上我滴下的淚水，偎在我懷中，我愧疚，我更無法告訴孩子我心中的千絲萬縷的思潮，我默默的想對孩子說：你踏上這世界的第一天，伴隨著你的就是貧困，苦難和不幸。除了骨肉親情的溫暖外，我沒有讓你享受到最低的童年待遇，從襁褓到現在，並且還在繼續，你天真的微笑，在對我作著無聲的回答，我心酸。

假期有限，一晃已一星期過去，不能再逗留。臨走前一天，母親和弟媳盡最大努力，為我們做能力所及的行裝安排，我很明白，這不是臨行密密縫，唯恐遲遲歸的和母親分手，可能是母子骨肉生與死的訣別。徹夜未眠，往事翻滾，想到我九歲一場傷寒，已病入膏肓，呼吸如游絲，一觸即斷。我家誰有病總是延請鄰近一位叫張聯奎的老中醫診治，在我命繫一絲時，母親請求張老醫生在盡力設法，救我一命，可是張醫生淒然回答，「實已無藥可救」，告辭而別，母親中夜苦守，目不轉睛的看著我瀕臨將咽氣，一步不肯離開，天朦朦亮，母親立即要父親去離家數里外江陰巷。延請一位叫龔士英的年輕中醫，這位醫生在母親印象中，醫術醫德都很高超。母親再三叮囑，不管如何，一定要請龔醫生來家裏，即使看上孩子一眼我亦甘心讓孩子離我而去。很快龔醫生隨著父親來了，面對我的病危情況，亦束手無策，母親一再懇求，聲淚俱下，請醫生開一處方，生死在此一舉，即使徒勞亦決不後悔，龔醫生告訴母親他試用一帖含有劇毒成分的劑方，但風險很大，母親說：「事已至此，死馬當活馬醫，生死有命皆有天意」。醫生走後，父親立即到藥店配藥。轉而讓母親煎好藥餵我，亦許正是母親所說的一切皆是天意，晚上我就昏沉睡去。第二天醒來，臉色已從蒼白漸呈黃色，嘴唇蠕動，母親激動萬分。立即要父親再去邀請龔醫生上門，告訴昨天到今晨我病情的變化經過，醫生亦很高興並說：「此藥方他從不敢輕易開出，服後生死介於二可之間，且凶多吉少，今日有此跡象應已好轉，但仍要防變化，要加倍護理」。隨手又開張處方箋而辭，也許是天命不絕我，在母親精心忘我的照顧下，渡過了三個月的調理，終於保住一命，長夜漫漫，想起此事萬箭鑽心。

天明，上午弟媳去上班前和我告別，我默依在母親身旁，相對無言，直到時間不能再耽擱，只得準備雇車啟程。臨行前，母親把我兒子從妻子的手中拉到身邊，用雙手撫摸著孫子的臉頰、頭頂，最後俯下身去吻了吻孫子的小手，將孩子交給了妻子，自始至終母親未發一言半語，我和妻兒跨上人力車，我不敢再望母親一眼，說了聲：「娘，我們走了，你多保重」，車行數步，我又回首見母親仍是呆滯，遠眺著我們的遠離，而身邊無一撫慰母親的人，孤零於蕭蕭秋風中，不想此別遂成與母親永訣。

三、蓮江口歲月（一九六〇——一九六八）

滿懷著惆悵和依依不捨的心情，我攜帶著妻和六歲的長子，告別了母親和故鄉，踏上了遷居東北的路，同行的還有家在無錫鄉下的夏姓同事的眷屬，一行共七人，那時還沒有修長江鐵路大橋，火車到浦口後，要由渡輪將客車廂一節節的整節運過去，重新編組再行北上，妻一路無語，滿面愁容，在她心目中，東北是什麼樣子，根本想像不到的，只聽說是非常冷，到處冰天雪地，冬天一不小心就要凍掉鼻子的，只有小孩子不更事，長子穿著一件新做的紅棉衣，拿著一張骨牌，蹦蹦跳跳，臉上充滿了新奇，我是又要照顧兩家人的安全，又要聯繫換乘、轉車，當時，大陸已經開始進入三年自然災害的第一年，食物非常缺乏，我們在車上只靠著從家中帶來的簡單乾糧充飢，經過三天三夜的顛簸，終於到達蓮江口站，總算一路平安，夏姓同事已來接站，一家相聚，百感交集，對我是千恩萬謝。

到農場後，由於當時農場正在開始大規模發展和建設中，一大批刑滿釋放人員都已在農場就業，勞改就業人員稱之為農工，為了農業發展和建設，也是為了穩定農工們的情緒，鼓勵扎根農場，就大力號召農工把家屬遷來落戶，共同參加開荒農場，所以，住房都早已有安排，我們被安排了一間四平方米的外間房屋，搭了一鋪火坑，釘了一個吊架，用於安放簡陋的家具和被褥，在外間與另一戶共用的走廊砌了一個小爐子，用於煮飯和室內取暖，室內地面太狹小是轉不開身的，但也算是安上了一個家。

妻從小生長在江南水鄉，到東北已時臨深秋，對氣候的驟寒，非常不適應，事已至此，也只有長嘆一聲，默默忍受而已，經過兩三年的時間，才慢慢的習慣，然而在東北三十餘年，妻的無錫口音卻一點也沒有改變。

到東北後，妻告訴了我，家中這幾年情況，母親因我的遭遇，歷嚐種種刺激，弟媳為支撐全家生活，承受艱苦和種種精神壓力，忍辱負重，妻為了減輕弟媳的壓力，增加一些收入貼補家用，而先後在街道做過納鞋底和織手套的零活，後進入一家小玻璃場當小工，經濟安排全由母親精打細算並計算開支，弟媳和妻子每日出去工作，家裏的五個孩子全由母親一人照料，母親永遠苛待自己，即使病痛纏身，亦決不肯為自己治病多花一文錢，只是硬撐，但待孫子女們，卻是疼愛有加的無微不至，妻和弟媳，偶而從外面帶回一些可口的食物，母親從不肯沾嚐一口，全部分給五個孩子，妻對我傾情敘說，事無巨細，無不具體表現了母親的慈祥和偉大，客觀現實的限制，使我無法報答母親而難以自容，無法彌補的痛苦，在幾十年中，無時無刻不在折磨我，唯有對母親無盡的懷念，直到我的永遠。

安頓好家屬後，我仍然在電氣隊上班，當時農場正是百業待興的時候，農場的管理人員組成主要是轉業軍人和各地調來的幹部，工人主要是刑滿釋放就業人員，技術人員非常少。我在電氣隊擔任主要的技術工作，能夠按月領取微薄的固定薪資，妻亦量入而出，維持溫飽生活，到農場安家的第二年，妻的工作得到安排，在總場磚瓦場幹搬磚塊的活，是很苦很累的活，每月有一點收入，生活似乎要好起來了，甚至夫妻二人開始籌畫積一點錢可以寄給母親，兩三年後可以實現回去看望母親的承諾。

一九六二年元旦剛過，春節將至，二兒子出生了，那年的冬天特別冷，妻拖著虛弱的身體，奶水不足，要靠熬米湯來餵養小孩，物資短缺，嬰兒所需鮮牛奶，要通過總廠才能批到，可憐的工資已不足家用了，有一天夜裡，全家人睡著後，由於爐子壓煤，煤煙從炕各處縫隙中跑出來，一氧化碳充滿小屋，至使全家煤煙中毒，多虧孩子不住的哭聲驚動了住在後屋的劉家，他們拼力撞開門，將我們全家救出，才得逃脫厄運。二兒子出生後，妻為了不丟掉工作，又要餵養孩子，不得不帶著孩子去上班，因此，而經常受到廠長的不滿申斥，只有默默無語而已，轉過年秋，三兒子又相繼出生，生活更加窘迫起來，妻只好把二兒子交給我帶，自己帶著哺乳的三兒子。

電氣隊車間出去不遠，拐過彎就是鐵路，有一次，我正在忙於總廠變電所的設計，抬頭卻不見了孩子，就趕緊出去找，遠遠就看見兩歲的的二兒子正在朝向鐵路道口走去，趕緊趕上前去，剛剛把孩子拖過來，一列火車就呼嘯而過，不由驚出一身汗，此事在很長一段時候後才跟妻子說起。

總場變電所開工後，日夜趕工，我已無能為力帶孩子上班，妻也因為又要照顧孩子又要幹活，不斷受到訓斥，不得不回到家中全力照顧三個小孩，工作自然就丟掉了，家庭來源就僅有我的一點微薄工資維持糊口。給母親寄錢，和一年回一次無錫的承諾，被無限期的擱置了。

長期的艱苦勞累，和內心的無盡壓抑，使我和煙親近了起來，花錢的香煙，是抽不起的，經常是拾一點土菸葉，自己捲煙抽，有幾年，自己也曾種過一種叫哈蟆頭的煙草，這種煙非常辛辣，在最困難的時候，還曾挖回「苣買菜」這種苦菜，將枝曬乾後，參在有限的煙葉裏混合捲煙抽，又苦又辣，十分嗆人，本來不太好肺部，逐漸的受到傷害，經常在野外架設線路，特別是要在春冬季爬到幾十米高木制的高壓電塔上工作，下來後經常是手腳冰冷，渾身打顫，最好的方法就是喝上一口燒酒暖身，酒漸漸成了工作之餘的一項嗜好，並伴我大半生。

為了減少家庭開支，我和妻子抽出時間去開墾一塊小菜地，種了一些豆角、土豆和玉米，還種了少量的蠶豆和萵苣，由於氣候的關係，蠶豆都長得比較瘺小，而萵苣的種子到第二年再種，就沒有粗壯的莖葉可食，只長成細細的桿，無法食用了，以後就不再種了，那時候農場除了已經開墾的水旱田外，到處是草甸子，時常有野狼出沒，有一個星期天，長子不上學，我就帶他到菜地裏去，他在地頭玩，我就到地裏去鋤草，玉米已經長的一人多高了，孩子在那裡久等不見我，就大聲的哭喊起來，我又沒有聽到，孩子就邊哭著邊回家找妻去了，以為我遇到狼了。等我幹完活再回頭尋找兒子的時候，他卻不見了，我只好一邊喊，一邊到處找，天漸漸的黑了，又下起了雨，我只好無奈的先往家走，這時，遠處出現一點光亮，原來妻子和孩子滿身泥水的找過來，見了面，妻和兒大哭起來，我也不由潸然淚下。

秋天到了，地裏的莊稼都已收割完了，許多人都到地裏去拾秋，妻也跟著去。檢點黃豆留在冬天可以生豆芽，換豆腐當菜吃，省一點菜錢，孩子無人管，一狠心就把二兒和三兒鎖在屋裏，等我晚上回家，妻還沒有回來，打開屋門一看，兩個孩子站在炕角落裏，手裏拿著一塊生捲心菜葉在往嘴裏塞，看見我回來還在朝我笑，此情此景，心中的這份苦澀，真是無以言表。

經過電氣隊幾年的努力工作，農場的變電所，輸電線路，和造紙廠的變電所，都已建成投入使用，基本實現了農場當時提出的電氣化目標，由於營養不良，和過度勞累，曾幾次昏倒在施工現場。勤奮的工作，得到領導和同事們的認可，曾連續被評為農場的先進生產者，領導已經把給我摘帽的問題提上了日程，周圍的同事也都極力的呼籲。

我們的居住條件，也得到了改善，雖然，每天要和造紙廠排放的廢氣和廢水相伴，但是分配的居住面積已經達到二十多平方米了，口糧雖以粗糧為主，已可以吃飽，每人每月還有配給二兩豆油，長子已快小學畢業了，日子在清貧中滑過，蒙冤申訴的念頭，依然縈繞在心頭。

「山雨欲來風滿樓」，不知不覺之中，周圍的政治空氣漸漸開始緊張起來。原來不管是幹部還是工人，或是農工，關係都很和睦，互相之間並沒有隔閡，農工及他們的子女們也沒有感受到政治上很大的歧視。而現在農工們，已經明顯感受到來自於政治上的歧視了。

不久，所謂的「文革」轟轟烈烈起來，一夜之間，昨天的幹部們，那些從勞隊轉業或從地方調來的農場幹部，大部分成了走資派被批倒和遊街，生產接近癱瘓，有些人藉著革命的名義，開始找那些曾經在工作中，有些不同意見，或者因個人私利的事而未得到滿足的人的種種欲加之罪，於是有了包庇和重用勞改釋放人員的理由，有了我親自帶出的徒弟羅織的罪證。

我被調離了總場的電氣隊，派到離家三十多里外的三分場給電工當助手，摘帽的事，隨之泡湯了，分場的道路都是土路，沒有交通工具，只好住在那裡吃食堂，這樣就增加了開銷，為了養活五口之家，不得不更加勒緊褲帶節儉，幹著活昏倒的事更多起來。

三分場的電工，是我原來的徒弟，姓劉，由於腳有點殘疾，一直未成家，只和母親相依為命，也是南方人，他的生活條件較好，有時就叫我到他家去吃飯，炒上兩個小菜，還可以喝上兩口酒。到週末下班後，我就徒步走回總場家中，如此往返有三年時間，長子已經上初中，雖然學習很好，作文也好，成績卻不能得及格，緊接著，書不用讀，課也不用上了。到處都是大字報，到處都是「打倒」之聲。

東北邊境的局勢，一時也緊張起來，一九六八年秋冬，農場接到了上級下放疏散農工的指示，凡是已經摘帽的農工可以留場，而沒有摘帽的農工要被下放疏散到各地的公社生產隊去，接受貧下中農的監督改造。

工作關係解除，工資撤銷，戶口轉為農村戶口，和社員一群靠爭工分生活，一生中最艱難的忠義村苦澀生活即將來臨了。

四、忠義村苦渡（一九六九——一九七七）

按照當時的情況，我如果向總場部申請，是可以留在農場的。農場很需要我這樣的技術人員，妻曾勸我去向領導申請，並說：「我們家人口這麼多，三個小孩還這麼小，一個強勞力都沒有，你已經五十多歲了，從來沒有幹過農活，到了生產隊怎麼辦？另外，你為農場電氣活出了這麼多力，他們會同意不讓我們下放的。」倔強的個性支撐著，我不想低聲下氣的乞求別人恩賜我什麼，我對妻說：「人家都在下放，我們為什麼不能，不管到那裏，別人能活，我們也能活，我決不去求人」。

那時已是寒冬臘月的時候，黑龍江大地到處都是冰天雪地。我們開始打點行裝，那天午夜我們一家五口人和許許多多下放的家庭一樣，在蓮江口車站，告別了已生活了八年的蓮江口農場，踏上一電影中經常見到的悶罐車，車板上鋪了一些稻草，待男女老少都上去後，車門就關上，不知道這列車要開多長時間，要到什麼地方。

經過了很長時間，悶罐車的小窗已透出一點灰白的光，火車停在了一個小站，我們乘坐的這節悶罐車和裝著行李的車廂被甩下來，陪同來的農場幹部們催促著下車，和卸各自的行李，三個小孩經過半宿的寒冷、飢餓和顛簸，都在瑟瑟的發抖。又一個陌生的地方，天剛剛開始發亮，遠處是連綿不斷的覆蓋著白雪的山巒，小鎮上各戶的煙囪還沒有冒煙，空曠、寒冷的站台，因為我們的到來忽然熱鬧起來，找孩子的，尋父母的，認行李的。三個小孩下車後只喊餓，就在站台上用四角二分錢買了幾個「圈火燒」充飢，吃了不久，二兒突然肚子痛起來，痛到虛汗都冒出來了，於是我整理行李，又告訴妻子領著三兒在車站等待。我則背著二兒和長子一起去找醫院，待打了一針後漸漸好些了，又趕緊趕回車站，這時，同來的那些人家，都已被各個生產隊接走了，只有妻和孩子孤苦伶仃的守著行李在寒風中等待，原來來接我們家落戶的生產隊的馬車已經來了，可是一打聽，我們家有五口人，而且沒有勞動力時，就拉起別的人家走了，待到快中午時，才來了兩輛馬車，一看只剩我們一家，明明看到人口多，負擔重也沒有辦法，就幫我們裝好車，大鞭一揚，馬車朝著雪原中跑去，經過兩個半小時的行程，我們就了倭肯公社忠義大隊，被安置在第二生產隊。

剛到生產隊，一無所有，囊中只有農場發放的近三百元安家費，開始生產隊把我們安置在一個李姓人家客居，不久，他們家又來了家屬，只好搬家。就搬到了後來成為親家的江家，那是三間土胚房，我們住在西頭，當時在吃糧沒有，燒材沒有，親人沒有，生活無著。

生產隊是實行工分制的，每天上工，到月末評等級記工分，年終打完場，糧食給國家後，按當年收入，留出第二年的種子、馬料等生產資料，和當年支出後，餘額給參加社員分配。按十個工分為一個日值計算，每個日值在一元人民幣左右，是年景不同而出入很大，一般人家扣除口糧數後，已幾乎領不到餘錢，我們去的時候，正好是生產隊忙於打場的時候，按我們的身分，生產隊是不可能照顧我們的，只好用安家費按人口買了第二年的口糧，燒材主要是玉米桔桿已經分完，隊長答應我們可以先拉一些豆桔桿當燒柴，又購買了飯鍋、水缸等一些生活必需品，安家費就已所剩無幾了。

無錫有句老話叫「八十歲學打拳」，而我真在五十歲時候和從未謀過面的鎬、鍬、鋤、耙、鐮叉打起交道，不管會不會，都是要去生產隊上工的，不爭工分，何以養家，那時連工具都沒有，去上工的第一天，在房東家借了一把木叉，農活是打黃豆，就是把收割的黃豆棵厚厚的鋪在已壓平冰凍的場院上，然後，把拉著石滾的馬一匹匹的連起來，由車把式趕著輾壓，社員要幹的活就是鋪場，翻場，起場，打場時一般都會打夜班到半夜，半夜時會有一頓夜餐，高粱米飯燉豆腐，這當時在社會家日常是吃不到的。吃完飯，都回家睡覺，第二天還要上工，因此大家都很願意去。

我第一天去上工，原來也是準備打夜班的，可是到了場院上，卻不知所措，未等幹活，腳踏在滿地滾動的豆子上一滑，立刻摔到在冰冷兒堅硬的場院上，一下跌斷了兩顆牙齒，嘴唇立刻腫起來，借房東家的木叉也給摔壞了。

時近年關，村里的各戶人家都開始殺豬，蒸饅頭，豆包、包凍餃子準備過年，我們卻是什麼都沒有。農場帶來養的兩只雞在來時馬路上被跑掉了一只，房東看見我們實在困難，就把蒸的豆包，饅頭，酸菜都送過來一些，我們也買了幾斤肉，房東幫著包了點餃子，總算過了在忠義村第一個淒涼的新年。

房東家是一戶很善良的人家，他們家的成分是地主，後來成為親家的老江，曾經當過偽滿憲兵，後被國軍收編任到連職，在長春戰役時起義編入解放軍，曾參加抗美援朝，歸國後先是集訓，後被遣返回原籍，在吉林柳河實在生活不下去，就舉家來到這裡投奔親戚，落了戶。家庭條件還算比較好，老江和我一樣也是一個所謂黑五類分子，他也是蒙冤的，文革之後，由我給他代寫了很多申訴材料，在一九八〇年得以平反昭雪，按連職待遇，安置到倭肯灌區管理站工作，長子後來就是隨他而走上水利工作之路的。

房東大嬸對妻很好，手把手教她如何包豆包，做玉米餅，醃酸菜、包餃子等家務活，那時，小孩還都很小，並不知道以後會結為秦晉之姻，但兩家相處得很好。

轉眼到了春天，生產隊開始忙碌起來，雖然生產隊有很多不需要出大力氣也能幹的活，但是怎麼會安排我這樣被專政的對象呢？在那時，誰又敢安排呢？我不得不跟著那些健壯而又懂農活的社員一起下地幹活，刨茬子（玉米、高粱桔桿的根），體力跟不上，踩格子是要走模特兒的貓步的，鋤地萬分小心，鋤頭還是老把苗砍掉，那是要扣二分的。特別是秋天收割莊稼，全靠一把鐮刀，都是力氣活，壯漢都要腰酸背痛的，更何況我這個從不知農活為何物的五十多歲的人。每天都是別人收工了，我還要在地裏繼續，我在家裏剛剛端起飯碗，上工的鐘又響起來了。每天回家，渾身都像散了架子，一年下來，累死累活掙了兩千多個工分，加上收成不好，日值低，所掙的工分還不夠口糧錢。

工分掙的少，作為全年燒柴的玉米桔桿和豆桔桿也分的少，燒柴也不夠。生產大隊又規定，凡是黑五類分子家庭是不能賒欠糧款的，一家人要吃飯，三個小孩要上學，只好到生產隊找隊長千求萬求，總算是答應可以賒欠。

農村分的是皮糧，按人口計算，百分之八十是玉米，還可以分一些高粱、穀子、大豆和每人五斤大米，大豆很少，只能用來換一點豆油燒柴，玉米就連皮加工成玉米面或餷子做主糧，冬季喝糊糊，下地幹活就做玉米面餅或蒸窩窩頭吃。餷子就是把玉米粒破碎成三四瓣用水煮熟當飯吃，口糧錢尚且沒有，更談不上有錢購置日常生活所需了，醬油也成了奢侈品，要賣掉了農場帶來的老母雞下的蛋去換。孩子的衣服，學費、書費全無來路。

妻實在是難以維持家庭生活，就瞞著我給三弟和黃土塘她娘家寫了信求援，當時三弟剛在農場就業，收入亦僅勉強維持個人生活，在信發出不久，就接到三弟匯來的十元錢，當時我接到深感意外，妻方才告訴我，她去信求援的事情。小弟在附言中告知，今後當及時援手，骨肉情深，相濡以沫，是三弟的傾情相助，幫助度過了最艱難的時刻，難以表達心中的感受。黃土塘也來了信，給寄來了二十元錢和五十斤全國糧票，並且勸我們回去，去黃土塘安家，我實在不願在此情況下回去，怕給他們帶來很大的麻煩，到忠義村的第二個冬天就這樣熬過去了。

經濟上困難，使我們的生活處境難以糊口的困境，而政治上的折磨，則使我們幾乎崩潰，那時候，文革，正是如火如荼的發展，白天在地裏忙了一天的社員們，放下晚飯就要到大隊俱樂部去開批鬥大會，不管批鬥誰，「黑五類」分子總是要站在台下站成一排，深深的低下頭陪鬥，在喊了許多革命口號後，就會喊：打倒ＸＸＸ走資本主義當權派，然後就是：堅決打倒地，富，反，壞，右分子，只許他們規規矩矩，不許他們亂說亂動。頭低的不到位的，是有人會上來強按你的頭的，還會挨打。有一段時間幾乎成了必修課程。到了冬閑的時候，許多社員們都開始貓冬，在熱炕上喝燒酒，黑五類分子，卻是異常得忙起來，在潔白的大雪覆蓋的村莊上空，大喇叭裏時常會響起這樣的聲音：黑五類馬上帶著鐵鍬和鎬到大隊集合，敬老院的ＸＸＸ死了。黑五類馬上到大隊來，大隊拉來了煤了。過春節組織秧歌隊，黑五類就輪班去抬鼓，幹這活都是必須盡義務的，不給工分的。這樣一直到文革結束方有所好轉。

北方初冬，氣溫即達到零下二十多度，室內都得燒火炕取暖，而我剛落戶不久，秋天新分的新柴很潮，是無法燒的，萬分無奈只得起早摸黑，帶著尚不足十三歲的大兒子，履冰踏雪拉著爬犁，走幾十里的山路，上山割苕條做燒柴。一早三點鐘，天不亮就上路，帶幾個窩窩頭拉著爬犁離家，直到黃昏不見天日，才能略有所獲裝滿了一爬犁，我在前面拉，兒子在後面推，走向山下。妻子早已焦急的在門口望眼欲穿的等待，見父子二人歸來才能鬆口氣進屋，為我倆端出一盆稀粥吃窩窩頭鹹菜。有一次由於太累太餓，勉強走到村口，大兒子兩腿一軟，就跌坐在地上起不來了。後來和大兒子回憶當時情景，仍唏噓不已。

經過兩年生產隊的勞動，和社員相處久了，他們漸漸發現我並不是所說的壞人。開始有人理解和給予一些同情，隊幹部看到我們實際情況，就安排我在生產隊挑糞和積肥，每天是八個工分。我所在生產二隊共有六十三戶人家，我是每天早上，先到各家各戶收集一夜即在尿罐裏的尿，挑到生產隊的肥料堆上，春、夏、秋三季，還要負責將各戶廁所裏的糞便都挑到生產隊積糞場，並且翻好。雖然很髒，很累，很辛苦，但是比起下地趕趟子要好得多。

由於所掙的工分少，依然不夠口糧款，日常開銷更是分文皆無，山窮水盡之境，我的第四個孩子恰生不逢時的出世，就在這時，才十四歲卻懂事的大兒子，提出了要輟學到生產隊去幹活，掙工分貼補家用，好讓家裏生活好一些，弟弟們也好繼續把書讀下去，在萬般無奈之際，我和妻相視無語，長嘆一聲，也就同意了。

大兒子到生產隊幹活後，家庭的生活便開始有轉機了，先是還清了生產隊的欠賬，後來又買了一間半老式廂房，非常破，冬天晚上屋裏放的一盆水，第二天早上就會結成冰坨，但卻是自己的房。

由於常年得勞累，這年的冬天，我的肺病復發了，村裡醫生姓林，是一位五十年代哈醫大的高材生，因言語不慎，被打成右派，先在黑龍江遜克縣干岔子的衛生院，後輾轉來到忠義村，林醫生生性豁達，為人耿直，說起話來談笑風生。每天要注射鏈霉素，他就經常來，漸漸交往起來，那時文革已近尾聲，人們對那個運動再也提不起興趣，生產隊也不再把我們當異類，於是，我們就已經可以談天說地起來，除了敏感的政治話題，幾乎無所不談，他風趣的話語逗得妻和孩子們經常大笑，我的家裏破屋終於有個笑聲。有了一點積蓄，我們買了三間土坏房，就在他家隔壁，每天晚上飯後，就經常笑聲不斷了，我的身體也漸漸恢復起來。

在此期間，生產隊先後買了鍘草機和脫穀機，知道我懂電的技術，就給我安排鍘草的活，要我保證三十匹馬每天的草料供應，活不算太緊，但是灰塵很大。特別是谷草的葉和桿都很粗糙，我的雙手又患有鵝掌風，每天工作下來，總是傷口併裂，非常疼痛，還經常流出血來。一到放假和空閑，幾個孩子都會來幫我，農忙假時，二兒和三兒也可以到生產隊去拔亞麻，掙上幾十個工分了。真正的困難期已經過去，日子在一天天好起來，和妻的爭吵也漸漸的減少了。

一九七七年我家園子裏的兩顆蘋果樹第一次結果了，園子裏種的各種小菜千姿百態，三兒子種的一棵青楊已經挺拔得有十多米高了，一片蔥綠。這年傳來了恢復高考等許多好消息，年關我們第一次殺了二百多斤的一頭年豬，殺豬的那天，我們請了很多人來家裏吃肉，就像辦喜事一樣，雖然時近年關，天氣非常寒冷，但我總覺得身上暖洋洋的，從心理感到有一股春風迎面撲過來。

在我家裏最困難的歲月裏，有一位朋友給予了很大的幫助。他姓周，是江蘇溧陽縣人，原是一名教師，是從鶴立農場下放的。他家五口人，三個壯勞力，在農場就是行家裏手，生活相對較好，在上山割柴的時候，看到我們父子非常艱難，就經常幫助我們，後來，他家買了一輛兩個膠輪的小推車，就讓我的長子和他的孩子一起去，把割好的燒柴裝載他們車上，一起拉回來，還曾在我最困難時候，借錢救急。雖然為黑五類分子，經常在一起參加各式無報酬勞動和挨批鬥，在公開場合卻是不敢互相交談的，同樣命運的黑五類中，也有喜歡搬弄是非去邀功之輩。他看出我的苦悶和艱難，就在家裏殺雞或有好菜的時候，偷偷的我到他家去，把盞對酌，述說一些相互的苦悶，還常常勸慰我要把事情看開點，周朋友後來也由溧陽縣教育局平反，每月發給退休工資。

五、春風撲面來（一九七八——一九九二）

一九七八年開春之後，春風就帶著好消息不斷的送過來，先是三兒在連珠崗中學，考試得了全校第一名，學校竟然組織了鼓樂隊走了八里路，把捷報送到家裏面，全忠義村都轟動了，真像家裏中了狀元一樣。

剛剛恢復高考，被幾十年風雲變幻搞得心有餘悸的我和妻子，在三兒升學的問題上，反覆掂量是就讀完高中考大學，還是立即考專業學校。因為，那時中專畢業就分配，就是國家幹部，吃皇糧，就可以走出生產隊，生活就有保障。當時我既未摘帽，更未平反，心理不托底。所以決定報考專業學校，免得不知何時又不讓考了，不好辦。這次抉擇，使三兒的才華未能得到更好的選擇。後來我和妻回想起，深感遺憾，這一年高考之前，三個兒子都報了名，因為大兒子雖然早早輟學務農，求學之夢，一直沒有破滅，經常利用空閒學習，妻一看三個兒子都報了名，不由愁了起來，最後，還是大兒子主動退了出來，放棄了高考。這一年，三兒考入了省水產專科學校，第二年，二兒也考入師範學校，小兒子小學讀書。

隨著國民黨舊政府縣團級以上官員的被特赦，和給予較好生活安置，一九七九年二月，政府宣佈所有的「地，富，反，右，壞」分子，一律摘掉帽子，和普通社員一樣待遇，也就是享有公民權。

在被判入獄到蓮江口，再到忠義村二十餘年，都是因為自己的黑色身分而飽受折磨，促使我對當年定罪判刑的不當，更有難以接受的心態。除了我本人受折磨，還株連妻兒，實不甘心。當年在接到判決書時，就據實提出上訴，未有答覆。分配到黑龍江省勞改農場，我仍就呈文。我自認為政府政策是有錯必改，有過必究，總該有真理存在。故還是把實際經過向無錫市中級人民法院，直到省高級人民法院，逐級投文申訴。有一次接到覆文，告訴正在複查中。文革開始，一晃又是數年，所謂複查結果毫無音信，我仍不甘心失望和死心，妻見我如此執著，屢次強行阻擋。她實在已成驚弓之鳥，唯恐又會因此引來痲煩，造成冤未伸，而冤又臨頭的命運。可是我心中對其錯判實難認可，於一九八〇年終，又發出了一封措辭懇切的上訴呈文直寄北京高院，文中直陳無錫法院對我所定的反革命罪不服的理由。我認為一九五一年三反五反運動中，對我所加的貪污罪行，實際上我毫無沾染，且並無佐證對我因刊印快報漏寫一字就上綱上線汙辱領袖的原則高度，作為現行反革命的依據定刑，更難以接受，我承認當時由於過分激動而造成工作疏忽失誤，是無可否認的事實，可是法院僅憑此臆斷，就以現行反革命做出定罪依據，實有違當時我的實際，難以心服，數年來一再呈文多級法院，均未能得到覆文，今不得已再呈文請求複查，懇求能以事實為依據，以洗我所受不白重見天日。

一九八〇年文化大革命已結束三年，政府各項法令亦步入完善正規，在我尚寄出不到三個月，就接到高院的批覆，稱對我案已經過逐級調查，證實當年法院所判刑現行反革命犯不當，按政策給予平反，並已轉文原判機關撤銷原判決，恢復身分，回到原單位報到，對我服刑期間所受損失，按政策給予落實。此文接到手中時，激動得雙手顫抖，興奮無法自抑，妻子在旁雙手合十，樂極而泣，感謝蒼天佑我，冤案終於昭雪於一朝。

首先想到的是給無錫的小弟告訴這喜訊。信尚未寫完，小弟卻已來信，告訴我法院派人到他家裏，詢問是否同意讓我回無錫落戶在他家中，當時並未說明具體情況，小弟滿口答應，並請求無論是什麼情況他都接受，請求與兄嫂盡快辦理回籍手續。會談很快結束，法院要小弟在會談紀錄上簽字。為此他立即來信，信上說這肯定不是壞事，恐我不知道，所以先來信，讓我在思想上有所準備，接信後，我意識到我確實平反，當時，高院亦已行文當時地方法院，指示按政策在當地有關部門落實，關於我的落戶和工作等問題，我把尚未寫完給小弟的信擱下，至此已無必要再寫信陳述我的經過。

妻子隨即幫我簡單的整理一下，我隨即赴車站購票，三天後到達無錫，和小弟見面，給他看了高院平反的通知，他興奮而又激動的說：「終於等到了這一天」，喜悅之情溢於言表，午飯後稍事休息，就去郵電局保衛科聯繫，由保衛科負責同志接待。離開三十多年，當年舊同事雖大部份已退休，但尚有少數熟人，闊別三十年，想當初彼此都值朝氣蓬勃之年，現在都已步入花甲之齡，感慨不已，到保衛科，面對我的問題，涉及到多方面，故歸納：

1.關於恢復我的工作，因我年齡已到退齡的規定，只能按退休職工處理，此事可與退管會辦理相關手續。

2.工齡問題，已由法院裁定自一九五四年入獄日起應無疑問。

3.經濟損失，法有明文，可按規定呈請原判法院做出裁定，郵電局即遵辦。

4.返原籍落戶何處，可由本人自行決定，如返原籍，郵電局給以證明即可辦理。

5.子女接班問題，當時郵電局尚無此規定，但可考慮呈請上級後再做答覆。

談話結束，就陪同我前往郵電局退休工人管理委員會，退管會負責人的同志，是離局前的摯友，他在一星期前已知道我平反的消息，一直在等我回來，見面後萬感交集，略談了三十年別後彼此遭遇，尤其在文化大革命運動中，他亦未倖免批審命運，直到四人幫垮台方得以解放。

隨即說明細則，接著又陪同去工會，恢復了我的會員身分。除服刑期的經濟問題，尚須再呈請法院裁決外，一切都很順利辦妥，我就輕鬆滿意的回到了小弟家中。小弟夫婦都已退休，姪兒女亦都成長工作，家庭條件亦已穩定。三十年前的坎坷困難處境，已一去不覆返。

當晚姪兒女相繼回來，已是相見不相識，但事先都已獲悉二伯父即將回來落實政策的喜訊，個個都顯得濃濃親情，倍感親切、溫暖、唯一遺憾的是再不能面對慈母的音容，深疚切切於懷。

在無錫只待了一個星期，由於急需回東北生產隊辦理身分法定手續，此事涉及到孩子的前途方方面面，不容拖延，所以又匆匆的返程回家。在一九八二年十月，由無錫郵電局辦理了退休手續，落實政策後，每月都有固定經濟收入。在此期間，長子結婚成家，長子結婚時，三弟正好在尾山農場辦理了退休手續，特意趕來參加婚禮。兄弟二人萬分舒心，開懷暢飲，長談通宵，意猶未盡。

二兒畢業，分配到七台河礦務局任教，三兒分配到佳木斯水產局工作，都有固定收入，小兒已讀初中，同時又接到大哥洛杉磯來信，有了信函往來。這時，長子已去倭肯灌區管理站工作，於一九八三年我和妻、小兒也遷到倭肯鎮，在無錫郵電局申請建房補助，建了一間新房和長子分配的住房相連，同住在一起，每日裏同兩小孫子嬉戲，衣食無憂，真可謂笑語滿華堂了。

一九八五年和一九八八年，又兩次和大哥相聚於無錫。

一九九〇年，我攜妻、長子、長媳返錫，先到北京住了四天，登天安門城樓，人民代會堂，瀏覽故宮珍寶，由頤和園勝景，逛北海公園，賞紅樓夢大觀園，最難忘的就是登上八達嶺長城，舉目遠眺，巍巍燕山，風巒疊嶂，長城連綿，蕩氣迴腸。想不到一生中最大的宿願，可以在晚年竟得以實現，回想在蓮江口忠義村，何曾想到也能站在天安門城樓俯瞰天安門廣場。

一九九一年，長子經過刻苦努力在職考入大學深造，小兒子考入國家重點院校就讀，二兒子就任七台河礦務局重點中學領導，並生有一女，三兒已任水產局局長，生有一兒。現在，我和妻常住在佳木斯市，閒暇往返三地之間。仍望再遊故鄉，並盼小兒事業有成。

正可謂：

憶往昔，一腔熱忱尋夢，無奈時局動盪，滄桑變幻，好夢難成。經歷萬般苦難，遙遙無期盼春風。

看今朝，三十載苦盡甘來，滿懷沐春風。兄弟暢敘，兒孫繞膝。正當盛世清平，殷殷希冀興九州。

值此尚能拿筆之時，把盡一生的苦辣酸甜之片段，連綴於此存照。

緬懷我的父親

我很久就想寫一篇懷念父親的文章，然而因種種原因，卻一直沒有付諸筆端。近日收到遠在無錫的叔叔轉寄來的信函和懷念父親的回憶文章，美國的大伯要出一本關於他們兄弟三人的傳記，閱讀隨信寄來的回憶文章，許多都是我不曾知曉的經歷。光陰荏苒，往事不堪回首，可親可敬的父親至今已離開我們十三年了，而父親的音容笑貌，走過的坎坷人生，卻怎麼也不能忘記，一切都彷彿是剛剛過去的昨天……

「長亭外，古道邊，芳草碧連天……」，這首送別歌曲，常常在我耳邊縈繞，他將我的記憶帶回到二十多年前，到是在一九八三年春天，那正是梅花盛開的季節，父親恰巧在無錫，我因公出差也到無錫，父親領我在工農兵電影院，觀看了根據林海音的作品改編的電影，「城南舊事」，每當我聽到這首歌，就會讓我想起過去，讓我想起我的父親。

父親於一九二〇年二月六日，出生於魚米之鄉的美麗江南城市無錫，曾在無錫縣中學任事務員，東亭新塘小學教員，上海浦東益中機器瓷電公司電工場學徒，中建公司練習生，工務員，技術員，助理工程師等職，一九四二年在重慶開設三泰針釘廠，一九四三年任重慶華泰五金製造工程師，一九四四年任重慶萬泰五金廠廠長，同年在無錫與人合夥開設新中國五金廠，一九四六年在無錫與人合伙開設新中國電機廠，一九四七年入無錫電信局工作，曾合夥開設錫音廣播電台，一九四七年四月起，在無錫電信局所屬的無錫長途中心站工作，期間擔任無錫電信局第二屆工會委會委員，暨經費審查委員職務，一九五五年六月八日，三十五歲的父親因政治歷史原因，和工作中的失誤，被無錫市人民法院以反革命罪被判刑五年，剝奪政治權利二年（刑期從一九五四年九月三十日算起），先是在蘇北大中農場改造，後轉黑龍江省蓮江口勞改農場改造，一九五九年九月三十日刑滿後，安置在黑龍江省湯原的農江口勞改農場就業。就業後，將遠在無錫的我的母親和大哥，接來安家，一九六一年二哥出生，一九六三年十一月我也在蓮江口出生，一九六八年冬季，由於國際國內政治經濟形勢的變化，舉家五口由蓮江口勞改農場下放到勃利縣倭肯公社忠義大隊，一九七〇年小弟在倭肯公社忠義大隊出生，一九七九年二月，父親被摘掉戴在頭上長達二十五年的反革命帽子，一九八二年六月十四日，經過父親鍥而不捨的反覆申訴，終於盼來了江蘇省無錫市中級人民法院宣告無罪的判決，撤銷了無錫市人民法院（54）刑宙字第157號刑事判決，一九八二年十月，由無錫郵電局辦理退休手續，並轉勃利具縣倭肯公社落戶，辦理了糧食關係，一九九三年八月十五日晨二時，因腦出血病，醫治搶救無效，在佳木斯逝世，從此永遠地離開了我們。

對於父親在無錫時，以及從無錫到蓮江口勞改農場期間的經歷和往事，我知之甚少，而從一九五九年到一九六八年冬的十年間，由於自己年齡幼小，也沒有什麼深刻的記憶，謹記得父親是電工，家住在蓮江口勞改農場里的大宿舍，一九六八年冬，全家五人乘坐悶罐火車從蓮江口農場被下放到勃利縣倭肯公社忠義大隊，那是一個十分寒冷的冬天，當年的雪也特別大，有一米多深，莊稼都沒有成熟，就凍在了地裏，收穫的是青苞米，在倭肯車站下車，換乘忠義大隊派來的馬車，一路顛波，冒著凜冽的寒風，來到了陌生的村莊。從一九六八年冬到一九七八年冬，在忠義大隊度過了自己的童年和少年時代，一九七八年十月，也就是恢復高考制度第二年，我以倭肯公社第一名的優異成績，考取黑龍江省水產學校淡水養殖專業，從此離開了忠義大隊，一九八一年八月畢業後，分配到佳木斯市從事水產工作。

回憶父親的一生，十分坎坷，漂泊無定所，政治上的打擊，精神上的折磨，經濟上的窘迫，受盡了許多苦難，更主要的是聰明才智未能得到發揮，對於一個有抱負理想成就一番事業的人來講，無疑是最大的不幸。對於父親的一生，了解和記憶比較深刻的有如下幾個方面：

一、顛沛流離的一生

父親的一生是顛沛流離的一生，一生中多遷徙流離，常漂泊無定所。從大伯及叔叔的回憶和來信中得知，父親從小就承擔起家庭一部份擔子，先從無錫到重慶創業，幾度受挫，又輾轉台灣，重返無錫再度創業，在無錫郵電局期間，工作兢兢業業，由於工作的失誤，蒙受了長達二十八年的不白之冤。一九五五年，父親告別了自己的親人們，告別了自己的母親、妻子和幼小可愛的兒子，從美麗的江南城市無錫，帶著沉重的政治打擊，來到冰天雪地的北大荒，湯原蓮江口勞改農場，遠離自己的家鄉和親人。在蓮江口勞改農場的十年，那是父親人生最美好的黃金歲月，一九六八年冬，從蓮江口勞改農場下放到勃利縣倭肯公社忠義大隊接受勞動改造。在忠義大隊，數次遷徙，記得剛到忠義大隊時，一家人先是在村西南與人合住一屋，分南北大炕，在寒冷中度過了第一個冬季。一年多後，一九七〇年全家先是搬到村北街的綽號叫陳三兩家，東西為鄰而居（弟弟小平出生），而後又搬到村供銷社附近的十分簡陋的茅草屋，與一戶滿姓的山東人為鄰，記得那是自己家買的第一座房子，後來條件略有好轉，在村子的西南買了一座三間房，還有一個很大的菜園子，這個房子一直住到搬去倭肯。由於幾個兒子上學後都分配了工作，在倭肯住了幾年後，父母為了子孫們，經常在佳木斯——倭肯——七台河之間往來奔波，最後晚年大多時間是在佳木斯度過的。綜觀父親的一生，搬過許多次家，從江南到東北，從城市到鄉村，又從鄉村回到城市，真正是顛沛流離的一生。

二、忠義村的艱難歲月

父親在農村勞動改造的日子，是父親最為痛苦的日子。父親從來沒有務過農，不會幹農活，生產隊主要安排父親做三個方面的勞動，一是夏天挑糞，做黑五類中的時傳祥，時傳祥是北京市的挑糞工人，當選為全國勞動模範，受到過許多黨和國家領導人的接見，儘管工作與時傳祥是相同的，而性質卻截然不同，父親一天要走好多好多的路，挑著負擔子，忍受著難聞的氣味，走街串巷，嗡嗡叫個不停的蒼蠅盤繞著一路隨行，本來心靈上已承載著巨大的政治壓力，肩上還壓著一付擔子，走在街上，人見人離，特別是在炎熱的夏天，二是冬天鋤草，由於父親在機電方面有特長，因而生產隊領導，安排他負責生產隊牲畜的飼料草，那時生產隊里的牲畜很多，是種田的主要動力，不像現在農機化水平很高，靠機械作業為主。在那寒冷的冬季，天上的星星不停地眨著眼，為了保證飼料草，父親經常要起早貪黑，伴隨著鍘草機的轟鳴聲度過一個個冬夜。我們經常輪流去幫父親鍘草，搬草、送草，頂著滿天的星斗，經受著凜冽刺骨的寒風，而人們卻沉浸在甜美的夢鄉之中，鋤草對於父親來講是一件痛苦事情，並不是困苦於起早貪黑，而是父親的一雙手一到冬天就裂口子，常常見到父親的手上開裂著許多口子，有時常常血肉糢糊，儘管纏了許多的布，但卻無濟於事，為了多掙些工分以養家糊口，忍受著十指達心的疼痛，那種疼痛一定是刺骨的，三是充當光明使者—電工。父親在蓮江口時，就因其特長在電工班工作，蓮江口農場的許多輸電線路，包括下面的分場，都是親自規劃設計的，還親自組織安裝施工，在電工方面培養了不少技術不錯的徒弟。在忠義村，經常發揮電工的作用，村里一有用電方面的問題，隨叫隨到。

記得還經常到鄰村支援施工、架線，經常爬上高高的電線桿上架線，有一次在外地施工時，由於一時不慎，從高七八米的電線桿上摔下來，電線桿又倒了，腰扭成重傷，險些造成終生殘疾，養了好長一段時間才得以恢復。在那電力緊缺的年代，老百姓家中是靠煤油燈度過漫長黑夜，父親雖然是被改造的黑五類，但生活中卻是一名真正的光明使者，很受村民們的歡迎和愛戴。

在忠義村的歲月裏，父親不僅要在政治上接受改造的煎熬，而且還要承受經濟上貧困的煎熬。在階級鬥爭為主的年代裏，父親是典型的黑五類，每逢有變動或情況，都要被集中到各地去被批鬥、遊街，最令人難以忘卻的是有時要戴上高高的帽子，要低頭認罪。想起而今的民主法制社會時代，那個年代對人的尊嚴；人權是何等的侵害。後來了解到父親獲罪的許許多多事情，都是冤枉，過重，甚至是無辜的，是扭曲的，時間產生扭曲的事情，而父親的內心世界所受的打擊和摧殘，是任何人也體會不到的。小時候，自己作為黑五類的子女，常常受到別人的歧視和欺侮，走路都要離別人遠遠的，靠著路邊走，很怕撞見人，而今有些往事仍然記憶猶新。在過去的時代裏，的確是有一些家庭都遭受了同樣的坎坷命運，遭受摧殘的不單單是一個人的一生的美好時光，而是一個家庭的幸福生活，在那個年代裏，許多人被剝奪了展示才能，報效國家的權利。

在那個艱難的歲月裏，一方面由於子女多，另一方面年景不好，生產欠收，勞作了一年，到了年終常常分不到錢，有時還要倒掛，也就是年終結算虧損了，虧損多少按掙的工分多少分擔，掙工分多還要承擔的多，家裏常是吃了上頓沒下頓，記得較清楚的是剛到忠義大隊時候吃的是凍了的青苞米，有時候沒有糧只好吃用細糠做的糠米充飢，如能搞到一些豆腐渣加些白菜，就是很好地改善生活了，常常靠喝玉米面作的糊糊粥度日。母親為此也經常與父親爭吵，為了揭不開鍋而長吁短嘆，徹夜難眠，有時偷偷地落淚。今日回想起那時的苦難，父母的心情是可想而知的。

為了減輕父母家庭的擔子，學習優秀、聰明勤奮的大哥，早早就輟學參加生產隊里的勞動，幫助父親共同挑起家庭的重擔。為了渡過寒冷而漫長的冬季，一到冬季，父親領著大哥拉著爬犁，帶上凍得硬硬的玉米餅和鹹菜，去幾十里遠的大山溝裏砍燒柴，早上天不亮迎著寒風就出發了，到了夜晚很晚才能回來。母親和我們在家裏，盼著砍柴的父親和大哥回來，黑暗的夜裡，一聽到狗叫就出去張望，往往都不是，最貼切的兩個詞，應該是提心吊膽和望眼欲穿。我和二哥常常走到村西的大路上很遠很遠的去迎接。記得有一年的冬天格外地冷，北風呼嘯著刮起了大煙炮，伸手不見五指的黑夜，令人心驚膽顫，父親和大哥早早出發後，很晚還沒有回來，母親和我們焦急地等待，總擔心別出什麼意外，到了半夜，我們迎出了村子好遠好遠，才迎到了疲憊不堪，已走不動的父親和大哥，由於受凍挨餓，加上長途跋涉，體能已消耗盡了，險些凍僵在路上，那一次深深地烙在了我的記憶中。

母親經常說與父親吵了一輩子，父親和母親經常為了些事情不停爭吵，記得吵的最多的應該是為了申述自己的冤情，而不停地寫信、寫材料，而經受過多次打擊的母親，不願意再看到由於政治的原因，再一次降臨災禍，可謂是「一朝被蛇咬，十年怕井繩」。有時父親寫好的信件和材料，母親搶過來撕毀或燒掉，父親再重新寫。一九七六年十月，粉碎四人幫後，黨和國家的政策發生了重大變化，重新確定了解放思想，實事求是的思想路線，開始撥亂反正，糾正冤假錯案，父親先是被摘掉帽子，而後又收到了申述的覆信，一九八二年給予平反，這與父親的長期堅持是分不開的。前期的申述材料，往往是石沉大海，很少能得到回音，有回音答覆的也是堅持原來的判決，一九八〇年四月三日，無錫市中級人民法院通知仍答覆一九五五年六月的判決書的判決是正確的，應正確對待自己所犯罪行，認真學習，改造思想。

小時後記得自己與父親爭吵過一次，確切地講應該是爭執，原因是在學習中，因為一道題的做法和答案，雙方發生了爭執，各執己見互不相讓，掙得面紅耳赤，母親看到我們為了一道題爭吵，在旁邊勸解，「不要吵了，不要吵了」，從爭吵中可以看出父親是一個堅持自己意見的人，有時會達到固執的程度，這也是父親性格的一個方面。

黑五類中的活雷峰。父親非常愛幫助別人做好事，善於助人，應該是黑五類的活雷峰。記得在忠義大隊時，自己還在上小學，父親經常拿回面盆、鐵桶、收音機等到家裏進行修理，有時攤了一炕面，父親靠一把烙鐵，一條銲錫，一塊松香、加上鐵皮、鐵鎚和螺絲刀，叮叮噹，叮叮噹很快就修好了，父親所做的這些，對於當時農村的一些家庭來講，無疑是最好的幫助，節約了不少錢，因為水桶、面盆都是家庭日用的生活必須用品，而收音機對於基本沒有什麼業餘文化生活的農村來說，就是農村老百姓家中的寶貝，老百姓都把收音機叫電盒子，用來聽新聞，聽小說連播等，父親還經常幫助村民修理廣播、電燈及線路等等，生產隊裏燒壞了的電機、電器等也都主動進行修理，為集體節約了不少資金。

記得那是一九七八年，我臨去哈爾濱上學時，父親為生產隊修好了一台電機，生產隊給了半個豆腐以為報酬以表示感謝。對於父親經常幫助別人修理水桶、面盆、母親總是嘮叨。一天到晚叮叮噹、叮叮噹，有時夜深人靜了還點油燈進行修理。那時農村不像現在是長電，而經常停電，往往到了人們都熟睡了才能來電。

三、幸福快樂的晚年

父親的晚年是快樂和幸福的，記憶中有如下一些事情令父親快樂和興奮。一是一九七八年，我在倭肯公社連珠崗珠中學讀書時，由於學習刻苦努力，獲得優異成績，學校組織班級學生拿著喜報，敲鑼打鼓到村西家中，轟動了整個忠義村，父親逢人便講，給家中帶來了歡喜和快樂。二是我和二哥分別考取了學校而高興。一九七八年我考取了中專，一九七九年二哥考取了中師，並且在一九八一年分別畢業後都有不錯的工作。

儘管二個人上學存在著經濟上的困難，但心情的喜悅和自豪，是難以掩飾的。三是一九七九年二月二十六日父親收到摘帽子的通知，撤銷監督改造，恢復政治權利，一九八二年六月無錫發來平反的公函，撤銷一九五五年的判決。上述兩件事，是令父親和全家都高興不已的事情。四是大哥結婚的日子，無錫的叔叔專程前來忠義村參加婚禮，手足相聚，徹夜長談。五是與旅居美國的大伯音信相通，並於一九八五年十月，一九八八年十月兩次相聚於無錫，這應該最高興的事。有關情景，在大伯和叔叔的回憶裏都有記述。六是一九八八年、一九八九年、一九九〇年的幾年裏，是幸福和快樂的，喜事連連。二哥和我分別在一九八八年、一九八九年結婚成家，並且先後都有了下一代；特別是方媛出生，父親在孫輩中終於盼來了一個女孩，是在孫輩中是最喜歡的。在一九九〇年十月份父親給大伯的信中告知，一年來喜事連連，十分高興。七是一九九一年八月，曉平考取了重點大學陝西咸陽的西北輕工學院，大哥在職考取了黃河水利專科學校，至此四個子女都考取了中、高等院校，欣喜的心情，在與大伯與叔叔的通信中多有表露。大伯接到父親的喜訊後曾來函祝賀並寄來二百美元以玆鼓勵。記得父親正在佳木斯居住，曉平考試還沒有結果，當時流行一種測卦的吉普賽撲克，有五十五張牌，每張牌上都有不同的文字內容，專門有一張是帶有漏孔的牌，推測後相對應，自然有一些不同的結論，那時父親也測了一次，得到的結果是近期有捷報傳來，當時父親的心情是特別好，接連說一定有捷報，一定有好消息，果不然，不幾日就收到曉平考取西北輕工學院的喜訊，隨後大哥的喜訊又至，的確是喜事連連。再有快樂的事情應該是粉碎四人幫以後，在忠義大隊時，每到夜晚與鄰居林元普（哈爾濱醫科大學畢業的大夫，也因某種原因而由勃利縣下放到農村），在家中高談闊論，海闊天空地聊天，有時還與林大夫互相切磋英語，往往因為一個單詞的發音而互相爭執，但爭執是在友好快樂的氣氛中進行的，我們常常坐在旁邊聽得津津有味，談到有趣時哈哈大笑，有時沒有電，點上油燈或蠟燭，也是其樂融融，我想那時雖然經濟上貧困，但是精神生活上，在當時的農村裏我們是十分快樂的。

四、回故鄉

獨在異鄉為異鄉客，每逢佳節倍思親，父親來到東北一定無時無刻都在思念著故鄉，思念故鄉親人，思念著遠方的親人。「江南好，風景舊曾諳，日出江花紅勝火，春來江水綠如藍，能不憶江南？」。這首白居易的（憶江南）我想一定深深地印在父親的腦海中。

改革開放後，我國的各項事業蓬勃發展，一日千里，長期扣在父親頭上的反革命帽子被摘掉，而後又徹底平反宣告無罪，並且與失去聯繫三十年旅居美國定居的大伯，取得了聯繫，從一九八二年至父親去世的十多年間，父親先後五次回到自己的故鄉無錫，辦理平反手續和探視親人。幾次回到無錫的時間分別是第一次一九八二年的九月份，匆匆地回到無錫辦理平反的相關手續。第二次為一九八二年的冬天，回到無錫辦理有關事宜和探親。第三次為一九八五年十月七日，父母一起從倭肯啟程，乘坐七台河到三棵樹火車，在哈爾濱換乘去上海的火車於十月十日到無錫，與隨旅遊團回國探親的遠在美國的大伯團聚。一九八六年春天，父母是在無錫渡過的，天天雞鴨魚肉，吃得好，睡得香。第四次為一九八八年十月回無錫，第二次與專程回故鄉探親的大伯相聚，十一月二十六日，為了二哥的婚事從無錫動身返回，第五次回無錫是在一九九〇年十月十日至一九九〇年十一月十五日父母與大哥、大嫂一同回去的，一路上在北京觀看遊覽、登長城、游北海、大觀園，是一次幸福快樂的旅行，父親一生的最大願望，就是能夠登上長城，多年的心願終於實現了。

父親回故鄉的情景，我知道的很少，只有一九八三年初那次，我記憶較深。父親那時正在無錫，我也由於單位需要聯繫魚苗業務，去無錫的魚苗場公出。在無錫與父親相聚後，父親一是帶我去看電影「城南舊事」，記憶深刻。二是帶我去母親的故鄉無錫縣黃土塘，先是乘的船，下船後租乘一輛三輪車，有了近半個小時到了母親的家鄉，受到了親人們的熱情接待，住了兩宿後隨父親返回無錫。三是從無錫又隨父親到了上海，一到去看父親的師傅和師母，記得父親的師傅和師母住在海防路人和街，在上海我們一起到城隍廟遊覽，品嚐上海的知名小吃。在上海我與父親分手後，乘海輪經大連返回佳木斯。

五、對子女的撫育和關愛

父親對子女的撫育和關愛，是無所不在的。一九七八年十月，我考取了黑龍江省水產學校，十月二十六日父親親自從忠義村送我到佳木斯，並幫助我買好當晚到省城哈爾濱的火車票，將我親自送上火車，將行李和大哥親自打的書箱放置好，送到蓮江口車站才下車，十月二十七日早晨六點鐘抵達了哈爾濱。在哈爾濱讀書期間，父親經常來信鼓勵教誨我要好好學習，將來好好報效國家。一九八四年我參加高考成績不理想，自己的心情也不好，八月十四日父親在來信中鼓勵我要向跳高選手朱建華和中國女排學習，努力拼搏，並說：「家裏接著蓋房子，無錫郵電局補助二百元借支五百元，感謝組織對自己真是仁至義盡，談報答，我已力不從心了，只期望你們好好工作，對祖國多做貢獻來答謝黨的溫暖和關懷」。

一九八六年四月份，大哥大嫂都去勃利縣的吉興河水庫，參加財會人員的短期培訓班，那時大哥的兩個孩子已都在倭肯西南小學上學，一個是幼兒班，一個是一年級，由於下課放學的時間不同，父親不辭辛苦，要分別接送兩趟而不知疲倦。我和二哥的孩子，都是在父母的細心呵護和關愛下長大的，晚年的父親是幸福的，抱著孫兒、孫女的幸福，總是掛在臉上的，可謂是享受著天倫之樂。

我年輕時由於身體不好，父親對我總是十分關心和關注，無論是在倭肯，還是遠在南方無錫，每次來信都噓寒問暖，並從思想上開導。父親對於子女的要求，是十分嚴格的，我寫起信來往往是字跡潦草，很不工整，多次來信批評，要求橫平豎直，字如其人。父親的字跡是與其為人一致的，為人正直，寫的字不僅剛勁有力，而且真正是橫平豎直，刻蠟紙刻得一手好字，年輕時曾在無錫郵電局為創辦的刊物刻字。

六、瑣憶

父親是一個正直善良的人，待人十分和藹可親，在忠義大隊或是他熟識的朋友中，人們大都親切地稱父親為「老方」或是「老方大哥」，如在忠義大隊認識的林元圃，蓮江口農場結識的朱再宏，一道下放忠義大隊的江蘇老鄉周德育等等。父親與人交往中，經常是一張笑臉相迎，對人都是實實在在和真誠的。父親的耿直和真誠，也許是導致在一生中經歷許多劫難的一個主要原因。

父親還是一個富有開拓創新精神的人。父親從年輕時，就敢於創新和開拓，創辦針釘廠，機電廠等等。父親在機電電器方面的技術很高的，記得在忠義大隊，為了提高插秧的機械水平，試製插秧機獲得成功，只是沒有條件加以推廣應用。在農村時，為了節油還發明的無煙油燈，當時在村子里盛極一時，幾乎家家戶戶都仿效製作。父親鋼筋技術上也是十分精通的，平反後，由忠義大隊隨同大哥遷到倭肯公社，恰好大哥所在的單位有水利工程，缺少懂鋼筋水泥結構的技工，父親的技術剛好派上用場，一方面解決了水利施工中缺少技術人員的問題，一方面父親又有了展示自己才能的舞台。有時吃住在工地，有時騎自行車往返，那時父親是快樂的，不知疲倦地工作著。

父親是一位十分有孝心的人，從大伯和叔叔的回憶中知道，父親下放到黑龍江在農村落戶，生活非常艱苦，為了讓自己的老母親寬心，每次去信都故意說農村生活是如何安全寧靜，家裏養了雞鴨豬等，菜和蛋都吃不完，老母親信以為真，總是以為父親會帶著雞回去看他。

父親他們三兄弟雖然天各一方，達隔千山萬水，但始終是手足情深，這也是我們子女及其後代們學習的楷模。晚年他們往來書信頻繁，字裏行間所表達的手足親情，情真意切，有對往事的回憶，有對後代的關懷。大伯念及父親思念無錫老家，特別畫了一幅「故里之思」作為紀念，而今，這幅畫經裝裱後懸掛在家中的客廳裏。父親特別喜歡大伯所畫的「芙蓉翠鳥圖」，當時已八十一歲高齡的大伯畫好後寄來的，現在也掛在客廳裏，時時都可以欣賞到。父親喜歡水仙花，蘭草等花卉，植栽不得要領，無錫的叔叔就經常來信加以指導。我們無論是在上學期間及生活方面，經常能夠得到大伯、特別是無錫叔叔的關愛，在人生的成長道路上，也常常得到教誨和關心。

父親還是一位非常具有音樂天賦的人。曾在小時後，見到過一張文藝演出時吹笛子的照片，據說拉得一手好二胡，並且有一只二胡，而我卻始終沒有見到過和聽到過……。

父親的身體一直不很好，患有肺病，鵝掌瘋等，經常吃利福平、雷米風等藥物，加之又有抽煙的習慣，一到冬天咳不停，後來煙終於戒掉了，但一到冬天手上裂口的疾患一直沒有得到解除。一九九二年十二月末，經診斷患有腦動脈硬化病，按著醫生的囑咐吃藥加以恢復，一九九三年八月，父親再次突發腦出血病，經全力搶救無效，而永遠地離開了我們，現已長眠在蒼松環繞，綠水相映，景色宜人的七台河市的石龍山水庫西山。

回憶父親的一生，走過的路多坎坷而少通途，一生不知受了多少苦和累，晚年卻是在幸福和快樂中度過的。而今幾個兒女都已事業有成，各有很好的工作，大哥的兩個孩子大學畢業後都已有了很好的工作，二哥的女兒正在廈門演藝學院中專部學習，將來投考藝術學校，我的孩子今年也將參加中考，弟弟曉平和大侄兒在去年都喜結良緣，建立了美滿幸福家庭，這一切足可以告慰九泉之下的父母，如九泉有知，他們也一定會快樂和祝福我們的。父親已永遠地離開我們了，盡管我沒有聽到父親演奏的二胡名曲，但卻令我想起了無錫民間藝人瞎子阿炳演奏的二胡名曲「二泉映月」，「二泉映月」這個風雅的名字，其實與音樂是矛盾的，與其說音樂描寫了二泉映月的風景，不如說是深刻地抒發了瞎子阿炳自己的痛苦身世，有斷腸之感，在流暢的旋律進行中，好像隱藏著含蓄的哀怨和被壓抑的哭泣……，父親的一生不正是用生命演奏的一曲如泣如訴的「二泉映月」嗎？

「緬懷的感情像太平洋的海浪，理智的記憶像雨後江南的春晨，分外明朗……」，這是美國南加州的中國留學生，懷念周恩來總理的詩句，回憶和緬懷可親可敬的父親，心情也猶如太平洋海浪，父親雖然是一個普普通通的人，但他在我的心中，卻是那樣地高大，他雖然離開了我們，他養育的兒女們將永遠懷念他，父親永遠活在我們的心理。

二〇〇六年三月十日方曉強於佳木斯

下篇：小弟

一、童年

（一）啓蒙求學

我六歲快七歲時，母親按計劃送我去上學。開學前二天，父親已給我買了只紅黃黑條紋相間的掛肩漆布書包，裡面裝了石板、石筆，開學那天一大早，母親煮了粉絲雞蛋，要我好好吃了，可高高興興去上學。臨走時，母親拉著我的手要我走，可是我就是賴在門口左邊的那堵亂磚牆上不走，結果，母親連哄帶騙的把我送進了離家不遠的光華學堂。學堂辦在華家祠堂裏，進大門就是一片小操場，走進去有一條五六米長的露天走廊，一邊種著幾顆高大的梧桐樹，再往裡面是一排三間的房屋，右邊是教室，中間是禮堂，左邊是一間地板房，裡面放了少許體育用品，記得最清楚的是有很多啞鈴，辦公室就在邊上，禮堂有屏門，裡面放置了很多神主牌位，屏門很少開，逢到祭祀日才有人來燒香焚燭，小時候幻想，總覺得陰森森的，很嚇人。

學校設施很簡陋，對孩子的吸引力很少，不像現代學校那樣，洋溢著新奇活潑，對孩子有一種親切的引導和啟蒙。學校校長姓薛，大孩子背後都叫他薛蘿菔頭，我不懂其中的涵義，回家就告訴媽媽，老師叫做薛蘿菔頭；結果被媽媽好好訓斥了一頓，說這是壞話，以後不准再說，要是再聽見一定要打嘴巴，我這才懂得蘿菔頭的稱呼，是不尊重老師的表現。學校的啟蒙課本，一開始就是看圖識字，第一課是「人手足刀尺山水田……」，老師反覆的教，反覆的唸，接著教我們用石筆寫在石板上（現在石板石筆早已沒有了，那時是為了節省用紙，孩子上學都用石板石筆），老師還教我們做算術，而我本來就對該學校不感興趣，早晚跟著鄰居大孩子進去出來，敷衍而已。在該學校只讀了一年，第二年就轉進了無錫第三師範學校附屬小學讀二年級。學校在離家不遠的學佛路上，新學校，新環境，使我在精神上起了些變化，但始終沒有得過像樣的好成績。十三歲的那年冬天畢業，考入無錫縣立初級中學，校址在學前街孔廟邊上，進校門先要走一座小橋，上面有一亭子，寫著「進賢亭」，文化氣氛很濃。我那時雖然年僅十四歲，已懂事得多，眼見每學期開學，就得馬上繳學費便發愁。別的同學都在高高興興的鬧玩著，而自己總要背著欠費生的精神負擔，笑不出來。回家見到家中經濟的拮据，母親的辛勞操持，我縱然每天承受著還沒繳學費所帶來的壓力，但從不曾向母親提起。直到有一天，被老師指名說出我沒繳學費的事，要我直接回家，等把錢帶來後，再來上學。這羞辱和那老師毫無表情的面貌，令我一輩子銘記在心。第二天，母親求貸借款，讓我去繳了學費。就從那時起，我萌生了不想上學的念頭。想出去當學徒，學做生意掙錢，哪怕掙的錢很少，再苦、再累，我都願意。而對讀書力求上進的希望已蕩然無存，我不想再讀書的情緒到達顛峰，無可挽回。學校裏的一個措施，以及老師的一句無情的言語，很快的就扼殺了一個年輕少年的求知慾，並影響其終身。讀完初一進入初二，抗日戰爭爆發，禍延無錫，學校停課，我的求學歲月從啟蒙開始，而以初一的學歷結束。

生活接著步入另一頁。前途莫測開始逃離。

（二）童趣

我童年值得回味的日子，事例很少，歡樂也很短暫，日常生活的壓抑，往往超過了同年齡的孩子，但孩子畢竟是孩子。

我喜歡秋天，到處都是蟋蟀的叫聲，誘惑著童心天賦的好玩興致。放暑假沒有什麼可玩的，就僅只和童鄰居孩子，全神投入捉蟋蟀和鬥蟋蟀的行動中。那時家附近的空地很多，長滿了雜草，出城更是一片田野；不像現在到處高樓林立，馬路縱橫，出門已很少聽到蟋蟀的鳴叫聲了。那時早晨吃完早飯，啥亦不幹，就鑽頭覓縫，和二個同齡小夥伴到草野瓦礫堆裏去聽，發現有鳴叫聲，不管在瓦礫堆還是草叢裏，即使是在糞坑邊也不放棄。就雙手扒磚，翻土掘洞，直到蟋蟀跳出來，不顧一切的捕捉。抓到了就裝到隨身的小紙管裏，再放入口袋中，捉蟋蟀亦要碰運氣，我們捉的只要是（尾部二個刺（雄的）），叫做二刺，兇狠好鬥。但有時搬了很多磚石、土堆，裡面經常有三刺（雌的），白皮（未成熟），棺材（頭上有一块大皮蓋著，不肯鬥的），一概都不要，當場扔掉，甚至砸死在亂石縫中，石塊下面，翻到大蜈蚣更是毫不稀奇，亦不害怕地順手砸死。而在長草茂密的陰暗角落，還有長蛇竄來竄去的游動，其中不乏有火赤鍊、灰三角的毒蛇，也毫無畏懼地將之趕走後，便全心專注著，只為捉到二刺蟋蟀。出去一次總要到口袋裡的紙管裝得滿滿的，才肯回去，這是用不著花錢的玩意，只要不怕髒，肯吃苦就行了，而我總樂在其中，童趣陶陶。下午仍結伴繼續捉，但不在附近，而在城外的田裏去尋覓，就不知道誰會先發現。凡是在種大豆的田裏，抓蟋蟀的都兇，個子大而威武且好鬥，所以一出城就直奔農民的大豆田地裏。晚秋正是大豆結實的季節，農民很關心自己的大豆地，所以我們只得趁午後，太陽曬得田主人都躲在家中納涼時去捉。有時被田主人發現了，我們幾個小孩子就挨一頓臭罵，趕緊走人了事，等田主人走了，我們又偷偷地溜進去捉蟋蟀。此起彼落的鳴叫聲，實在太誘人了，誰知田主人知道了，手裏拿了一根大棒子連打帶罵的追來，我們撒腿就逃，反正蟋蟀已抓了很多，第二天下午還是去城野外，仍是戀戀不捨的看中大豆田，但已不是昨天那塊豆地了。回到家裏，將捉來的蟋蟀裝在紙盒或洋鐵皮罐子裏，只要家中有合適的小盆，甚至連火材盒裏，都裝滿蟋蟀。對著這許多盆罐裏的小蟲，心中的高興，就是沒法形容。接著挑選分出優劣強弱的等級，冠以大王、二王、三王、將軍、元帥……等等各種稱號，開始和小夥伴們開鬥；贏了，一臉得意，輸了，亦毫不介意，明天再去捉了復仇。暑假、秋天大都迷戀於捉蟋蟀，而很快地學校要開學了，一年一度的捉蟋蟀亦就不得不中止，童心未泯，回味無窮。

我家前門是街，後面是河，那時河水清澈，沿河居民淘米、洗菜、洗衣、飲用的都是這條河裏的水。河直通太湖，水質特別好，因此很適合魚類生存。有時我在洗菜、洗碗時，常有二吋小魚在週邊游來游去，甚至會啄食我手上的飯粒來吃。夏末初秋時，氣溫變化無常，上午天氣特別悶熱，下午一場暴雨後氣溫驟降，將地面水面的熱氣逼到河裏，使得河裏一下子缺氧，經過一夜之後，第二天一早，河裏沿河邊就會出現很多大小不一的魚，游來游去，那時大家都叫它做「河翻」。沿河居民中有的拿竹籃子，掛在長竹竿上捉魚，有的用小口網淌著河水網魚，有的用魚叉，只要能抓到魚，各種方法都有。我亦自己用鋼絲紮了一個魚叉綁在一根長竹竿上，不管大小魚兒就叉，一次河翻，都能捉到很多魚；尤其在沿河岸邊上轉角處，鯽魚最多，河翻一般是在上午，下午就不見了，我叉魚時總目不轉睛地盯著河裏，所得不多，並不夠全家大吃一頓，忙了半天，只是感到興奮而已。那時不懂得氣候的規律，可是心理總是惦記著叉魚時忘情投入的樂趣。

房間前面有一個露天天井，有時母親餵雞些穀子、剩飯等，附近的麻雀特別多，經常飛到天井裏來覓食。我想板麻雀一玩，用竹筷撐起一只竹筐，筷子上牽著一條長繩子，人躲在房後暗處，在竹筐中灑一些米粒，不需多久，麻雀來了，就會鑽到竹筐底下去，我用手一拉繩子，麻雀就給捉住了。麻雀如果放在籠子裏，它不吃不喝，就會死掉，我捉了後一般多用小繩子綁在麻雀腳上，讓它飛來飛去，十分有趣，同時我也用橡皮筋綁在一支分叉的鐵絲上，做彈皮弓，用小石子彈麻雀，有時亦會被彈中，當時認為自己的眼光好，在小夥伴中拿著垂死的麻雀炫耀而自豪，後來年歲長大後，見到老麻雀領著三隻雛雀亦步亦趨的覓食，及老麻雀含餌去餵身後小麻雀的情景，很有感觸。我意識到麻雀雖小，但牠也有母性，亦有家窩，被我弄死的，是它的母親？抑或是它的孩子？而我的殘忍遊樂，卻給他的小生命帶來悲慘遭遇，後來再也不玩了，但為時已晚，現在我已暮歲殘年，每當想起這件事，總有無比後悔，當然也談不上童趣了。

孩子特別期盼過年，我當然亦不例外。過年時不管家裏平時生活如何困苦，逢年過節都要給孩子買些好吃的東西，我家在鄰近年底是要大掃除的，年三十要在客堂裏掛屏條，反軒裏則掛祖先神像，一切都充滿歡樂過節的氣氛，像小年夜要供財神，大年二十四，要送灶老爺上天，一面供果品一面換灶老爺的灶簾和簾前對聯。有一年母親叫大哥洗乾淨雙手，磨墨攤紅紙寫上聯：「上天奏好事」，下聯：「下界保平安」，這是民俗，意思請灶老爺在玉皇大帝面前彙報這家人的一年善惡，並請他多說好話。當一切準備就緒，大哥剛要動筆寫時，我的腦子好像特別聰明似的，毫不思索地脫口對大哥說，寫著「上天無路入地無門」，把邊上正在誠心專注的母親，氣得直罵我放屁、放屁，我知道嘴惹了禍，隨即溜之大吉，想想後來的日子真應驗我的放屁話，幸虧逢凶化吉，平安無災的過了。

(三) 不堪回首的回憶

八、九歲時，在一生中如剛萌芽的小樹苗，渴望著陽光雨露的溫煦和滋潤，正是不知天高地厚地碰碰跳跳，不識愁滋味的黃金年齡，但在我記憶中，很少勾起這美好的生活情景，有的是一段段、一頁頁的酸和澀。

記憶很深，一天早上，媽媽很無奈的把一包衣服放到二哥手中，千叮萬囑，辦好就回來，二哥賴著不走，一定要我一塊去。那時如我是八歲，那麼二哥亦僅十一歲，媽媽考慮了一會，就同意讓我和二哥一起去。剛剛出門，二哥就把衣服塞到我手中說，一同去當鋪，我從沒去過，而二哥已不是第一次去當鋪了，所以他知道進當鋪的都是窮人，在生活最沒有辦法最困難時，用衣服或其他較值錢的東西，到那裡去押著借錢。年紀雖小，愛面子是天生的，覺得若是在走往當鋪的路上碰到同學，就會抬不起頭來了，便讓我蓋著衣服可遮蔽些，到了當鋪門口時，他向左右看了看，沒到見熟人和同學，就很快拉我的手跑進當鋪。從大門要走一段很長且很暗的的弄堂，然後轉入一間大房子裏，前面是一個大庭院，面對著的是一排高高的櫃檯，高得超越我的頭頂，要踮起腳昂起頭才能看見裡面的人，二哥迅速的把衣服從我手中拿去，遞到櫃檯上，櫃檯後站的男人（朝奉）毫無表情，冷冷的說：「要當說少？」二哥囁囁的回答：「多些。」聲音小得像蚊子，那男子把衣服翻來翻去的掂記，看了一遍又一遍，才又冷冷的嗯了一聲，這嗯的鼻音比第一次說當多少錢時更冷、更酷，我覺得二哥似乎在乞求的等待著，我年紀雖小，只覺得恨透了那個朝奉。隔不多少時，朝奉給了二哥一些錢和一張當票，放進口袋就急忙溜出來，走上大街噓了口氣，直奔家中，把當票和錢交給了母親。後來我懂得當票是我們衣服抵押款的存據，每月利息（高利貸）過期不贖，就沒收，所當衣物，可由當舖做主去估衣舖變賣，這是無情的殘酷剝削，可是窮了急要用錢生活，又旁無他途，只得忍受了。媽媽拿了當票，隨即從櫥櫃上的紅皮箱裏取出一只很小的黃顏色鐵皮盒子，這是專門放當票的。我亦記不清後來又去了多少次，每次都陪著二哥去，到過的當鋪有設在迎迓亭、營橋巷、東大街、中市橋的，一般都是石庫門，進門面對的就是一個大大的「當」字，活像張著口對窮人的老虎。

從童年懂事起到今日垂暮晚年，幾十年的回憶中，從沒為達到目的而對別人有乞求的行為，即使在最無可奈何、臨近絕望的瞬間，也是如此。母親在我很小的時候就說我是僵仔仔，亦或許這是天性，對當鋪的印象，只有憎和恨二字，那朝奉毫無人情味的冷酷嘴臉，亦令人厭惡。

我從不向人乞求，但我對人下跪過。

那是母親去世，喪事結束，回到家中，我主動的向在我媽媽病中和喪事前後，對我伸出援手的鄰居和長輩們，挨家挨戶的致上出自內心的感激，深深的磕下了頭，很自然地覺得這是應該的，為了自己，亦為了母親。

無錫的蠶絲業很發達，絲廠很多。秋天有人收了繭子運回來，要把繭子外面的一層皮絲剝掉，我家河對面南長塘，有位叫華企鵬的，他向小絲廠收購臭爛的繭子，好的、壞的、臭的、爛的都混在一起，於是叫人去剝，這工作就叫剝繭子，一天剝多少按份量給錢，我年紀小，但剝繭子，還是能夠做的了，所以放學回家和星期天都去剝繭子。母親覺得那工作太髒太臭，孩子去了，會影響身體健康，不想讓我去，但我還是去了，當拿了幾個銅板，帶著渾身酸臭味回家，並把銅板交到媽媽的手掌心時，帶著一種高興又驕傲天真的心情，面對母親，覺得她一定會表揚我。可是母親卻只是默默的緊握著那幾枚銅板，輕輕的再一次告訴我，下次別去剝繭子了，我沒受到表揚，很失望，直到後來懂事了，才理解到偉大的慈母，心裡是多麼疼著自己的孩子。

上小學時，每天要走過南市橋，那橋是石級拱橋，很高的橋，中央左面邊上有個土地堂，裡面供著土地公公的泥塑像，兩旁有一副對聯，上聯是：我雖老矣不糊塗，下聯是：爾者求之有感應，到現在仍記得很清楚，我總覺得自己並不笨，只是在學校讀書就是進不了腦袋裡。有人在橋的下坡擺了一只燒山芋的大鍋，早晨上學時鍋裏山芋早熟了，透出的香味特別誘人，可是我從沒有去買山芋吃的奢望，偶然會有委屈的念頭，克制一下，很快就過去了，縱然那山芋味永遠是那麼的香。

一天媽給了我二個銅板，說家裡沒有早飯吃了，去買只山芋吃了上學。當時的高興就不用提了，連蹦帶跳的飛速跑上了南市橋，走到橋中央時腳步卻慢了又慢，一步步的走進那山芋攤，大鍋裏透出的香味似乎比平時更香、更甜、更誘人，我嗅著、聞著，腳步卻沒有停，慢慢的向橋下坡走去，二個銅板握在手裏，小心翼翼的將之放進了口袋。放學回家還給母親，媽媽覺得很奇怪，問我怎麼沒去買山芋，我回答說，今天上學時山芋攤的山芋還沒熟，我等不及了，就只好去上學，肚子到現在還不太餓。媽媽接過我手中的那二個銅板，良久沒有出聲，而我現在看到下二代孩子的花費，腦還中總會浮現出當年的那一幕，銘刻著憶苦點滴，感慨萬千。

一個深秋的早上，媽媽要我到東河頭巷的學勤表姐家去借點米，我意識到困境又纏繞著媽媽了，而那時我年齡還不超過十歲，母子都沒有多說什麼，這是一種苦的默契。東河頭巷離家不近，有錢人都坐黃包車，我邁著二腳到了表姐家，表姐知道了我的來意，很快就去米桶裏掏米，但要怎麼個拿法？表姐猶豫了，多了拿不動，少了亦不行，更難的是在路上，尤其回家時走到左鄰右舍門前，更不能顯露，媽媽是愛面子的人，左思右想後，表姐找到了一只帽籠（舊時裝帽子的圓紙筒盒），可以裝不少米，捆好了，拎在手裏亦不顯眼。一切整理好，表姐一定要我吃了午飯再回去，我說媽媽在等著，我要在中午之前拿回家，表姐看這情況，知道留不住我，就叮囑我一路小心，又告訴我，如果媽媽有什麼事需要她幫助，可以去告訴她。就這樣我匆忙地走了回去，媽媽真的已在等著我，流露著焦慮和不安。事情經過很簡短，但對我的印象，和進當舖的記憶一樣深刻，直至今日都無法忘懷。

二、逃難

一九三七年農曆九月初三下午一時，無錫市遭到日機的第一次轟炸，炸的是火車站，在這之前，無錫已有防空的措施，在日機來之前，先拉響空襲警報，居民便都躲入自家已挖好的防空洞裏，可是每天數次的空襲警報，飛機一次都沒來，人們亦就麻痺不重視了。初三亦是這樣，空襲警報響了，人們都若無其事的照常工作，一切都很平靜，不料這次日機卻真的來投炸彈了。我家門口不知何時已挖了一個能容納十多人的小防空洞，聽到飛機轟炸的聲音，才急忙躲進了防空洞，時間不長，解除警報響了，飛機走了，接著消息傳來，挨炸的是火車站，死傷了很多人，頃刻間人心惶惶，全市一片緊張氣氛；接連三天又和過去一樣，警報響了，飛機卻沒來，一天好幾次，於是人們再一次開始麻痺。可是三天後的下午，警報剛響，飛機已經在頭頂上盤旋，接著就是爆炸聲，一聲連一聲，這天轟炸的是火車站和工運橋一帶的鬧市區，從此開始每天都有不同架次的飛機前來轟炸。飛機投彈時，有一種淒厲的呼嘯聲，接著炸彈就落地爆炸，當時的敵機都是雙翼的老式轟炸機，所帶的炸彈都很小，但對平民百姓却已造成了很大的威脅，人人自危，都有了逃難的打算和舉動。無錫人的俗話：「大難避鄉，小難避城。」意思是逢到大難大亂時該往鄉下躲避，看來這次大難臨頭了，家中條件好的都趕緊做了遠走他鄉的計劃和行動，經濟條件差的亦有逃往鄉下的打算，以逃離這危險的城市。左右鄰居先後依據自己的條件做出選擇，各自奔向外埠或鄉下避難。我家父母和我三人，並無經濟條件遠走他鄉，近郊鄉區又舉目無親，雙親雖不是老邁不堪，但父親弱病纏身，母親亦年近五旬，從沒出過遠門，當時我十六歲，雖然已懂事，但尚未涉世，亦是一籌莫展。眼見河道、街上都是逃難的人群、車輛及小船，很多房子都已人去屋空，日機轟炸的次數一天比一天的增加，甚至夜裡亦來投炸彈，那時心裡除了惶恐就是無奈，最後亦唯有抱著聽天由命的心態接受現實了。對門鄰居劉先生的岳母「親奶奶」，和我母親一向很熟稔，她們在南門鄉下石塘鎮有二間小屋，準備即日攜全家到那裡去避難，承情徵求母親的意見，實則她已深知我家面臨的窘境，問母親是否願意同去她石塘的家中暫躲，若同意的話，可做好行動的準備。她們當天就全家先乘船走了，母親回來商量，第二天早上，急忙把隨身衣物打了一個包袱，農曆九月十三日，父親、母親和我三個人，就匆匆步行到石塘劉先生家中，借他們的堂屋搭了一個便舖。這些日子以來，日機已日夜不分的在無錫狂轟爛炸，夜裡的點點炸彈光芒，在鄉下亦清晰可見，令人心驚肉跳。到鄉下後稍微定了些神，可是那天下鄉時因走得太匆促，帶的只是隨身替換的衣服，生活用具一無所有，又無經濟條件添置，向別人借亦不是長久的辦法，最後母親告訴我，只得再回去一趟，拿些衣服和必須的生活用具。父親年老多病走不動，所以只有媽媽和我回去，時間選在農曆的十八日下午動身，夜裡回來時正是月光最亮的時刻，免摸黑走夜路，那時城裏居民條件好的，早雇車乘船走了，我和母親除了靠二條腿行走，別無選擇，媽媽咬牙做出此決定，其果斷和毅力，非常人所能做到，而她在遭逢困難痛苦時始終獨自忍受而不怨尤。九月十八日吃完午飯，母親和我就開始動身，走向城裏，到家已近黃昏，街上已少見到行人，門戶上大都上鎖緊閉，我們開門進屋時一股淒涼情景，令人心酸，把鄉下隨身帶來的冷飯草草吃了，心中還擔心著飛機會不會在月明之夜來投炸彈，母親撿了些三人冬天必穿的衣服和少數的日常用品，裝了一只箱子，用繩子捆好，拿了支扁擔挑著，準備離家。臨行回頭見到房裏一只用了好多年的粉紅色陶瓷洋風爐，仍在桌上，不忍丟下，但又拿不動了，最後將之放到天井裏的一只水缸底下（我對此事印象特別深刻）。母親的細緻用心，和臨事不亂的作風，尤其是自我含苦忍受的偉大精神，使我在心裡永遠對母親充滿著尊敬與愛。

九月十八日月亮剛透光，我們開始離開家，母親擔在前面，我擔在後面，臨行一步三回頭，再三看著家中大門上的二個鐵門環，依戀難捨。我們出南門，過徐來橋，經金城橋、金城灣，往東邊沿小徑奔上石塘路，路程在二十里外，媽媽小腳伶仃，寸步艱苦，我在後頭擔著箱子，盡量將重量往我自己身上擔，以減輕母親肩上的負擔，但經由扁擔傳來媽媽肩上的陣陣顫抖震動，告訴了我，每一步每一吋的路，母親是如何煎熬的走著，我不忍媽媽受這樣的苦，到石塘時月已斜西，我因年輕雖然疲勞尚可支撐，而媽媽都已近乎累癱，可是媽媽還是繼續努力支撐著。

沒過幾天，大哥就從鎮江回來鄉下，告訴我們，說他要到後方找路子，第二天就走了。臨行時身背斗笠，單衣簡裝，就匆匆的向父母辭別，從此天涯海角（見上篇）親人各一方。

離石塘不遠的寶界橋，是當時橫貫太湖二邊的唯一通途，橋的不遠處有一名叫長塘的小村莊，我姨母一家就逃難至那兒，後來和我們聯繫上了，姨母說寶界橋肯定會是日本人轟炸的目標，不安全，已準備重新搬到十多里路外的許舍里，母親喜出望外，在他們搬家時就一同搬了過去。屋主人是擺攤的，專門賣家用零星物品兼賣糖果小餅之類，人很老實，姨夫原在城裏打鐵橋，開了一家名叫「義和祥」的鞋帽店，這次逃難時把店裡的鞋帽都用船裝到了鄉下，姨夫當時租了二間房間，一間做臥室，一間做放貨的倉庫，我和父母就借住在倉庫中，一邊放著鞋帽商品，一邊我們就搭了一個地舖，人是安定下來了，日常一日三餐卻是每天必須的事，總不能終日依賴姨父母，後來和姨父商量，他給我們很多鞋帽，每天一早，我和父親，就拿著到許金里街擺攤去賣，那時下鄉逃難的城裏人很多，有窮的，亦有條件好的，他們來街上總是要買一些吃的、用的，鞋帽亦很受歡迎，所以我和父親收攤回來，除了結算給姨丈貨物成本外，每天都有盈餘足夠三人糊口，好在那時不挨餓就滿足了。我記得母親每天給我三餐的菜，最多的是醬油拌雪裡紅、翁菜，就是吃不厭的好吃。日子很快地過了年底，歲末除夕時，姨丈母請我們一起吃了大年夜飯，就這樣結束了一九三七這不平安的一年。在外的日子一直持續到開春的三月，城裏有日本人同意組織的維持會出現，准許外面逃難的人可以回來，母親亦就決定回家後再想辦法生活下去。於是一個晴天裡，我們乘別人的便船，回到了城裏家中，進門一看，所有房間裡外都被翻得凌亂不堪，好在我家根本沒什麼值錢的東西可以給小偷拿的（在城中大逃難時，有部分游民沒有逃，趁人都走了，就撬鎖破門，挨家挨戶的明搶明拿，把值錢的物品賣掉，大肆揮霍，絕大部分人以吸白粉、吸毒品的居多，亦就狂吸狂喝，反正已是無政府狀態，誰亦不問，後來這些人都沒有得到好結果。）母親到家後就重新慢慢整理，從逃難開始先後歷經了半年，終於結束了逃難的歲月。後來到城裏一看，中山路自三鳳橋開始，房屋全部被燒毀，一直延伸到老北門、北大街、北塘，全都是一片灰燼，慘不忍睹，我家所處的南門地區因較為偏僻而免遭焚毀之災，已屬萬幸。父親原來工作的德大源米行，開在北塘沿河的三里橋，亦已燒毀，後來改為德昌米行，父親找到舊同事，又去工作了幾年，直到病體不能支持，就回到家裡來。那時大哥已在重慶，二哥在上海中建電機廠工作，每月大哥、二哥都能按月匯款到家中，支持家中的日常生活，日子雖過得清苦些，但已開始穩定好轉，到了秋天時，二哥介紹我去上海學生意，從此揭開了我生活歷史的另一頁。

後記

從童年時的啟蒙童趣、不堪回首的痛苦記憶及逃難數篇，概略的寫了些回憶，文中每篇都涉及到母親，執筆動情時，仍不只一次的飲泣難忍。

從逃難那時回來，明年就要到上海去當學徒，至此結束了我的童年歲月，又步入了生活的另一頁。所記得的童年片段，亦僅所歷一角，留少許筆墨誌舊而已。

三、當學徒

（一）前奏

一九三八年逃難後回家，那時大哥已去後方，二哥在上海一家名叫中建的機電廠當技術員。一九三九年初夏，二哥來信說在上海託人代我找到一個當學徒的機會，問我是不是有意願，我當然是求之不得，夢寐以求，想學生意的願望很快就要實現了。立即寫了回信寄去，覆信很快就回來，二哥說他廠裏有位工人，正請假在無錫，住在石塘灣的鄉下，已和他聯繫好了日子和時間，要我在那天直接去石塘灣，他會來接我。計算日子還有一個星期，媽媽立即為我整理衣服、被子和簡單的生活用具，我以二種截然不同的心理，度過這一個星期的每一時刻，媽媽總是嘮嘮叨叨的，時間過得太快了，一晃就是黑夜，我卻覺得一分鐘比一刻鐘還慢，慢得難熬。一轉眼一個星期就過去，明天我便要動身，當晚媽媽把早已整理好的衣服拿出來，又是折又是疊，最後還是照原樣子放進了給我準備的一只手提小藤包裏。我意識到這一夜，「臨行密密縫，唯恐遲遲歸」的心情，一定徹夜地折磨著媽媽，她再也無法把我留在身邊，悵然而空虛。

第二天早上，父親把我送到三裏橋邊上的石塘灣碼頭，準備上船，見到在小三里橋新泰昌槽坊工作的堂兄永年，匆匆趕來送給我一只裝錢用的小皮夾子，作為我到上海去學生意的壯行禮物，使我感到一片溫情洋溢。

告別父母離開故鄉，心裡充滿著對未來美好憧憬的同時，亦有著再苦、再累也絕不回頭的決心。船開了，看著碼頭上的父親和堂哥的身影，慢慢的在視線裏消失，成了我走上社會的前奏。船行了三小時，到達石塘灣，那位姓孫的工友已來接了，當夜住在他家中，第二天同坐火車到了上海，二哥來車站接了我。

經過了幾十年的酸、甜、苦、辣，體會了世道的艱辛險惡，人情人心的炎涼無常，莫測的機遇命運，以及自己當年所憧憬的單純和天真。

（一）當了二天的學徒

到上海休息了一天，第二天，二哥就領我到小沙渡路馬白路馬白坊姑母家裏，姑母很慈祥，特別喜歡我，招待我們吃了餐豐盛的晚飯，二哥說明天我就要去學生意，要早點回去，告別時姑母諄諄叮囑我，要注意身體，別累著，顯得依依不捨。

過了一夜，第二天上午，二哥和一位一起工作，姓高的同事，陪著我去學生意的地方，見了老闆，那位姓高的就介紹，並教我叫那名老闆作師父，我照辦了，中午二哥在飯店設宴請客，飯後我就回到了老闆店裏，亦就是我該開始做學徒了。地點在河南路北京路上，店名叫「福大」，經銷馬達（電動機）並附帶修理業務，店裏已有一個比我略大的學徒，亦只是個大孩子，老闆要我叫他師兄，我亦照辦了，二哥把我的行李衣服安放了，就向老闆告辭，同那位姓高的同事，回廠裏去了。初到第一天，老闆沒要我幹什麼，第二天還是這樣，晚上那位師兄幫我在店堂裏搭了個小舖，便悄悄地和我聊起來，問我怎麼會來到這店裏當學徒，隨即就把這裡的大概情況做了個介紹。他說老闆娘有二個小孩，雜務都要學徒去做，他來了一個多月都還沒開始學技術。這店主要是經銷馬達附帶修理，但修理業務並不多，有修理工作時，都是老闆自己動手，學徒沒插手學習的機會，我聽著並沒介意。那位師兄接著又告訴我，老闆抽鴉片，煙癮很大，不抽到晚上十一點鐘是不會過癮的，還要學徒在旁邊伺候，脾氣很兇，有一天夜深了，他實在睏，不知不覺的在邊上打起盹，老闆不做聲，卻掄起大煙槍往他頭上砸過來，腦袋上立刻起了一個包，這一消息就像老闆的大煙槍砸在我心上，我顫抖著，馬上作出了一個決定：我不怕苦，不怕累，亦不怕砸，但我決不俯首去服侍一個有抽鴉片煙毒的人，即使我出半分力服侍他而得到十分的報酬，我也不幹，絕不幹。原因只有一個——他抽鴉片！第二天一早，我就去找老闆，說我還有一部份衣服，放在我哥哥那裡，要去拿，二哥工作的廠在靜安寺路、同孚路，老闆相信了我的理由，同意我上午去拿衣服，拿了就回店裡。一會兒我到了二哥廠裏，二哥見到我很是意外，問我怎麼回事，我直接告訴二哥，老闆抽鴉片，是個大煙鬼，我絕不去，絕不去伺候一個有抽大煙惡習的人。二哥早已知道我的堅決和倔強，停了片刻，他終於徹底理解了我當時的態度。我情緒異常激動，把多年抑制在內心深處的怨苦、委屈、痛楚，像火山爆發似的全在二哥面前傾瀉無遺，我說：「我們對父親抽鴉片煙深惡痛絕，那能再去伺候吸大煙的人？」二哥平靜的說不怪我，是他當初沒好好的對老闆有所了解，使得我第一次步入社會，就受了創傷，很是同情，並對我的決定表示支持。下午他就到店裏把我的衣服和行李取了回來，並對老闆說：「我弟弟身體不好，病了，最近可能不會來上班，請您原諒。」老闆亦沒說什麼，二哥就回來了，就這麼結束了我第一次當學徒的歷史。到現在為止，我毫不後悔當初的選擇，心裡那絕不去侍奉有抽大煙惡習的人，為他作半點事情的聲音，仍迴盪在耳邊，但我亦對二哥當時的處境，由衷的感到內疚和不安，當夜和二哥同床合被，抵足而眠，那溫暖踏實，令我感到滿足，感到親人給予了我幸福和力量，徹底地把這二天的點滴，都視為為一場惡夢。

（三）第二次當學徒的日子

在二哥那兒待了沒有多久，二哥又託人介紹我到一家商店去當學徒，店名叫「新生商店」，範圍不大，共五、六人，店離二哥的工作地點很近，那時他正在大學進修讀夜課，學校就在我工作分店的邊上，所以每天去學校上課，順道來看我很方便，也讓我精神上感到很充實。學徒生活，一般都是早晚擦櫃檯、掃地、幹粗活，有時亦出去進貨，店裏已有一個學徒一起幹活，所以不很累。老闆姓祝，常州人，是個知識分子，待人很和氣，我進店不久，他指著貨架上的很多英文課本，問我認不認識，我看了一下，很多部分都能讀得出來，從此老闆便要我在櫃檯裏當營業員，如有顧客要買英文課本，讓我幫著招待，待遇是供膳宿，每月拾元，我留下三元做另用（其實沒什麼可用的），餘下的都交給二哥，由他轉寄給母親。

進店二個月，老闆在呂宋路的邑廟市場，開了家分店，店名叫南開分店，要我和另一位年長的營業員去獨當一面，我擔心不能勝任，不敢去，但老闆給我很大的鼓勵，我亦就接了，頗有初生之犢的盛氣，去了二個月，二哥工作的中建電機廠，在滬西陶家宅四十五號租了間大廠房，因擴大範圍要搬遷，同時廠裏要招練習生，二哥遂來我店裏和老闆協商，要把我帶過去，由於這幾個月我在店裏給人的印象很好，在工作上亦能發揮起良性的作用，他表示有些兩難和依戀不捨，不過最後還是很通情達理的同二哥取得一致的看法，認為在電機廠比在商店有發展前景，應該讓我走，就同意我離開工作了四、五個月的書店，臨行還給我二個月的工資，也就這樣匆匆的結束了我第二次的學徒歷史。

（四）到中建電機廠當練習生的短暫日子

中建電機廠，以生產吸鐵自動開關為主，從製造到安裝、調試要經過好幾道工序，而調試和校驗，是最關鍵的工作。二哥在調試部門學習操作，而我年紀小時就很喜歡電器，那時流行裝礦石收音機，零件很簡單，亦不貴，可是家中沒多餘的錢，讓我滿足我的愛好，只好到附近有礦石機的鄰居家中去湊和著聽。去得最多的，是我一位姓朱的表哥家，離我家很近，就在斜對面；當聽到耳機裏發出微小的聲音時，第一次感受到說不出的興奮，和無線電所充滿的神秘感。記得有一次和二哥到市中心去，經過大市橋旁一家世泰盛綢布莊，裡面有台商業廣播電台，名叫世富廣播電台，是該綢莊和一家名叫富新電料行合作經辦的。綢布莊為了招攬顧客，凡是到店裏去買布的顧客，都可以去參觀廣播電台的播音室，外面人隔著玻璃可清楚地看見播音室裏播音的實況，我和二哥亦進去，那次見到的是彈詞名家夏荷生的彈唱三笑，玻璃外聽不見聲音，只看見裡面的人張嘴又彈又唱，又好奇又神秘，我很是滿足，而最大的感覺是：無線電真的太神奇了。我那時亦在無形中對無線電著了迷，並留下將來投身於無線電工作的動機。

在二哥廠裏，由於二哥的引導，對電器、電機在原理上有了初步的認識，又在實踐中熟練起來，這亦是我對電氣的啟蒙階段。

好景不常，二哥接到該廠已準備內遷的通知，上海廠停歇；由於抗日戰爭局勢多變，上海已面臨危機，該廠的內遷，從決定到行動的時間很短、很倉促。二哥要立即到內地去做籌廠工作，他別無選擇，只得將上海廠裏各種事務交代告一段落，匆匆地到無錫，把情況告訴了父母，又回到上海做離滬準備，而我的處境和今後的出路，讓二哥陷入了萬難境界，要帶走我是不可能的，該怎麼辦才好呢？二哥和我商量有三條路可選擇：一、在上海繼續讀書，二、回新生分店去，那裡老闆肯定會接受我，三、回無錫再謀出路。我自己的意思是，繼續求學在上海學校所需的費用，負擔不起，二、回新生分店的話，我認為有些回頭草的味道，有損年輕人的自尊，三、回無錫最大的可能，是跟著走父親的工作老路，去米行裏尋出路，我更不考慮，寧願在上海流浪。二哥在上海有一位工人朋友姓彭，住在滬西諸安鎮浜，租有一間小房間，和二哥很熟，我亦認識，人很熱心，二哥把我拜託給他，解決了住的問題。我知道當時二哥覺得把我一個人留在上海，心裡很不好受。可是也別無他法，最後再三懇請那位朋友，一定要好好照顧我。二哥行裝已整理好了，船票亦已買好，第二天一早，我把他送上了船，待沒多久，輪船將啟碇的汽笛聲已拉響，我倆知道已不得不分手，同胞手足，從此人海茫茫，人各一方。臨行前二哥告訴我，他的工資按月支取一小部份到後方，其餘的大部分我可按月去辣菲德辣菲坊五十五號的辦事處去領，拿到後留下我在上海的生活用款，餘下的可託人帶給母親。二人都心亂如麻，就這樣分手了，我從輪船上走下來，踏上馬路的剎那，唯一感受到的是自己的孤獨無依，該何去何從？但我不回無錫的決定是肯定的。上海唯一的親人還有我姑母，我到她那裡說明了情況，姑母除了安慰亦想不出更好的辦法，二哥那位朋友離姑母住處很遠，吃完飯後就走到那朋友的住處，這亦是我以後在上海的暫時住處。想起我到上海來的近二年，和二哥在一起，一切都有他打主意，今天起，我得自己靠自己，對於什麼叫奮鬥是一片迷惘。

四、投考無線電學校

過了一天，終於決定去考無線電學校，若能考進去學到不同的技術，今後找工作亦可有些憑藉和依託。就這樣我從報紙的招生廣告上做選擇，計劃參考當時上海無線電學校中較有名的，有三極、南洋、華美等，但我對其實質教育質量，和學校背景一無所知，不過我覺得只要肯學，哪所學校都一樣。結果最後我進入江西路北京路中一大樓的華美無線學校就讀，學的是無線電報務和機務二科，報名後隨即面試通過錄取，學校課程為半年，前三個月讀初級班，後三個月為高級班，這一行動遂成為我生命的轉捩點。

讀的學校地近北京路外灘，我暫住在滬西，此二地剛好在上海市的東西二端，相距很遠，雖有無軌電車可乘，但我為了省錢，寧可走路而不坐電車，縱然往返很累，卻覺得如此心安得多。我從滬西憶定盤路開始走，到靜安寺、南京路，接著折入新聞路，沿蘇州河岸，再走北京路到學校，里程亦得走二、三小時。至於三餐，早上基本上不吃的，中午不變的是以一碗光麩充飢，晚上亦是這樣，只要不挨餓就行。偶爾亦到姑母家去，在那裡能吃到好的飯菜，姑母待我很好，很慈祥，可是我不願經常去打擾。日子就這樣挨著熬著，一晃眼三個月的第一學期結束，根據實際情況和經濟條件，我不能再讀下期三個月的高級班了，就決定先回無錫作下一步打算。由於那時無線電事業的發展還不普及，經人介紹到南京電訊單位上班，我記得很清楚，我拿到生平第一筆的工資是八十元（一元錢可以買二十只雞蛋，我在上海的學徒工資是每月拾元），我留下二十元生活費，餘下的全給了母親。在南京工作不久，又輾轉到泰州、常州，興化等地電訊部門工作，而母親的生活過得安靜舒坦，終於告別了朝缺糧、夜短薪的日子。一九四二年秋天，突然接到母親的電報，要我即刻回家，說父親病體不好，我連夜請假回去，父親已臨病危，母親亦已做好善後事宜的準備，四天後，父親病情急轉直下，生命僅在呼吸之間，我跪在他床前的地上，父親雖神智已經不清，但我跪在他身邊，他還是知道的，頻頻想伸出瘦如枯材的手，想拉住我，卻已無能為力，我上前去握住了他手，告訴他說我是「阿定」，爸似乎明白了，隨即就停止了呼吸。媽媽立即拿出一張早已寫好的給父親的清單，詳列著經卷若干，冥用紙幣多少，銀錠元寶紙錢多少等，讓我牽著父親的手畫押，到陰間去享用。

母親待父親十分真摯、細緻、體貼，直到父親往生，父親就在這情況下安然闔上了眼睛。按常俗那時已沒有披麻，我只得穿上白孝服，將父親入殮。靈柩放在客堂中，設了靈堂，夜裡我和母親二人相偎相依，睡在靈堂搭的地舖上，陪伴父親。守靈五日夜後舉喪，用船送柩到惠山安樂山莊暫時寄存，待母親百年後再選擇墓地合葬，父親一向體弱多病，對自己又少合理調養，這都是折壽的原因，以致壽不滿六旬，早逝不能不說是很大的遺憾。喪事辦完，我就又回到南京，想到母親一人在家很孤單，所以每月一定要回家二到三天，和母親同眠一床，敘敘家常，以寬慰老人。

在父親去世前，我已將情況告訴了在重慶的大哥、二哥，父親去世後立即捎信告知這不幸的消息，很快地大哥、二哥都先後來信，並匯款至無錫，以安慰母親。我仍記得大哥信上這樣寫著，日後縱然衣錦還鄉，但樹欲靜而風不息，子欲養而親不在，要母親節哀多加保重，他和二哥已擇日在歌樂山上一寺廟為父親誦佛遙祭，而如今這也已過去六十多年了。

五、加入抗日義勇軍

到南京後，我仍每月回家一次探望母親，有一天到家後去街上購物，在路上碰到過去的同學，楊、章二位，他們身穿偽軍的軍裝，掛少校銜，很正經的樣子，他倆亦同時見到了我，馬上過來招呼。我問他們怎麼回事當起官來了？他們笑而不答，說老同學多年不見，找地方聊聊，隨即到了就近的一家茶室坐下，我又重覆剛才的問題，問起他們近年情況，他們停了一會，就把別後的生活經過，具體談開了。一年前他們離開中學就到南京，考上了南京模範無線電學校，就讀的報務專科畢業後，通過另一位同學的介紹，回無錫參加錫澄地區的抗日忠義軍，活動在錫澄的鄉區。我問他怎麼又穿上了偽軍裝，他把內幕告訴我，為了掩護抗日義勇軍，就派一部份人打入無錫的偽軍裏，取得在無錫地區的合法行動身分，來城裏可不受搜查抄身的有利條件，這次來城裡是準備到上海去購買些電器零件，想不到碰見了我。問起我的情況，我據實告訴了他們，我在上海無線電學校的學習情況，我讀的是報務和機務的合併課程，他們單讀報務，對機務還是外行，聽完我的自我介紹，發現我們都正好走上了無線電這門工作，感到格外高興。彼此開誠談了很久，因為都是同學，就沒有什麼顧忌，來了就勸我，和他們一起下鄉加入忠義抗日軍，為抗日，為國家出一分力。我說待我考慮一下，因我放心不下老母，不能即時做決定，他們問了我的住址，就分手了。想不到晚上又邀我到江陰鄉下去看看，信誓旦旦地說那兒絕對安全，最後才告訴我，鄉下抗日軍的一座電台收發報機壞了，不能和後方通訊，又沒有人會修，正焦急得很，想請我幫忙看一看，修好與否都沒有關係，至於是否參加抗日軍決不勉強。在這種情況下，我知道已無法推託，好在我們談話時母親不在身旁，當她進來，我就告訴她，我遇到二位同學他的親戚在鄉下有台收音機壞了，要我幫忙修理，媽媽的個性善良，沒思索就說既然人家麻煩，去幫助一下亦是好事，就同意我明天一起去。那二位同學恐我變卦，就對母親說，今晚就先住到城外旅館中，早晨坐車方便，辦完事後亦可早些回來，母親就同意了。於是我們三人就去城外京滬飯店開房住下來，第二天一早就坐汽車去到江蘇鄉下，我說把事情早些解決，早些回去，晚回去恐怕我母親不放心，同學把我領到一間很大的房屋裏，要我先吃了飯再說，同時又給我介紹了該地區抗日軍的主要領導。這位領導長得很魁悟，在同學略述了我的情況後，領導再三表示歡迎，然後以用抗日救國的道理勸說我參加動員，並又保證我絕對安全，不過我還是沒有明確表態，只說先看看應該待修的收發報機能否修好再說，（我心裡還沒把握，感覺很不踏實）。那位領導就請我同學帶我到不遠的一家小農舍，和電台的負責人見面，印象中那人很老實，亦很年輕，他說他只懂報務，對機務一竅不通，該機收發已壞好幾天了，心裡很急，機器故障卻說不出個所以然來，我當即把機器全部拆開仔細一查，問題很簡單：因為一條電源的導線斷了，而造成無電的狀態，沒費多久時間，就修好可以正常運作了。隨後同學和我又去向那位領導做了匯報，領導立刻表示一定要同學說服我留下，並許諾不久將送我到後方抗日基地去，那裡對無線電修理技術的人太缺乏了，要我為國家出一份力。在這情況下我明白已勢成騎虎，不同意是不行的了，於是就答應了他，但我提出一個要求，就是當天一定要回無錫告訴母親，再回鄉下，領導毫不猶豫地答應，請二位同學和我一起回城，實則上，我的行動已受了約束。回家後，我告訴母親說江陰那裡仍有家電料行要叫我去幫一陣子忙，工作待遇都很好，母親不知底細就同意了。在家住了一夜，第二天一早，二位同學就又和我一起到了鄉下，為了掩護行動，他們亦給我配製了一套軍官裝，少校軍銜，公開的身分是參謀，就這樣我在二種截然不同的身分下開始了我的工作。

不久領導告訴我，後方要一些無線電器材和二台手搖發電機，無論如何要想辦法解決。同學和我商量這件事，同時領導還提出，為錫澄地區各抗日據點便於通訊聯絡，要建立一個以無錫為核心的無線電通訊網，亦得購買些器材裝置，這任務就落到了我們身上。我曾在上海機電廠工作一段時間，在電器和發電機方面有些熟識，就先到上海和有關方面洽談，一切都很順利，就回到無錫。上海答應一星期後可以提貨，時間一到，我們三人就去辦好了提貨手續，準備運回無錫，但運送的物品，都是嚴重的軍用管制類，若一被日偽關卡查到，只有掉腦袋的一條路。事實上到這地步已沒有退路，抱著一種抗日為國的熱誠，並不考慮後果；三人都穿著很挺的偽軍裝，把二只旅行包裡，裝了二台手搖發電機，另一只箱子則裝了一批無線電器材，作為隨身行李。到火車站買了上海直達無錫的快車車票，進車站，站上有檢查關卡，但軍人可在另一通道免檢入站，我們見到站崗的日本鬼子不在卡上的間隙，只有偽軍人員在蒐檢老百姓，我們就很大方的走軍人通道，一直走進了車箱，把行李放在貨架上，而人走到了另一車廂去，一直平安抵無錫。車站和上海一樣有卡檢查，但見我們都是無錫駐軍部隊，毫無麻煩的就出站，短短的數小時，卻經歷了與死神較量的每一分鐘。出火車站就直奔江陰鄉下，領導見面慰問，並很高興地告訴我們開始進行第二步計劃，實施建台以連成通訊網，我們說準備工作要待數天，還要到無錫去採購一些零件。領導同意一切由我們著手進行，十多天後，已準備得差不多了，可是在這時領導突然把我們三人找去，他看來面色很緊張，不知是發生了什麼事，領導很扼要的告訴我們，根據小道消息，日本鬼子明天就要到我們所有的游擊抗日據點，進行全面的封鎖大清剿，時間很緊迫，他想好化整為零的行動，按四人為一單獨行動小組，我們三人分屬三個小組，負責護送，經由各種小路、捷徑離開這裡，目的地是浙江餘姚山區的抗日軍總部。領導對路費和路線已做了安排，交給每組的三個護送人員，並再三鄭重的說，要保證我們安全離開，留下的無線電器材，他會設法隨後送來。這時已近黃昏，晚飯都來不及吃，我就跟隨本組的人上小路走了，走到江陰附近，有座叫花山的小山腳下，發現出入路口，不管大道還是小徑，都已布滿了日偽哨兵，經研究如果三組人同行目標大，比較危險，還是分開走保險些，如誰先走出去，可到汽車站等候。就這樣我們又另擇小徑，和領路人分開而行，我人生地疏，按他們所說的路走了一程，就不辨方向，只得仍往前走，不久居然踏上了公路，沒碰到任何麻煩，可是卻不見他們出現，我亦顧不得那麼多了，逕自奔向汽車站，搭上到無錫的汽車走了。到家已近半夜，高興進去把媽媽嚇得呆了，她趕緊把門關上，問我怎麼回來的，我很平靜的告訴他說，是請假回來看她的，她說現在城裏已經很亂了，到處在抓游擊隊的人，凡是抓到就裝進麻袋丟進太湖裏，我平常穿的偽軍裝部隊，是和游擊隊一起的，見了亦就抓丟進太湖裏，然後又問我如何逃回來的，我眼見事已至此，知道瞞是瞞不住了，就簡單的將經過對母親避重就輕的講了些，母親嚇得直抖，叫我馬上跑，因我家斜對門正是日偽的特工站，專門抓人，要給發現，麻煩就大了，時已夜深，考慮暫時不會有問題，待到天剛亮，就趕到火車站搭車到鎮江，渡江到興化去找了一位姓王的開電料行的朋友住下，那是一九四五年初夏。一直待到一九四五年八月十五日，抗日勝利，九月初就離開興化回到無錫，全市一片歡騰景象，後方有親人的都在翹盼歸來，我和母親亦是朝朝暮暮的盼著大哥、二哥回來的喜訊，闔家團聚已在眼前，不久大哥二哥先後回家，我們一家的生活又進入了一個美好的開始。

六、抗戰勝利闔家團圓共唱闔家歡

一九四六年一月，和我闊別了六年的二哥，終於從重慶回到無錫，到家時已臨近黃昏，風塵僕僕、行裝簡單，他帶給母親很多一種叫冬蟲夏草的補品，很細的一條，狀若小草，二哥說，這小草冬天時像草一樣靜止不動，到了夏天又會變成小蟲，老年人服用後很有滋補的效果。這是四川的特產，我還是第一次見到，覺得很是稀奇新鮮，既然二哥說老年人吃了能滋補，那給母親服用，正是恰到好處。二哥能設想得這麼周到，真是細緻。另外二哥還帶了一筐四川柑橘，說亦是重慶土產，我就想到二哥這一路長途跋涉，十分辛苦。母親一見到二哥，悲喜交集，馬上問大哥大嫂怎麼不一起回來？二哥說因為公職人員和家屬，都得按次序分批坐輪船或搭飛機回來，大哥嫂是在等待航機班次，不超過一個月肯定會回來，於是母親綻開了滿臉笑容，隔壁的二位堂兄和家人，聽到二哥回來的消息，都趕著來相聚，整個房間充滿了溫暖的氣氛。二哥很疲累，但精神非常好，一會兒母親已把晚飯準備好拿出來了，三人一起吃離別後重逢的第一餐晚飯。飯後稍休息一下，我就陪二哥去附近的浴室暢快地洗了個澡，回家路上，二哥極為感慨地說家鄉的醉人軟語，聽來分外親切，頗有兒童相見不相識，遊子歸故鄉的感觸。從浴室回到家已經很晚了，可是二哥仍依在母親身邊，輕聲細語的告訴她別後六年的所有經歷，母親十分專注的傾聽著，天倫母子情，情繫萬丈；自父親去世後，就只有我和母親二人相依為命，而我出去工作後，母親經常一人孤獨生活，今晚又能三人同臥一室，母親高興之餘，又在急盼大哥何日能回來，反覆的不停唸著，要二哥告訴她一個確切的日子，二哥沒辦法只得一遍又一遍的安慰，回應著母親出乎內心的關懷，我和二哥對母親亦唯有付之一笑，倍加安慰了。

二哥剛回家不久，接到大哥來信告知大嫂回京的日期已確定，二哥在接到信後立即趕赴南京，會見了大嫂和姪兒姪女，隔不久，二月份大哥亦搭飛機回到了南京。由於接手的工作很忙，沒辦法抽出時間立刻回無錫看母親，大嫂又在安置剛分配到的新居，亦無法立即抽出時間來。就在各方面皆稍有頭緒後，大哥安排大嫂帶了姪子姪女，請二哥陪送到無錫家中，家中斗室，不足十平方米，又添三人，其擁擠之狀可想而知，但歡樂滿屋，毫不在意。大嫂是江西名門閨女，母親總覺得家中蝸居太侷促狹小，可是大嫂卻坦然的安慰母親，說人多擠在一起更熱鬧，沒過幾天。一天中午，大哥從南京回來了，事先並沒通知，覺得分外興奮，三代人相聚一室，其樂融融，晚上大哥大嫂和姪兒女四人，睡在母親的老式大床上，我和二哥爬閣樓打地鋪，母親睡在單人小床上，縱然如此，大家都因一朝團聚的歡樂而毫不在意。此情此景來之不易，如仍是海角天涯，親人遠離，即使供我瓊樓玉宇，我亦決不會捨此就彼。

大哥來無錫的省親假期很短，僅有數天，第二天大哥休息一天後，走訪了鄰近戚友和二位堂兄弟，促膝長談別後的生活遭遇，第三天我陪著大哥、二哥，還帶了大姪女共四人去惠山安樂山莊父親的靈柩寄存處祭拜。我還記得很清楚，大姪女圓圓臉蛋，三歲，很會逗人，對孫女母親是比掌上明珠還要寶貝，真是含在口裏怕燙了，吐出來又怕涼著的關愛著。雖然大姪女來沒幾天，卻終日不離的糾纏在我左右，要我抱，要我陪他玩，到了惠山，她又一定要賴在我的自行車上，要我用自行車帶她回家，依依不饒，今日姪女亦已有二兒長成，對童年往事亦因當時年齡小，恐已不復有印象，可是作為小叔對姪女的眷念，卻從未因歲月悠久而被沖淡，思念至此，一種失落感由然而生。

大哥又待了二天，因急於返回南京處理公務，不能再待，就決定和大嫂及二個孩子一同回去，二哥亦同行照顧，闊別八載短聚四天，母親含笑目送他們上了人力車到車站，大哥告訴母親，待他到南京把工作和新居安排好，稍有頭緒，就會來接母親去共享天倫、頤樂晚年，所以母親那時心情好極了。

抗日勝利的歡樂，舉國同慶，特別是有的親人遠離故鄉到後方去，二地遙隔，彼此朝思暮想，這次戰後再逢，更倍覺親情彌篤可貴。大街小巷廣播音樂唱片，歌曲「闔家歡」更流行著，隨時隨地其聲都在耳旁不息，唱的是飽嚐親人別離痛苦，又重回故鄉及親人懷抱之遊子人的寫照，詞真意切。

闔家歡

「走遍了萬水千山，嚐盡了苦辣甜酸，如今又回到舊時的庭院，聽到了燕語呢喃，孩子你靠近了母親的懷抱，母親的懷抱溫暖，經過了雨雪風霜，歷盡艱辛困苦，如今又回到舊時的庭院，聽到了熱情的呼喚，孩子你靠近母親的懷抱，母親的懷抱溫暖，從此以後我們闔家團圓，莫再要離別分散，從此以後我們闔家喜歡，莫再要離別分散」，歌聲纏綿，親切而感人，百聽不厭。

各人處境不同，但都有一個共同的目標、信念和決心，憧憬著一個更好的明天，並為創造更美的生活而奮鬥，我當然亦不例外。

勝利後日本投降，突然的歷史遽變，現實的各個方面，從國家到個人，都起了不同的變化。從天而降的接收大員，和忽然鑽出的抗日地下政府，有龍有魚，尤其龍魚混雜，魚目混珠，令人眼花撩亂，大有無所適從之感。但這亦不足為怪，從亂世到國泰，總會有一個過程，以國家而言，牽涉到施政方略，從個人而言，創業起步都有躍躍宏旨，八年抗戰的外侮，造成國家滿目瘡痍，淪陷區的老百姓生活在水深火熱之中，流亡後方的人們飽嚐了流離失所、骨肉遠隔，今日一朝獲得天日重見，從國家到個人都在歡樂的氣氛環境下，一面養生休整，一面又做重新起步的打算，重繪鴻圖以彌補八年來的損失，大家都祈望著重新開始，並能早日步入歌舞昇平的歲月，我當然毫不例外，傾心樂觀的展望著未來，但不幸的是，可悲的局勢，外侮才剛被弭平，神州烽火又起，我家在短短的四年後，再度陷進了生離死別的苦境。

這短暫的四年裏，我信心萬倍的想創業，想在創業中為自己和為親人能改變生活的面貌，也為社會做些有意義的貢獻。年輕人有著活力朝氣，我認為奮鬥一定有挫折，同時亦會有收穫，這是時間給我的結論，但四年後我又步入了更漫長、更艱辛，更悲慘的坎坷日子。

剛戰勝時我正在考慮著，自己前途該從哪裡起步，這時有位同學來找我，他告訴我南京模範無線電學校的校長擬到無錫創辦分校。以當時的形勢看來，無線電事業發展得分外蓬勃，那時通訊工具還很落後，遠距離的通訊，都得依靠電報傳遞，郵電局亦專設電報局，開展業務，很多銀行、通訊社及政府機關，都建有專用無線電台，但從事無線電台的技術人才還不多，因此有人開辦無線電學校，培養學生，以迎合潮流的趨勢，那位同學問我能否插手幫忙，並承諾，學校成立即聘我為分校校長，我考慮了一下，便答應他我一定盡力幫忙籌備的相關事宜，但我絕不當學校負責人，如有需要，我可承擔機務課程的教務工作，絕不推辭。經過多次磋商，南京總校校長張先生亦數次前來無錫安排，最後選擇在小婁巷開辦南洋無線電學校無錫分校，由我擔任副校長兼無線電機務班級教師，並到教育局登記，辦理了合法手續。學校於八月份招生開學，當時由於年輕人十分喜愛及嚮往無線電學的課程和應用，所以第一期招收了很多學生。我答應每天上下午各授課二小時，內容是理論實踐相結合，符合中等學歷學生能夠接受的程度，工作不累，離家又不太遠，我中午回家時，總是繞道小河上，進入三鳳橋，到三鳳橋肉店的小賣部，買四只小龍饅頭或玉蘭餅，帶回來給母親當點心，很少間斷。那一段時間，母親在精神、物質上都很舒坦，遊子都已歸來，心無掛礙，下午無所消遣，就和鄰近老太太們誦經唸佛，聽尼姑在佛堂裏宣卷（同講故事），悠悠日子，很快便過去了。

七、艱苦創業如春夢

我雖然在學校執教，心中總覺得這不是久遠的出路，所以經常關注著報紙及相關方面的招聘信息，有天見到報紙刊載，交通部關於民營廣播電台建立的規章和條例，如需籌設民營廣播電台者，可按所需條例辦理登記手續，經初步審查符合條件者，發給籌建許可證，就可建立，在建立竣工後，再呈報交通部派員核查，等一切都依所需規定辦理後，方發給營業執照，即可開始播音。我看到該消息後，喜愁交集，喜的是機會難得，愁的是目前赤手空拳，人力、物力皆毫無基礎，但錯過這次機會，失之交臂，就不會再來，於是決定先向交通部進行登記，了解一下具體之要求和時間，待心中有底後，再做下一步計劃。好在大哥已定居南京工作，我的住宿聯繫，方便了不少，當天我就向學校請了幾天假，回來告訴母親，說我很想念大姪女，想去南京住幾天，母親是求之不得的答應了。到南京後，我把來意告訴了大哥，第二天就親自到交通部郵電司去按章登記，辦理建立民營廣播電台的申請，隨即拿到了相關表格，內容包括申請人的學歷，申請廣播電台的功率，機器線路結構圖紙，安裝發射台的所在地，和廣播室的台址設施等等，至交通部審查合格後，方能領到籌建許可證，而其中有一條規定為：民營廣播電台，只限於商業廣告之業務，不得涉及和參予違反政府法令的播音。我後來了解到，在交通部提出這項申請的，我還是全國第一人，此反映了我當時對新事業發展的敏銳眼光。第一關很順利的得到圓滿結果，第二天就急匆匆回到無錫，那時二哥亦正在為創建新中國電機製造廠，忙碌奔波，我把去南京的經過和他講了，他亦很高興的表示，一定竭盡所能的支持我創業。

當務之急，第一落實發射機的設計製造，繪出線路圖，第二落實播音室和發射台的地址，去交通部審核，申請裝置許可證，其他工作的進行，都取決於這第二次申請的結果，但心理上不得不做好兩種二手準備，成與不成，都有可能，深思熟慮，初次嚐到了創業維艱。

我先把進行的方向做了概括的計劃，依規定發射機的最大發射功率，不得超過100W，這方面無須猶豫，線路設計部分，我能參考技術資料求得啟蒙和借鑑，不至於有太大困難，但落實發射台和播音室地址的選定，卻頗為困難，心中沒有一個底。正在此時，二哥知道後告訴我，他籌建的新中國電機製造廠，廠址在周山浜廣勤三支路，廠裏可騰出一間樓屋，安置發射機和值班人員的宿舍，綽綽有餘，更有利的是工廠裡有一大院，廠對面亦有一大片曠場，可架設發射天線（當時廣播的發射天線，不如現在的精簡，要豎立十多米高的鐵管，周圍拉上攀線，佔地很廣），這措施解除了我三分之一的困難。而對播音室地點的要求，是交通方便，若能在市區更理想，因為播音人員涉及的範圍很大，如交通不便，勢必會造成各方面的麻煩，於是我想到去商業系統尋找對象，而在商界里，綢布莊對廣告一向很重視，腦裏就想到，童年時去城中世泰盛綢布莊參觀的印象。那時的廣播電台電力都很小，可是對招來顧客卻極具競爭優勢，而綢布莊亦有很大的經濟潛力，腦海裏有了這概念，就決定走出第一步，到綢布業去尋求有誠意合作的對象。

我堂哥一向在無錫金融界從業，綢布系統有很多熟人，我把這想法和他交流之後，他想起有一位朋友在北大街懋綸綢莊當經理，店的範圍很大，資金亦很殷實，地點亦很適中，他可去徵詢一下對方的合作意願，第二天晚上堂哥回來，就把他和綢莊經理洽談的經過，告訴了我，要我明天去面談，並做進一步的落實，第二天我們去見了徐經理，我把目前建立民營廣播電台的經過和現狀做了介紹，並提出在市區尋找一個合適的播音台址的要求。我的想法是，在抗戰前，無錫已有數家綢莊曾設立過具體而微的廣播電台，除了最早的世泰盛綢莊的世富電台，還有時和、日新二家綢莊相繼建立電台，電力同樣很小，可是在商業競爭上的效果影響很突出，引來了很多不同層次的顧客，而抗戰開始後受到戰爭影響，先後飭令停播，戰後他們正設法重新創建，以配合各行各業欣欣向榮的市場，只因在短期內，尋找不到對該業務熟悉的專業人員，進行合作而遲遲沒法啟步。

當徐經理和我談及租借播音台地點的要求時，他毫不考慮地就答應下來，同時提出了數點要求，最主要的二點，（一）、在電臺成立開始播音時，每天一定要將電台播音室的地址，無錫北大街三號，懋綸綢莊二樓，歡迎參觀。（二）、電台決不參與政治宣傳活動，只以商業廣告為唯一主旨，人事安排及經濟盈虧，他們不參與，亦不承擔任何責任，其他細則都在合情合理的規定之下，雙方取得了同意，最後徐經理又提出一個要求，關於電台的名稱，他有意見。我原來將之定名為無錫錫音廣播電台，他認為最好更改為無錫懋綸錫音廣播電台，我當即表示不能接受，因為錫音電台是獨立機構，一切都以自主為旨，並已向交通部註冊備案，所以不能更改，徐經理當時亦覺得我的理由有原則性，也就不復堅持，臨告別時約定，我辦好建台許可證後，雙方即可簽訂合約。

接著要解決的是發射機安裝的合作對象，對此，我在心中亦已有所籌畫，並按計劃開始進行，我先去當時無錫在電訊器材和設備力量上有一定信譽的良友電機社，負責人談先生和我彼此熟悉，我在無線電學校執教期間經常接觸，因此不陌生。我將自己進行建立民營廣播電台的動機、過程和目前的進展程度，向他做了扼要的介紹，並徵求他的看法和意見。談聽後表現出極大的興趣，且鼓勵我抓緊時間，從速促其實現。他將盡一切力量，在電訊器材技術按裝上予以支持，唯一要求，一旦電台成立，就將良友電機社，在電臺創建中所給予的技術成就，加以確認和宣傳，來加深群眾對該電機社的印象和信任，並確立良友電機社為電台的技術顧問，增加該電機社對外的技術影響。關於這許多要求，我亦認為毫無苛求之處，於是我當即把已繪好的發射機和結構草圖給他，請他給予意見和修改，以補技術設計上的不足，他答應明天還給我，第二天見面後，二人又將圖紙做了全面複查，最後雙方都認為已很全面，就定稿下來。我立即回家，重新按規格繪好了詳細的發射機結構線路圖、電台所在地等，按交通部頒發的表格，逐項填寫清楚，為爭取時間，當日又趕赴南京，到交通部郵電司申請審核後，發給建台的許可證明。勝利後，政府對各項施政措施，都很認真，不徇私，亦不拖延，一切皆實事求是，我申請報告時，在郵電司得到的答覆說，一切會按照規定進行審查，如合格，很快會給予證明，要我回無錫等待回覆。我自信一切都是依規定進行的，如無意外，應不致失望，就到大哥那兒把具體經過講了一遍，大哥在精神上給了我極大的鼓勵，並說年輕人第一次創業，挫折、失敗都有可能，但絕不能因此而頹廢喪志，一定要吸取教訓、累積經驗、再接再厲，事情已進行至此，就先回無錫等待審查結果，心理上先做好成敗的準備就行了。第二天回無錫作第二階段的準備，出乎意料的是，我到無錫僅一星期，就收到交通部的通知，說經審查，一切合乎規定，要負責人親自去郵電司領取建台許可證和辦理相關手續。籌建到竣工試播期以三個月為限，逾期許可證無效，我又再次趕赴南京，順利的按章辦完了一切手續，又到大哥家住了一晚，第二天清晨就乘車回無錫。

抵家後喜憂交集，喜的是數月辛勞後終於盼到了成功的希望，憂的是短短的三個月籌建期內，要多方面同時啟動，包括一個月的試播期在內，實際只剩整整二個月的時間，要完成天線發射機的架設及豎立，按裝調試，播音台的裝飾，和置辦播音後所有必須的辦公用品，更重要的是，得在開始播音前準備各類唱片，這在籌建過程中亦是重點之一，我隨時自我鼓勵和鞭策，一定要把這座勝利後在無錫首創，經交通部核准的第一座廣播電台盡力的辦好，我可以廢寢忘食，但在工作上，決不自欺欺人，時刻銘記在心，作為座右銘，努力不懈。

在腦海裏鄭重的蘊蓄了一個安排開展的計劃後，就立刻開始行動，第一先到學校辭去了教職，接著就請良友電機社的談先生和懋綸綢莊的許經理以及我二哥約聚在北大街懋綸綢莊商談，我把進京領取許可證的經過做了簡單陳述，說明時間上的緊促，使大家心中有數。根據先前的各自承諾，我再次鄭重的徵求每個人的意見，請各合作對象，提出是否有困難和其他要求，隨即各人都做了明確表示，承擔了先前約定的工作，發射器材由談先生供應，技術問題，由我和談先生根據所呈報批准的線路合作安裝解決，播音室台址由懋綸綢莊提供內部裝修設計，由我請人即日動工，天線架設，我請二哥負責施工建立，播音員和其他工作人員，有待試播成功後再做安排，購置電台辦公用品及流動資金由我負責籌措。大量的唱片亦是在試播時即需到位的大事，責無旁貸，我就承擔了起來，就如此達到進一步的實質性的共識，決定在試播開始期間，簽訂合約，以昭信於彼此，協談順利結束，就各按分工著手進行。

我一面在承擔分工基礎上，進行工作的同時，解決唱片的問題亦是刻不容緩的事情，唱片的種類很多，包括有粵曲、京劇、彈詞、越曲，更多的是歌曲，從老歌到目前流行歌曲，若要全部備齊，數量之多，範圍之廣，實難辦到，而新流行歌曲，又每天不斷出新，但這問題如不能在試播時期內得到解決，正式開播後，會影響到電台對外聽眾的第一印象。我認真考慮後，就從多方面著手籌措。當時和徐經理亦談論這事，他說他一向很喜歡京劇和流行歌曲，因此家中備有留聲機和很多唱片，大部分是京劇和流行歌曲，在有閒暇時娛樂消遣，日積月累，唱片已積存很多，基本上能滿足一般點唱，合乎聽眾的要求，他還有幾位朋友，亦收藏著其他唱片，既然現在電台能隨時點唱聆聽，比自己單獨開留聲機更好、更方便，他可和朋友們去洽商，轉讓和借用都行，他本人儲存的唱片，則等待播音室裝飾好就立即送來，此舉不做贈送，亦不作價，在電臺需用之日，亦決不收回，這在當時幫了我很大的忙。我亦在其他方面得到類似的幫助，解決了很大困難，當即把滙集到的唱片，分類編號，總數已達數百張，再根據京劇、歌曲和其他種類的唱片，應添補的，挑選了些熱門的就寫了份採購單，即趕到上海福州路百代唱片公司門市部去聯繫。接待我的是一位姓陳的年輕經理，很熱情，我把來意和他講了，說明要在無錫籌設創建廣播電台的事，並出示了交通部頒發的合法證明，請求該公司能在唱片銷售上給予方便。陳經理和我談了很久，非常投機，他答應凡我所選購的唱片，一律按公司的最低成本價供應，今後凡新出的唱片，一定第一時間在市場尚未出售前，由我台首先播出，他基於商業競爭的理由，提出能否在我正式播音後，安排在廣播其他商業廣告的節目裏插播出該公司業務宣傳的要求，絕不佔用單獨的時間，以此為交換條件。陳經理所提我覺得很合理，就很快的答應下來，最後選購了近四百多張唱片，陳經理又慷慨的將該公司儲存倉庫已久，但質量不變的老唱片，挑出二百多張送給我，並誠懇詢問我和他除業務交往外，能否作為異地的好友相往還，年輕人都具有真誠熱情，我當即伸手向他表示，能高攀真是榮幸至極，緊握雙手後就告辭了。這樣一件繫心的大事，亦辦到有了頭緒，不出一星期，陳經理就把唱片由託運公司送到了無錫，我遂完成了懸久計劃的一部份。

時間過得特別快，從領到許可證，轉眼到現在已近二個月，各方面的籌建工作都進行得很順利，發射機已就位安裝，並和發射天線銜接成功，播音室已提早半個月裝飾佈置完畢，應用的辦公室桌椅及文具用品亦同時採購辦好，將唱片分類編號，排放在專用唱片櫃裏，基本上，已達到完成了預定的計劃。十月中旬通過無錫電訊局備案後，就作第一次試播，結果如預期地十分成功，為了慎重起見，接著又試播了三次，嚴格的作了檢驗，認為確無問題，就暫停試播，著手進行下一步的工作。首先，要呈文請交通部派員來檢測，得到合格認定後，發播音執照，正式播音，這是最關鍵的一步。我把籌備就緒的呈文，帶到南京郵電司，請求按規定程序派員來電台做鑑定，如通過檢測就請頒發播音准許執照，當時就得到答覆，短期內當派人到無錫履行鑑測工作，要我要我先回去做好準備工作。我在南京未做逗留，僅和大哥談了簡單的過程，和目前的情況，大哥對這件事很少參與及過問，但很關心我的成敗得失，臨行前慰勉鼓勵，祝我成功，我就立即返無錫。僅隔了四天，就接到無錫電訊局的電話通知說，交通部指派來無錫檢測電台的專職技術人員，已到達無錫電訊局，並奉令由無錫電訊局配合派人協同履行工作。隔不多時檢測人員已到達北大街播音台辦公室，經介紹，來人是常州電訊局一位姓汪的工程師，交通部已授權常州電訊局，會合當地的無錫郵電局對錫音廣播電台請求建立電台各項設施情況，在公務履行過程中，由兩地電訊機構共同執行，顯得分外鄭重。我將電台的創建過程，及目前的設施，做了詳細介紹，而關於最主要的發射機裝置，是否吻合原線路設計一項，雙方做了核實，這次核查全由常州來的汪工程師負責調驗，由常州電訊局異地收聽效果，主要是為測定頻率是否符合許可證所指定的kc970波幅，是否穩定，及有無干擾現象，發射功率是否按核定的一百瓦特等技術問題，而這許多措施，我在設計及裝置過程中，對這些措施十分謹慎，所以毫無問題，得到了認可。那位汪工程師則又從其他方面，如播音室的隔音程度，和技術措施等，作了建設性的提示，一方面試聽播音質量的實況，同時和常州電訊局取得聯繫，又和無錫電訊局的技術人員做了技術交流，認定錫音電台發射機的各項性能，都符合交通部頒定之民營廣播電台的規定範圍，同時並告訴我，常州電訊局和無錫電訊局會由汪工程師負責將此結論呈覆交通部審批，一俟審批核准，當另通知辦理領取播音執照，到此最後關鍵的工作亦就告一段落。

檢測結束後，在休息時間時聊到，汪工程師畢業於西南聯大，到常州電訊局任職亦不太久，因彼此所學所好相同，談得很融洽，他為了急於返常州覆命，在無錫逗留了半天，我陪他到市區轉了一圈，他就乘車返常州，當時是一九四六年十一月。

人事滄桑，萬沒料到時隔十年，一九五六年，我倆卻再逢在黑龍江省的同一勞改隊，並同時被挑選進了勞改隊裏，一個技術力量很雄厚的技術小組，一起共事五年，到彼此刑滿就業，才分開。

一切進行得很順利，檢測結果後第十天，就接到無錫電訊局的通知，要我攜帶有關材料和證件，到交通部去領取正式播音執照。第二天我就趕到交通部郵電司辦好相關手續，並得到交通部指定的發射頻率為kc970，電台呼號為XLAY以及規定的條例。我帶著希望和對創業的心情，匆匆回到無錫，把經過情況向大家做了介紹，而接著而來的事都得同時進行，首先和懋綸綢莊及良友電機社簽訂正式合作協議，因為播音執照期限以一年為年審期，所以合作協議亦為期一年。懋綸綢莊出於對政治的敏感，在協議中鄭重的列入錫音電台係民營商業廣播性質，不參與政治宣傳活動的一項，以說明立場。經過三方慎重審定，同意協議簽訂生效，我以法定負責人的身分，開始進行工作，首先得招聘播音員和業務工作人員，包括會計員、業務員等。根據當時地區情況，播音語言一般都採用滬語，即以上海話為主，為了能多方面選擇，我就在無錫當時的三大地方報紙，都登了招聘播音員的啟事，條件是能操流利滬語的女性，初中以上學歷，共三名，約定日期到電台面試。到了那天，我請幾位有播音員錄用經驗的相關人員來參與，我只在邊上旁觀，不表示任何的意見，那天來應試的，先後來了十多位，到晚上結束後，選出了在各方面都能符合條件三位，特別是流利的上海話，而在這三位當選者中包括我今日的老伴在內。播音員選定第二日開始試播，並徵求各類聽眾的意見，在此同時，亦開展商業廣告的播送業務，通過一星期的試播，得到各界的好評和讚譽，根據籌備情況看來，各方面都已就緒，就決定在十二月十五日正式開始播音。開幕日氣氛很熱鬧，參加首播的有戲劇類的票友、無錫業餘樂團、彈詞名家、爵士樂隊、說唱名角，以及很多熱衷流行歌曲的愛好者，和歌手都來參與，無錫報紙媒體亦來採訪做專題報導，喜氣盈滿播音室，當時覺得數月來籌備工作的艱辛，得到了應有的回報。這亦是我邁開創業的第一步，我知道希望和困難都在所難免，但我絕不畏難退縮，年輕的好勝心充滿了胸懷，不知步履艱難，茫茫前途重重荊棘。

開業後主要的經濟來源，得依靠播送商業廣告的收入，而這是一件日久持長的工作。在開播的半年裏，一切都能保持正常，播音效果，亦獲得了各界支持讚譽和熱愛，來信、來電終日不斷，更增加了我對事業前景的希望和信心。但好景不常，勝利萬民騰歡之音猶在耳邊，時隔三年，神州大地烽火又起，腐官奸商相互勾結，財政失控，使黎民百姓又陷入水深火熱之中，電台廣播費收入亦大受影響。播音一年整後，因執照和協約已期滿，需重新調整，並續辦手續，發射機等按正常工作程序亦該做調正，因此決定按規定暫停休整，不久手續又辦好，就繼續播音。在此期間，我現在的老伴由於一年多的朝夕相處，感情已深，但若二人仍同在一起，在工作管理上諸多不便，所以他就進入無錫市一家紡織廠工作，直到退休。

電台繼續播音到一九四九年四月份，無錫解放。電台由當時的軍管會接收，創業不到三年，如曇花一現般告終。

我和妻子，相處近三年，彼此相識相愛，就擇定了一九四九年六月，假座泰山飯店，在熱鬧而不舖張，賓客祝福聲中進行了結婚典禮，展開了人生旅程又一頁的開始，彼此對未來充滿了幸福的信心，攜手相共，同建未來。

八、逮捕

一九五五年九月十三日下午六時半，我生命史步入了嚴酷歲月的開始。當時正值三十四歲壯年，人生的黃金年代，轉眼今日已是垂暮殘年，提筆憶及當年，萬感交集，在這唯一無法補償的事實中，我無言，亦無顏面對泉下老母，他因我而遭受萬千苦楚，在我被捕現場的傾間，他肝腸寸斷，又不敢露於形色，身為人子，不能善待老母，卻使他因我而銜痛，直至終年，此恨長綿綿，已無法贖罪於萬一。

那天傍晚，我抱了剛三歲的小兒子，在鄰近一間小自行車修理店稍坐後就回家，時間已是下午六時許，天已昏未暗，剛走進大門，就突然看到戶籍警察帶了二人進來，見面就以手槍對著我下令不許動，我當即將小兒放在邊上的一張長櫈上，二人出示了逮捕證，要我簽字，逮捕理由是反革命，簽字畢，二人隨即拿出繩索五花綁身，押出大門。臨行時我因為穿著拖鞋行走不便，當時二嫂在我身邊，我請他給我換了雙布鞋穿上，戶籍警察隨手取來了我的襯衫，披在我肩上，蓋住被綑綁的繩索，即押出門。母親那時已被戶籍警察攔阻在旁邊不許靠近，我只好對母親說了聲：「娘我走了。」母親呆滯毫無表情，此情景在今日此時，仍像在眼前，我想娘當時心中肯定已在泣血。

走在路上，穿行幾條馬路，路燈為配合這次行動，已全部熄滅，天已全黑，不到半小時就押到了派出所。進屋見已有數十人席地而坐，無一例外的都五花綁身，低頭不動，邊上警察荷槍實彈，戒備森嚴，我瞥眼見到一位鄰居羅先生，已先我而被逮捕到此，頭低垂及胸前，我真是萬萬沒想到，他會被逮捕，因為平常他在地方上很積極，並擔任小組治安組長（後來方知他被逮捕的原因，是隱瞞反革命歷史，羅曾擔任過國民黨軍隊的軍需官，而他隱藏不報，此次被逮捕後，未及判刑，因病保外就醫。適逢文化大革命高潮，給揪出來，在地區，朝揪鬥，夜批判，不堪忍受，自縊而死）。大約等了一小時，各地應抓的人到了不少，時值秋天，氣溫仍悶熱，有的人士赤腳而來，有的是露背，想必都是在家中突然被捕的吧。又停了一會，再沒見有人被抓進來，可能該抓的都已抓到了，來了幾輛密封大卡車，把坐在地上的人都塞了進去，車直駛西門監獄，一會兒，監房裡已塞滿了人，只能蹲著，已無空隙可躺，我就這樣渡過了這囚人之夜。

後來方知一九五五年九月十三日，是全國性的肅反逮捕行動，入監後經歷審訊、調查結案，定性為反革命，理由是我學校畢業後，以所學的無線電技術，為反動派服務，涉及政治立場，定罪有理，判刑七年，連同其他判刑者，直接押赴黑龍江的勞改農場投入勞改。

我離家時，孤母老邁，稚幼四子女，當年分別為七歲、六歲、四歲、三歲，都是扶育年齡，二嫂已懷孕待產，（二哥年前涉及反革命之嫌，入獄勞改，到一九八〇年才獲得平反），亦同住生活一起，全家生活重擔，一夕之間，全落在妻子肩上，她當時年僅二十八歲，亦正是生命中的黃金歲月，當夜她趕回家中，既要勸慰老母，又要安撫孩子，內心還擔心我的處境，她因我被捕而遭受牽連，工作單位要她針對這運動表明立場，一家連她七口上老下幼，今後漫長日子如何生活？內外上下的雙重明暗壓力，一晃眼五十年歲月已逝。直到今日，偶然提起該時情景，她亦僅淡淡一言，說都過去了，談它沒有意思，而今日，不是一切都那麼好嗎？人貴知足就行，她從沒向我訴苦埋怨，直到今天依舊如此，五十五年我離家去北大荒，退休歸回原籍。在北大荒生活二十五年，退休歸來到如今轉眼又是二十五年了，今日能在家安享晚年，妻子的含辛茹苦，和老母相扶相依的堅忍和毅力，此情已難以回報。在我入監的第三天，家中送來衣服，我知道一切都是妻子的張羅設法，而她卻絕不能親自送來，單位一再要她以行動表現階級立場，在這壓力之下，她的一舉一動，都會引起注意，又值兒女弱小，唯一可送衣服的亦只有老母一人。老母年邁，腳步伶仃，又不熟道路，不知監獄在那裡，更不知東西南北，最後把衣服送到西門監獄，不知要幾經周折困難，在我接到衣服時，默然相對良久而不禁熱淚滿框。

雖說時過境遷，今日生活幸福，全家十六人和睦相處，還都已步入小康，今日小兒夫婦及孫女來我家相聚晚餐，面對牆上掛曆所示之九月十三日，感觸油然升起，信筆做了小記。

九、在淒風苦雨的歲月裏慈母棄我而去

一九六一年九月十三日勞改期滿，規定不得回原籍，仍留勞改農場勞動，所不同於犯人的是，每月能領到足夠個人生活費用的工資，人身自由仍受制約，一九六二年八月份，妻子多次來信，母親年邁體弱，已重病臥床不起，要我速即請假回去，以共商善後事宜，接信後焦思萬慮，但身不由己。處境如此，可謂五內俱焚，不得已，只得將實際情況，呈請當時的農場幹部，請求給予准假回去探親，可是始終不能獲准，我是一愁莫展，又無法將實際處境回覆妻子，面臨如此情況，除了堅持呈請准假，旁無他途，直到一九六二年十二月份，經過四個月的請求，方才得到批准回無錫探親，當時的就業人員中，尚無此種先例。當年十二月二十日，從東北急返無錫，途經黑龍江省湯原縣蓮江口農場，到二哥那裡住了一夜（那時二哥勞改期滿，仍得留在農場，直到一九八〇年方始得到全面平反，澄清歷史才結束）。

二哥的處境，更令人辛酸不忍，二哥聞悉母親病危消息，愁腸百結，同胞手足，淒然相對，當夜二哥、二嫂及二個孩子連同我五人捲宿於不足三平米，食宿都在一起的小坑上，枯守直到天明，我急於回家，只得和二哥黯然而別，臨行時我極想能多少留下些錢，予二哥缺糧斷薪窘境，以杯水之濟，但口袋裏除了購買火車票的錢外，旅途生活食宿之費用亦已殆盡，此情此景，每憶及此，仍難撫平當時之痛，雖已時隔數十年，隱創依然。

一九六二年十二月二十四日晚上，到達無錫，離家整整七年零三個月，至家門口時停留片刻，七年前逮捕離家時情景，又浮現眼前，往事如惡夢，今日卻仍在惡夢中。

舉手叩門，妻來應門，數年闊別再見，應是悲喜交加，但思及數年來二人身受的遭遇，感到的只是難以名狀的悲哀和痛苦交織的感受。

進門就到母親床前，母親見到我就老淚縱橫，泣不成聲地拉住我的手，哽咽的說出他第一句話：「你回來了啊。」為了不讓母親更加悲傷，我忍著眼淚，強顏歡笑的回答說：「我平安回來了。」眼見母親白髮滿頭，雙手枯瘦如柴，與七年前已判若二人，我再也沒法自制，脫開母親枯手，直奔前房，伏椅飲泣。稍事休息後，又回到母親床前，她神智很清楚，記憶力亦很好，把我離家後家中的情況，不管事情大小，均不厭其煩的告訴我，一說小吳這幾年來所遭受的艱苦，維持一家的不易，一再講述，她所知道的經過，實則母親的所見所聞，與妻子所承受的內外交迫的相比，亦僅是一角而已。妻恐母親過分激動勞累，勸我明天再講，母親卻意猶未盡仍在叨唸，要我告訴她大哥和二哥的情況，我只能隨口編了些寬慰的消息安慰她，並說我坐了幾天火車很疲乏，要休息了，母親才察覺到時間已晚，亦不再強留。她也累了，亦就擁被休息，就如此度過這離別重逢的第一夜晚。

夜深人靜，萬感交集，妻於是把我離家後的家庭情況、個人遭遇和目前的處境做了詳述。我被捕離家後，她的工作單位就有人向她動員，要她對我以行動表示立場，當時妻年二十八歲，在她進該廠工作時只有二十三歲，很令人矚目，在廠裏曾被譽為「廠花」，妻始終謙和待人，謹言慎行，今日遭此處境，她只表示一定會站在政府改造人的政策下，幫助我認罪，好好爭取，並一定在思想上和我劃清界線，但如此表態，始終不能得到認可，對方再三告訴妻子，若沒有行動表示，絕不能認為已站穩立場，妻子卻仍允諾依靠政府，並信任單位對她的啟發和幫助，思想上堅決和我劃清界線。單位的人工作做了很多，但未能取得預期效果，遂採取從工作崗位上施加壓力的方式，從原來的科室職員，調到車間勞動，工作是接替一個男工推車，在車間裡運紗，此工作以一個壯丁來說，做來尚覺得不堪疲累，何況是妻子如此的弱女子，其心之狠，手段之辣，已達到無以復加程度。妻子只能咬著牙，頂著日中夜三班輪流運轉，妻在廠裏上班時受到精神體力折磨，回家後見到的又是四個稚齡兒女和一位年邁的婆婆，所有經濟來源全憑她一月六十元的工資，分文不敢浪費的交給婆婆，真是度日如年，母親憑此收入精打細算，婆媳相依為命。妻子始終持有主見，而不屈從逆流的企圖，和我提出離婚而表態，直到我今日回來不變。

四個孩子剛入小學，在當時各項政治運動中，明確的對所謂地、富、反、壞、右五類分子都視為牛、鬼、蛇、神，有以下的定律：龍生龍，鳳生鳳，耗子天生代代會打洞，革命幹部的子女都是龍是鳳，牛鬼蛇神的後代，天生都是打洞的耗子，這荒謬的定律，直到四人幫垮台，方得到批判和糾正。但當時孩子所受到的歧視，在純潔天真幼稚的心靈上，很早就忍受著不應承擔的陰影和壓力，那時的家庭出身成分論，可決定一個人一生的命運和前途，三代前祖父是地主，那麼後三代的子孫毫無疑問亦是地主。我家孩子列入反革命子女的行列，亦就天經地義了。

我回家後，妻子在經濟負擔上又增加了一份壓力，那時正逢所謂自然災害的困難年代，穿衣要布票，吃飯要購糧，按定量發糧票，食用副食品受限制定量配給，我不在家時，家中糧食供應已極度吃緊，孩子們幾乎沒法獲得一頓飽餐果腹，市場偶有不要糧票的食品，但價格高到乏人問津，況乎類如我們家中情況的人，更不敢有此妄想了。日子就如此一天接一天的挨著、熬著，明天怎樣？來日如何？更沒法想像，但還得活下去，還得掙扎著，包括一群孩子們在內。

妻子又告訴我，單位的人，在沒能讓她有進一步行動表態的情況下，就到地區請當地派出所的戶籍民警，協助教育動員，最後仍要求她以行動表示立場，及明確態度。妻在廠裏上班咬牙忍耐超體力負荷的操作，在工作交班時還得不停的接受教育、啟發，仍要求她以行動來劃清和我的階級界線，拖著一身倦怠的身體，回到家，戶籍民警亦就隨即進門，仍是那一系列的言詞，日復一日，妻子實已面臨精神崩潰。有天就向前來的民警，做出了明確表態和選擇，說明她現有子女四人，婆婆一人，我一定聽從幫助和啟發，決心向丈夫提出離婚，並願承擔四個子女中任何二人的一切生活教育責任，其他二子及丈夫的母親，她已無義務，四子女和丈夫，各分擔二人，於情於理合乎道義，至於丈夫及母親今後的去向，她無權亦無需再為其盡子媳之責，這亦合乎情理，但共產黨申明不能餓死人，要求能對留下三人的今後生活，給予絕對的安穩保障，同時她請戶籍民警，立即接受和幫助辦理和丈夫的離婚手續，她隨即請示哪二個孩子該為她所扶養，要及時帶孩子離家另覓住處，並急盼辦理離婚手續以表立場和決心，在此局面下，戶籍民警反而無法做出明確的表態，只能答應請示後再給予答覆，自此後再也沒來糾纏，地區單位的幫助和啟發已停止，但車間裏的體力勞動卻仍然日繼以夜的持續著。妻何辜何罪？子女何罪何辜？遭此牽連無休無止。

我剛返家時，母親雖臥床，偶爾仍下床小坐，尚能自已進餐，到後期，身體衰竭現象日甚一日，再不能自已進食，需餵流液維持，進而失禁，蒼天祐人，讓我能隨侍左右，餵食洗滌之餘，就終日依偎床側，不讓其染褥瘡之苦，經常為之輾轉翻身，到瞑目之日，母親潔身仍如完人。但是神智逐漸出現模糊，偶爾清醒，仍和我嘮叨往事，假使當時能及時進行營養進補，肯定不致有此狀態，奈何也。

一九六三年四月二十七日，農曆四月初四下午四時，母親終於在我手臂灣裏溘然長辭，終年七十二歲。臨終前二天念念不忘大哥，二哥為什麼不回來？又嘮叨著想吃一只雞，記述到此，揪心錐抑，恨歲月星辰已逝，不能倒流，臨終時妻兒都跪在床邊。現在每逢年節祭祖時，在祭桌上，我總不忘供奉一只全雞，以稍釋心中愧疚的負罪感，但永不會忘記當時的悲慘歲月。

母親辛勞一生，育我兄弟姊妹共九人，但後來存活者僅我和大哥、二哥三人，母親慈祥，待人謙和，素為鄰居親友所尊重，母親扶育兒女歷盡艱辛，嘔心瀝血，直到我們長成大人，仍不時的關懷。父親終年體弱多病，很少能為母親分憂解愁，而母親任勞任怨，數十年堅持如一日。

蒼天不絕我母天壽，但逆流歲月，卻喪我母於貧寒，無病餒腹，衰竭而終，身為人子未能克盡反哺之責，無能讓慈母安享晚年，將銜恨畢生，愧對老母於泉下，命運如是，又其奈何？

母親去世當日即成殮，兒女尚幼無能插手，堂哥永年，已早過來協助料理，我手捧母親頸部，年哥抱著母親雙足安放入柩，即設靈堂，遵禮成服，我率妻兒守靈五天，在五月一日殯送至錢橋，我返家後，妻和我一起已為母置好墓穴，當日靈柩入土，母親棄我而長眠，結束了她一生坎坎坷坷、風風雨雨的日子，慈母永棄我而去。

母親喪務剛結束一星期，即一九六三年五月八日，農場已於昨日派專人來無錫，令我即時即刻回到農場，不得拖延，毫無迴旋餘地，那時我雖已名為公民工人，但人身毫無自主權可言，我打電話給妻子後，她立即趕回家中，幫我整理好隨身衣服，我即離家去火車站。妻跟著，剛從學校放學回家的大女兒，亦跟隨著到火車站，母親已去世，心中少去一份掛念，雖屍骨未寒，總算入土，如此又重別妻女，何日再返，渺渺無期，生離死別，接連而來。妻子所擔重負，遙遙無期，無言以對蒼天。

在火車站又一次和妻兒別離，心如死水，唯一感受到的是現實的冷酷，和茫茫來日的莫測，不久又回到農場，開始繼續忍受多年來的不平常生活。

離家多少年裏，親戚朋友在當時形勢下都岌岌自危，更難垂顧到我家，而此實屬常情，現附筆銘謝妻子的二位胞妹，在她最困苦的歲月裡，不斷地在精神上，給姊姊安慰和鼓勵，常年讓妻子渡過一關又一關的經濟窘境，母親去世前後受援而得以度過困難，否則肯定仍陷於不堪而無法度日。

母親不幸早逝，誠屬可憾可悲，蒼天能安排我隨侍在側一百二十七日，讓她病中少受精神上的折磨和肉體上的痛苦，真是蒼天給予她的寬待。

十、憶勞改

（一）前言

勞改在當時的政治定義上，是對人實施勞動改造，透過勞動成為自食其力的新人，如果按此定義理解，犯人若能在勞動中改造，而具備自食其力的條件，應就成為新人，無庸置疑。

實則上的所謂勞改，是通過勞役，對犯人一種懲罰的手段，懲罰期等於判刑之年限，所以說透過勞動改造成為新人，原則上絕不是如此片面單純。

我從一九五六年五月七日進北大荒勞改農場，到一九六一年九月十三日服刑期滿獲釋，成為新人的主要決定，還是依據判刑期為主。

期滿後仍在原勞改農場繼續勞動，身分由犯人轉為農場工人，簡稱農工，一律不得回返原籍，所不同於犯人的是，生活待遇上，每月能領到足夠維持個人生活的工資，和犯人分開住宿，及用餐的地點，已示區別。很多場合，很少稱就業工人為農工，取代稱呼謂之二勞改，又根據每人先前所犯的罪行，按性質定為地富反壞四類，通稱四類分子，戴上四類分子稱謂的帽子，仍得在政府群眾的監督下繼續勞動，並被剝奪一切政治權利，今後在勞動中爭取摘去帽子，此亦即所謂二勞改稱呼的由來。犯人刑期有法定年限，而四類分子的帽子，是根據一年一度的摘帽審查表現後，做出能否摘去帽子的決定，政治運動，是一個接一個對階級敵人的鬥爭，亦是永無停止的理由，所以摘帽審查的結果，可接受摘帽人的比例，是少之又少。後來又由四類分子增為五類分子，加入了右派分子，併入四類分子之列，被剝奪政治權利並接受監督改造。而其家屬亦稱之四類分子家屬，子女亦名之謂四類分子之子女，在社會上各種政治活動中，受到不同程度的排斥和歧視。而有幸能摘去帽子的四類分子，又給已摘帽子四類分子稱謂，仍要受監督，這現象一直到一九七六年，四人幫垮台才得到糾正，廢除了四類分子和摘帽四類分子稱謂的不正常現象，政治步入了法治，若四人幫仍存在的話，真難以想像我們這許多人，將步入何種境界。

我於一九六一年刑滿，一九七四年時爭取摘去四類分子的帽子，成為摘帽四類分子，二者之不同亦僅是五十步與百步之別。四人幫倒台後，方得到了政治上的全面解放，身心受到了德政所給予的正常待遇，但已十五年過去了。

（二）賽翁得失難測禍福於當時

勞改是勞役懲罰的同義詞，特殊的環境、生活、勞動的條件，每一個身歷其境的人，會有不同的遭遇和結果，不幸者，可能挺不過苦難的時刻，我可算是幸運者，在這漫長的二十五年的日夜苦難中，總算熬過來了。事過境遷，回想起來有苦無樂，但卻也有意外的收穫。今日有時遇到困難就懂得什麼叫苦，應該怎樣正確的對待。在勞改前所謂的資產階級那種驕奢習氣，已蕩然無存。碰到生活困境和處事艱辛場合時，很自然他會想到過去勞改時的日子，和現在一相比，我就完全釋然了。在日常處事中，知道養成節儉的習慣，嚴以律已，但絕不自私待人，並厭惡游手好閑，謹記做人的起碼準則，應該要誠和信，否則就愧作為人。勞改改變了我的生活，也算一種收穫。

人生的得與失，當時往往難以預測，我去北大荒勞改，在個人而言，這是逆境，但若我不是在肅反運動中被捕，而仍留在故鄉的話，那麼以後經歷多次政治運動，對像我這樣，他們認為在政治歷史上有問題的人，絕不會被放過，尤其是在文化大革命十一年間革命的浪潮中，涉及的每一戶、每一人，不知有多少無辜的不幸者遭難，而我已在勞改農場，當此批鬥浪潮湧到農場時，首先受到衝擊的是當權的幹部，奪權鬥爭，不同的派系，互相對峙，無暇顧及到我們這批認為已打翻在地的勞改犯人，他們明白表示，這是他們間的事，我們這些人，要規規矩矩不許亂動，如此就不會有事。我們誰也不會自找麻煩，日子反而過得風平浪靜。如果我不在北大荒，而是家鄉地區，那肯定百分之百在劫難逃。

後來知道親戚、朋友和鄰居，在文革中挨批受鬥者司空見慣，誰也避不掉，上吊自殺者比比皆是。舉例言之，我堂哥是一個安分的小商人，克勤克儉，在他服務的小店裏，投了一小股份，在這運動中被紅衛兵揪出來，稱之為不法資本家，揪鬥、拳打、腳踢，日以繼夜的鬥爭，苦不聊生，直到四人幫垮台，才得解放。其所遭受的苦難，也無處告訴，只好自認倒楣，不了了之。

我退休回鄉後，他與我聊及此事，心猶餘悸不止，並稱我能到北大荒勞改，避免陷入文革運動的漩渦，是不幸而得免禍的大幸，否則生存下來的可能性，可說微乎其微，有百死無一生。這絕非危言聳聽，事實的確如此。

這都是我所認為得失難測於當時的邏輯。勞改讓我逃過文化大革命的浩劫，真是不幸中的大幸。

四人幫垮台後，這運動定為十年動亂，十年浩劫，因此因運動而罹難者，是白白喪命，挽救不回來的了。

我幸而在運動過後，稍得安定時回鄉，重新開啟新生命，直到現今的晚年。

（三）追憶往事

我又回溯慈母去世時的處境，假如母親的病延長七天，或者農場派來的人提前七天到達無錫，我勢必只能痛別已處於生命最後時刻的母親，那於我將是悲絕人寰的慘事。那時勞改農場因為我久假不歸，派人到無錫押我回去，且立刻就道不准延遲。幸好農場的人在母親逝世七天後才來，母親已入土為安。感謝蒼天，母親的一生有了最好的結局，能在兒子臂灣裏瞑目。我當時沒有痛哭，只是伏在母親的遺體上默默哀念：兒子多麼對不起你，今生已矣，只有來生仍為母子以做補償。

又如大哥在抗戰勝利還都後，若熱衷於衣錦還鄉，就任桑梓的父母官，榮宗耀祖，這亦可說是適時應世，無可非議，但雖一切順理成章，只要面見省主席，即可發表任命，卻在一念之間，做了另外一種選擇，放棄了此一般人所艷羨的榮耀。有些人認為大哥做了件蠢事，卻不知陰錯陽差，此一瞬間的決定，從此改變了後半生的命運，直到今天，在美國安享餘年。當年如果任官家鄉成真，福兮禍相依，要受到萬劫不復的命運。有例子可證明這點，無錫縣長和國民黨主委，在政權更替時，被捕經公審後送命。大哥可是有幸避免，此又是福禍難測於當時之另一例證。

(四)、北大荒勞改六年，留廠就場十八年之生活片段。

我在一九五六年五月三日到達北大荒勞改農場，當時已是中午，五月天涼，尚穿綿衣禦寒，跨進戒備森嚴，四周高土圍牆的大院時，首映眼簾的是一排低矮的三角草帳棚，東北人所謂之馬架子的住所處，第二眼見到的是許多穿著紅衣紅袴囚服，別省先來的犯人群，都在挖大院圍牆邊上的水壕，以增強戒備設施。我們數百人排列成行，按次進入供住宿的馬架子裏，三角架很低，裡面二邊已搭了離地一尺高用樹枝、草蓆相結的地舖，大家依次放下個人所帶的衣服棉被（統一由勞改隊在來東北之前發給）及生活用具，我對艱苦的勞改生活已有概念和準備，所以一點也不覺得意外。待所有人安置定位結束，率領帶隊的幹部，就開始宣佈紀律，主要是守法、服從管教，除了能在大院警戒區裏走動之外，不得外出，並且宣佈休息三天後，編隊投入勞動改造，就這樣開始進入勞改生活的第一天。在三天內先到的犯人告訴我們，他們來自天津，有一部份來自廣東，亦有山東的，已來了一個多月，主要是負責修大院圍牆、挖壕溝和搭馬架子，亦有一部份犯人已參加墾荒勞動。我們經過三天的休息，已確定編隊勞動，工作有開荒犁地的、播種的、築堤壩的，我則編入築防洪堤的一隊，五月份的東北，半夜四點天已大亮，到晚上七點太陽還沒落山，日照一天十五小時，早上六點按隊領到了勞動工具，各人領了件鋤、鏟、鎬、扁擔、挑籃框，在警戒之下走向指定的工地，工地是一片原始平原，肥沃的黑土地上雜草和小樹灌木叢生，即是人稱的北大荒，開發後亦即為北大倉，名符其實，但開荒的艱辛歷程，肯定亦得付出相應的代價，勞改犯人投入的是無限量的勞動力。勞動的犯人群肩扛，手領，背拉，型態百出，這次來北大荒的一批犯人，以反革命者為多，而且其中尤以知識分子佔絕大部分，過去很少有從事勞動體力，少有勞動的機會，所以第一天在工地，就出現許多千奇百怪的景象，有人用毛巾墊著扁擔挑土的，有人更是拿著鐵鎬，鐵鏟無從著手，一鎬下去刨不下一掬泥土，監工的幹部已不是第一次見到這場面，亦就不以為怪了。飯送來了工地，道道地地的東北苞米喳子飯，肚子能不挨餓已心滿意足，我的工作是掘土裝籃子，一整天挨著，看陽光西下的速度分外的慢，收工回到大院，鑽進馬架子地舖上就不想動了，我知道日子才剛開始，要活下去，除了咬牙挨住這一條路外別無選擇。先來的一批廣東犯人體質比較差，加上南北方氣候，水土不服，經常有病倒不起的人，見此情景難免有所感觸。日子仍是一天天的過，見多了之後，原先的感覺便已近麻木，自己心理明白，今天的他們，也許就是自己明天的寫照，對將來腦裏是一片空白，回故鄉重見親人的願望，隨著思維力的消沉，已漠視對生與死的界線，唯一的信念，便是一定要堅持，慈母、嬌妻、幼兒都盼望著我回去，我該對他們負責。

初建的農場很多設備沒有到位，尤其是開荒的勞動，很少見到牛和馬，更沒有機械動力，翻地的大鐵犁，都是由人力做牽引動力，數十個人每人都掛一條長而粗的條子，一面在大犁上一步步的往前走。原野是生土地，地質雖肥沃但很堅硬，五月土壤尚未完全解凍，增加翻土的難度，到處都是樹根灌木，每人肩上負荷力的沉重，亦在意料之中。每天的進程很遲慢，大犁一台接一台遍及原野，一眼望去就見人人都哈腰，曲背的蠕動，一步一寸的往前挪動。大犁是一台緊跟著一台，同樣哈腰屈背的拉著，挪動大犁翻出的大塊泥土，接著由人拉的扒土粉碎機，粉碎、平整，再跟著又是一群人拉著一台二十四行的播種機，一步步挪動向前灑麥種，一環緊扣一環，播種機體積大而笨重，牽拉的人更多，背上繩索的人，已無分老少強弱，除了本能的挪動腳步，還是挪動腳步，監工的人亦不離左右，對有些軟彎無力的人，加以督促。原野裏所見的，都是一群又一群，低頭哈背身穿紅綿衣和籃囚衣的人，耳朵裏聽到的皆是每組人群喊出的步調號聲，此起彼落的開墾著荒土。我因為一直在挖土築堤隊當中，對墾荒的操作過程，僅目睹而未親歷。

日復一日，經過二個月的勞動，扛、挑、挖、掘都幹，肩上已能承重一百斤挑土行走，這是勞動時在體力上的收穫。有天我正在專注挖土時，領隊幹部要我立即跟他回大院，等待調動。這是七月上旬，到大院後，告訴我收拾好個人行李，到測量隊報到，測量隊暫駐在離總場十多里外的分場，還有二人同時調去，他給了我們一張通行路條後說，逕自去分場就行了。

總場共設有八個分場，在數千犯人檔案中，挑選出有技術專長的犯人組成了一個技術室，包括水利建設、基建電機、財會專業、統計等，大部分資歷、學歷好的工程師，高級工程師或歷任專業，有實際經驗的犯人數十人，籌設農場各項建設的技術計劃。測量隊，屬於水利建設，成一單獨小隊，挑集近二十人組成，由於工作性質特殊，行動無定點，流動性很大，所以選擇測量人員時，都做過鄭重的審核，當時的犯人認為，能進入該隊改造，是一種不易的機會，勞動強度和其他勞改工作相比，有著顯著的差異，我進入農場時，亦聽說農場有測量隊，但從沒有過進入測量隊的想法，所以今天得到通知時頗覺意外。

到隊上報到後，初步了解到建立農場，主要是透過開荒來播種農作物，原始平原，面積漫無邊際，急需具地面、地貌、地形的平面圖，做規劃的依據，測量是該項任務的首要工作，但一時又缺乏專業工程測繪隊來參加工作，而在犯人中還能挑出一部份過去有此專業技術的人，另外再補充一部份的人，邊工作邊培養到熟練操作，便無問題。其中學歷亦是挑選的一主要條件，我報到時，測量工作剛籌畫開始，已有幾個過去有專業經驗的人，初步對全農場的土地做概括的劃分，後來又知道在我們近二十多個犯人中，有二個是國民黨的砲兵營長，一個是工兵營長，都受過測量的專業訓練，另外二個是由哈爾濱勘測隊調來，熟練業務的犯人，而其他人都是在學歷上都是大專畢業生，而前科案都是反革命，所以在工作上分外顯得兢兢謹慎。

測量主要區分為內業和外業二部分，內業專事室內計算和設計，外業則按內業需要的資料，到外面實地測量資料，拿回來由內業做進一步計算，工作環環緊扣，十分細緻，在工作上，無論內外業都不允許有絲毫的疏忽差錯，否則會影響整個成果的可靠性。我第二天被分配到內業部分，跟著一個姓王的山東人，他過去是國民黨炮兵營長，他對測量工作方面十分專業，於是我在他帶領下學習，對測量，我完全是門外漢，可謂一竅不通，那位姓王的告訴我，有文化基礎又能認真學習的話，很快會懂得初步的工作要領，並借給了我很多參考書，我當時一頭霧水，毫無頭緒，但曉得這是一次難得的機會，應當珍惜。姓王的和我一起工作了近二年，由於需要，把他調往另一初建的勞改農場去建立新隊，因此本隊的工作，就全落在我一個人的肩上。工作不重，但責任很大，我只能小心謹慎，步步注意，一直到測量隊任務結束解散的許多年來，還未出現過原則上的錯誤，那時我刑滿就業，共工作學習了六年，當時自己掌握的技術，毫不低於大學專科的水平，這是一個得來不易的收穫。這主要是因為我在工作上經常參加外業操作，熟悉面很廣，各方面要求又極高極嚴格，這是與一般大學在校生不同的經歷。就在我進測量隊報到的同一天，意外的碰到了十年前來錫音電台檢查的那位常州電訊局的汪工程師，人事滄桑，二人都因這相遇而深感意外。他先我二天到測量隊，分派在外業，日後他在學術上給了我很多幫助，他是大學畢業，在數學上的基礎比我高出許多，我因此受益不少。測量工作的艱辛，雖不同於墾荒開地，亦不亞於墾荒，後者付出的是體力，而測量工作的各種艱辛，很少有人知道。在出工時，肩上扛一根標桿，或一支搭尺，重量不會超出五斤，一台測量儀器，亦不足十斤，可謂輕鬆的負擔，殊不知測量一開始在原野工作時，就是不停的自荊棘亂草坡中開道，不管是泥沼或深潭，雜樹林或亂石堆，凡設有既定路線標的，按內業在圖紙上畫出的紅線，這就是一條路線，並要求在這路線及周圍地形上所測出內業所需要的資料，在指南針指引下，絕不能有超出允許誤差的偏離。在一天十多公里的原始山野裏，按五十公尺一量，不停的延伸，每延伸五十公尺，就得跪下打標記，前面的人，給後面的人做記號，二人相互配合，十多公里的起起伏伏，紀錄和桿標，一天下來，腿酸腰麻，直到收工回來，會同另一測量角度小組的資料，交給內業連夜計算，如超出允許誤差，第二天就得重做。東北夏天時，在草野裏的蚊子又多又大，且兇得厲害，穿了二件布衣，照樣能刺透。被叮咬後皮膚上馬上起紅包塊，雙手不停拍打，但蚊子群始終跟著人飛轉叮咬，測量工作有時需站直，雙手扶標桿，不能有偏差，蚊子咬亦沒法驅趕，這滋味非身受者有切膚之感，文字無法描述。比蚊子更可怕的還有一種在東北叫小咬，南方人叫朦飛子的小飛蟲，只有針頭般大，生長在草叢裏，一嗅到有動物的氣味，就群如芝麻陣的拼命跟著，見縫就鑽。如鑽進衣袴裏，就上下身到處叮咬，又捉不住，難受滋味比起蚊咬，是有過之無不及，測量隊每人發了一頂用紗布做的小咬帽，要是戴得稍有縫隙，小咬就會鑽進頭髮裏滿頭滿臉的叮咬，防不勝防。至冬天氣溫降到零下剛結浮冰的季節，線路經過沼澤水坑亦毫無選擇，依舊得淌著沒踝的冰水行進，夜晚收工回大院，鞋子已成冰凍硬鞋，要在爐子邊上烘烤多時，才能解帶脫鞋。把鞋子放在火牆上，一夜能烤乾，而雙足已紅腫得近乎麻木，簡直站不起來。第二天又是照常出工，繼續昨天晚上內業已佈置好的線路作業，外業出工一天，往返七八十里路是很正常的，如果說今天只測到了近五十里往返，那就算是輕鬆的一天，走的都是從來沒有人走過的原始野地、土坡、灌木林、草叢，還有南方人從沒見過的螞蟻窩，疊起來超出半米高，到處如小丘，不小心踩著或站在上面，成群的大小螞蟻很快就會順著你袴管爬進褲子裡，以上僅是外業操作中歷程的點滴一角，憶記而已。我雖然主要工作是內業，但亦經常出去配合測量資料，所受所遭都深有體會。外業最擔心的是苦累了一天，第二天清晨內業計算結果如何，若計算超出允許誤差，那即得全班人返工，麻煩就大了。如計算上沒有問題，方才定下心。一切都沒辦法作假，所以內外業的工作都得絕對小心負責。

前二天接到一位朋友來信，他是一九五六年七月份，和我一起進測量隊三人當中的一個，現亦早已退休，在上海樂享晚年，同我閒聊勞改，提起有次不幸的遭遇，其經過是這樣的：那年初冬測量隊進入一片新據點的原野，開始緊張的工作，他負責測量距離，五十公尺一個標點，一點一量，圍繞測區一圈，範圍超過五公里，其勞累可想而知。和他配合的另一人姓樓，一前一後，步步小心翼翼，回來把資料交給內業，會同另外一組測量角度的資料進行計算，令人意外的是，誤差超過了允許數值，除了重新測量別無他法，第二天一早二人就出去返工，初冬雖乍寒，但已在零下數度，履冰涉水苦了一天，經計算仍是不合要求，在這情況下，他和那位姓樓的立即撤下反省，根據我的印象，那位姓樓過去是國民黨炮兵營長，工作特別細心，責任心很強，可說是遇事一絲不苟，可是內業計算都是以資料為依據，不容置疑，我當時覆核資料計算，亦相當擔心計算是否出錯，但經過一遍又一遍的覆核，結果仍是一樣。最後換了一組人再去作第三次複查，回來計算仍是不合，只得從另方面找原因，才發現是測角度的儀器故障，而我那位朋友白白受了二天的嚴懲反省，事已過去近十年，來信提起往事，還是含冤叫屈未了，只有付之一嘆，今日已身在幸福晚年，當時所受僅供回憶，對今日只感到得來不易，倍加珍惜而已。

六易春秋，我的勞改生活始終在測量隊中，譜寫著一頁又一頁的流逝歲月，亦倍嚐著酸澀苦辣，唯一的強烈感覺，便是接到一封封家書的傾刻，而家書所帶來的音訊，亦是苦辣酸甜交織。

白髮娘望兒歸，紅粧守空幃，三更同入夢，兩地誰夢誰。寫照刻骨銘心。

農場的農務有季節性的忙季和閒季，初夏鋤草、秋後收割、隆冬脫穀打場，都是極度緊張，尤其夏天鋤草更是辛苦。東北有句俗諺說：「夏草一夜長三吋」，如來不及剷除，草蓋住苗，那一定欠收。夏鋤開始時，農場裏所有的男女老少、家屬幹部、職工都盡量停下原有的工作，參與夏鋤，測量隊的人全數加入，無一例外，這緊張的工作，早上四時天已大亮，人們紛紛出現在指定的麥田裡，一直到黃昏七點，才扛著鋤頭收工，這時太陽仍半偏天邊，一天十五小時的臉朝黃土，背向熱天，深深體會到「鋤禾日當午，汗滴禾下土，誰知盤中餐，粒粒皆辛苦」詩意的真切。直到今日，我都永遠記著這些日子，再不捨得浪費一顆顆米粒，有時目睹二代的年輕人，對碗中粥飯浪費，不加珍惜，心中萬感交集，到現在已是三代人了，人在福中不知福，我僅能略加勸說，而孩子總好像爺爺在講天方夜譚似的，我唯有一嘆而已。

冬天測量任務受到季節限制，比較輕鬆些，可是脫穀打糧，在大院掀起高潮，二十四小時皆不停歇的搶時間，因農場初建，機械還很少，脫穀絕大部分是使用勞力，除了有少許的牛馬牲畜外，都依靠人力操作。北大荒當時夜裡氣溫降到零下四十度，脫穀打場照常運作，測量隊內外業人員，都分班參加，我亦不例外，工作是三班運轉，夜班是半夜十二點到凌晨八時。場院裡有好些幾塊場地並列，前後左右，場地內鋪滿了黃豆或小麥桿，十多人牽拉著一個石頭圓輾子，有二百斤左右重，圓棍石輾子壓在豆桿或麥桿上，週而復始的運轉，一直到黃豆粒或小麥粒脫殼而出為止。掌握全面工作的是名老犯人，負責安排支配，他認為已輾到穀粒脫出時，就招呼牽拉的人群停下，另有一批人立即跟著把豆桿、黃豆全部運出，再補上新的豆桿，而原來一批拉石棍子的人，也沒有休息的間隙，已轉到另一片鋪好的場子，繼續背牽繩子拉著迴轉。可能老犯人對測量隊特別照顧，所以分配的工作都是鋪場和起場，工作比拉石棍子輕鬆，但不管是誰，亦不管哪一項工作，有一點是一樣的，大家都是在零下四十度的酷冷下，如果手腳不活動，那裡不用待上多少時，就會凍得手麻腳冷，渾身顫抖，所以每分鐘、每一小時，就得挨著不閒歇的幹活。

場院裡牲畜牛馬人群喘著氣，幹著同樣的活，都轉個不停，週而復始，所區別的只是二足和四條腿的不同，再不同的是偶而群體所發出聲音，這是人的語言。我在單衣外面穿一件狗皮背心，一套棉囚衣袴，戴著緊捂著臉的狗皮帽子，並穿一雙棉鞋以禦寒，回想夜班回監舍時緊扣帽子，而露出的眉髮、鬍鬚都已染滿冰霜，現在仍覺得禁不得而冷顫。零下四十度的每一分鐘，每一小時，就這樣挨著過來了，這是一直延續到春節所經歷的一段磨練，今日有時碰到坎坷、困難，與此相比一切就都釋然，毫不介意了，這該算是收穫吧！

人生就是這樣，不上高山不知平地的好走路，如果永遠生活在糖水裏，那麼再泡在蜜裏亦不會有甜的味道，逆境轉入坦途，就會分外珍惜，而感受安逸的幸福。自一九八〇年退休回來到今天，體會深深，堪引以自慰。無可非議的，一切還是受惠於四人幫垮台後的德政。

在勞改和就業的二十五年中，以階級鬥爭為基礎的政治運動，是一場接著一場，波及全國各階層，每當有鬥爭動向，犯人皆毫無例外地充當反面的教材，不足為怪。四人幫有恃無恐的一手蔽天下，在文化大革命十年浩劫中，只是更加顯著而已。每次的運動都有一個突出的任務和可相呼應的是人民公社建立、大煉鋼、大躍進等都有一個運動中心，大躍進時二十四小時的勞動連軸轉，鼓足幹勁、力爭上游，不分白晝黑夜，聲勢浩大，遍及全國，高產量的田地，播放衛星報喜訊之聲此起彼落，田地畝產數千斤的高產量，衛星剛播放完畢，又一個生產隊在衛星上播放影象，產出十多斤重一只的地瓜，一尺多長一支的苞米棒子，堆滿了田裡，捷報傳人，有多大膽，想什麼都能出現。除此之外，一件又一件的報喜衛星，我的比你的更高，這現象在很久後得到證實，令人感到眼前在上演著一幕幕的歷史鬧劇。大躍進形勢大好的口號，是黑天當白天、一天當二天在用功，測量隊亦不甘、不能落後在運動之後，奮戰七天，創出了測量完七座水庫建造地形全部資料的記錄，向上級提報捷，受到了嘉獎之後，測量是要有資料依據的，決不能有絲毫含糊，在後期投入施工時，形成了全部返工，大躍進運動，亦已過去多時，當時以完成要一星期方能測量完一座水庫的工作量，卻以一天躍進完成的成績報捷，明知自欺欺人，亦正如當時的口號所言：「十五年超出美國，十年趕上英國」的豪言壯語，表現出信心百倍的姿態，誰亦不甘，亦不能落後於形勢，白天做測繪，晚上參考躍進行列，到五里外的窰地去背紅磚，每人每次不得少於二十塊，每塊重三斤半，共負重七十斤，二趟往返，已近午夜，早晨四時又起來投入第二天的勞動工作。人非機械，精力有極限，不得已時，白天測量，到野外小樹林下休息，實出無奈，但每人都心照默契，相互倒在樹林蔭下而睡，日斜收工，晚飯後參加背紅磚行列，大躍進熱浪結束，接著糾偏，批判了欺騙與浮誇的現象，究根溯源，是有階級敵人以陰謀污衊運動，要進行揪鬥，但歷史只是昨天的現實罷了。

和大躍進同時進行的建立人民公社運動，搞得火熱，農民小團體全納入全民公社，集體勞動、生活，並辦大食堂，全社員吃一鍋飯，一朝就步入共產主義的社會。在此同時又掀起全民大鍊鋼鐵的旋風，一時間城鎮鄉村都開始土法煉鋼，土製高爐就地搭起，到處都是土木工程師，男女老少、家家戶戶皆投入獻銅捐鐵的熱潮，砸鍋、搞壺以表示對煉鋼的信心支持，有的地方已鍊出成果，土高爐流出的鐵水亦隨之變成了鐵陀螺，於是煉鐵煉鋼的高產衛星，也是一波接著一波出現，農業高產、土法煉鋼，人民公社運動很快結束，事實訴說了一切經過，的確令人難以置信。

六〇年開始，全國又再度受到自然災害的影響，這樣的日子經歷時三年，此總稱為三年自然災害。人民口糧都按定量配給，在這不平常的歲月裏，涉及到每個人的切身生活，農村裏由於飲食失調，浮腫、虛弱的人一天比一天增加，城市裡的居民家庭分食，其情其境，實難回首。我們在北大荒大院裡，早晚都是二碗只見菜汁，少見米粒的，黏糊糊，中午則是二只一口就能吞下的小窩窩頭，直到餓得著實難受時，就大量的喝水填肚子，平時飯量大的更沒辦法可想，只能拖到身體的極限，有時早上醒來，邊上的人卻已不在，亦不以為怪，他的今天也許就是自己的明天。這種情況下，我在思想上變得很坦然，至於回家和家人再團聚的想法，早已陷於絕望，家中老母妻兒是如何生活的，不敢亦無法想像。我記憶最深刻的一幕，六〇年除夕，食堂裏供應一頓小米乾飯、二小塊豬肉、一碗白菜湯，這頓除夕夜飯，吃得又香又滿足，奢求著是否會有一朝，永遠都能吃上小米飯而心滿意足。我六十二年底請假回鄉，到六十三年再返農場，定量制度尚未有改善，現在六十歲上下的老年人，亦許還能回憶當時的情景，以上一切的扭曲，都在四人幫倒下後得到澄清，但已深烙歷受其境的每一個人心中。

一九六三年又回到農場，第二天就跟著採伐隊，到小興安嶺邊上的原始森林參加伐木隊勞動。農場在每年冬後都有上山採伐任務，供當年基建應用，伐木區一般都在高山半腰，林木參天，蔽不見天日，在伐區前各單位都事先闢出一條小路，直達山下，小道上澆水，結成厚冰，成為運木頭的冰道。倒伐下來的大樹，把枝椏鋸掉，剩下三到五米長粗細不等的原木，將之抬到冰道上後，有人會把釘鉤搭上綁好，一人一條繩子牽著，不論長短，以次序為準，就往山下跑。冰道很滑，路坡很大，一不小心摔跤，後面所牽的木頭會順勢沖下，在一條冰道上，拉的木頭是一接一根，所以不幸摔倒撞傷，甚至更嚴重的事故瞬間就可能出現，一般坡路長四五百米，勞累還是其次，下山危險性非常大，每天都有事故發生。我上山的勞動就是：和人群一起牽拉木頭下山，再爬上去拉第二趟，每時每刻都提心吊膽的邁著每一步，事已到此，除自己倍加小心，別無他法。早出晚歸，一天十個小時，每天如此，做了不到二十天後，一天早上剛要往山上爬，領隊要我馬上回宿營處，拿好自己的行李，立刻跟隨運木頭小火車回到總場，具體情況他亦不了解，就這樣我在晚上到了農場總場部，走進工人宿舍，已有過去測量隊的幹部在等著我，告訴我農場又新闢了一個場區，建立分場，急於測繪地貌資料，任務很緊迫，要我負責內業，整理過去的相關資料，做出計劃和進程時間，二天後就要投入測繪野外的作業。測量隊臨時解散不到半年，原來的測量人員有部分仍在勞改隊，所以召集很方便，從開始到結束任務近三個多月，一切都很順利。剛近結尾，農場就接到農墾局命令，因鄰縣有一勞改農場，犯人全部撤去新闢原野墾荒，該農場由就業農場接替，我亦在這次隨調而去。該農場犯人撤調很匆忙，許多工作放下就走，我們到達之後，由該農場幹部按個人具體情況做了分工，我被派到一個分場的基建隊報到，工作是接收犯人留下來的一大批玻璃、油漆、木工的工具和原料，分場幹部認真的告訴我，要我負責全分場的電氣部份，如人手不夠，可派一個助手幫忙，另外兼做油刷工、玻璃工和木工相配合。對於電工，我還不生疏，可是刷油漆、劃玻璃和木工操作，我從未學過，但既然分配下來，不幹也得幹。不過這許多工作，除電工外，都沒有責任風險，大不了幹得沒有水準或是做得不太好就是了。我邊學、邊摸索經驗，一直幹到八十年退休，十五年的工作實踐，由門外漢到熟練工，操作應付自如外，且分場經常有人要我去劃割特厚的玻璃，對此心中已毫不顧慮了。由於經常和木工打交道，在原工作空間，就加入了一班木工群中學手藝，自己買了些參考書，就在刨子、鋸子、鑿子、槌子、釘子下鑽研技術，七十五年，原分場另建分場，要蓋房子，我就開始負責房子的結構設計，有很多地方亦要涉及到計算，包括承重負荷、用料計材、門窗規格等。由於我在五十六年進入測量隊，在總場常和許多不同的工作的技術犯人在同一室裏幹活，他們很多都是專業工程技術員和高級工程師，有時忙不過來，我就幫著繪繪圖紙，找資料作預算，從中學得了些知識，這次要自己單獨負責，還不敢自信自己的能力，擔心萬一出意外，那可就擔當不起了，但勢成騎虎，於是我又買了些參考書，解決了不少技術上的困難。

從房架、大樑、門窗的建設，有空我都參加，親自一起動手，到現場又負責施工，到我退休那年，已整齊的蓋起了八棟家屬宿舍，退休時被評為四級木工，退休回家，還自己做了些家具呢。近年來工業發展很快，很多過去手工操作的木工活，現在都以機械代替，既快又漂亮，木匠所用的斧子、刨子、鋸子、鑿子都很少見人在用，我所學手藝就隨之被淘汰。

十一、淺記文化大革命結束，安渡餘生

一九六五年，我調往接替犯人勞改農場的時候，亦正當文化大革命開始，當時身歷、目睹、耳聞及報刊所披露的各種現象，時隔三十年，回憶難忘，今日憑所憶片段，略記點滴，以免回憶過程中留下一段空白。文化大革命長達十年，波及全國的政治運動，誰都不會例外。所遭受又依據每個人的處境各有不同，後來文化大革命結束，歷史給予定論，認為史無前例對人民百姓的空前劫難，帶給國家無法彌補的巨大損失，將正在前進的歷史里程往後倒退三十年，追溯十年往事，令人仍有餘悸，難以忘懷。

文革是以批判北京市長吳晗的著作言論開始，以所謂三家材、四家店的黑材料反革命學術為中心，展開逐步升級，延伸神州大地，聲勢日益壯闊，大字報鋪天蓋地，各階層揪鬥

浪潮一波超過一波，到處都是紅旗招展，山河一遍紅，工廠停產，學校停課，工人、學生全力投身文化大革命的浪潮裏，紅寶書人手一冊，氣勢之湧，後來稱之為史無前例，毫不過分。三忠於、四不忘，口號響徹雲霄，破四舊立四新，全國學生大串聯，以到北京參加一次五十萬人的領袖大檢閱為榮，一批又一批，輪及五批，尚有未能參加者，多為不能得此榮幸為憾，語錄紅寶書，領袖肖像，更是無分男女老少，皆手捧、胸掛，城市、鄉村掀起到處跳「忠字舞」之風，為表忠心，農村有的小腳太太亦扭腰擺動，以示不落人後的忠誠，決心朝跳夜舞，一片熱烈氣氛洋溢。「忠不忠看行動」，這亦是當時的中心口號。

知識分子早被列為臭老九，學生揪鬥老師，是反舊文化的主流，一些過去讀書時，曾因功課落後，受到老師督導和批評的學生，成為揪鬥老師的主力骨幹。除大中學校外，小學校亦隨熱潮而動，命令老師跪地，掛黑牌，戴高帽子，遊街示眾的行列，到處可見，為了徹底改造老師，讓老師掃街、掏茅廁，並在學生的監督下，每月不斷的向學生匯報思想動態。我對門一位劉大姊，師範學校畢業，已在一小學當了十多年的老師，對學生學業督導很認真，工作非常負責，但在運動中查出她的祖父過去在農村裡有農田數畝，土改列為地主，有此歷史背景，劉老師毫無疑問地成為地主婆，而其祖父早已去世，劉老師根本未涉及所謂地主剝削農民，可是地主婆的帽子，仍令她亦無法申辯擺脫，同樣的在過去教過的一些學生監督下，遊街、掃地、掏茅廁，一直到文革結束，還是帶著臭老九地主婆的帽子，四人幫垮台後方得到正常生活的權利，可是已苦挨了好幾年。

工廠工人各自為群，組成派系，都自標為「三忠於，四無跟」的標兵，派與派之間，意見分歧，自立體系，文鬥開始轉為武鬥、械鬥，工廠早已停產，就動用廠裡的車輛工具，高音喇叭呼喊著保衛，忠於的口號，舉著紅旗的車輛滿街轉，如碰到不是同一系統的隊伍，就開始搶逼械鬥，場面傾刻混亂一片，有的家庭中，因意見看法不一致，亦就親人不相認，展開派與派的爭論，而至無法收拾，甚至展開了鬥爭。

臂纏紅衛兵，紅小兵袖套的的年輕人、學生、工人都有，到處可見，作為執行破四舊立四新的主力。只要認為有四舊跡象的對象，不問是鄰居、住戶、還是文化古蹟，都徹底砸爛，古書古畫不分好壞，搜到後有的當場焚毀，有的隨即沒收帶走，下落不明，無人敢追究，我家無家底，亦無古書名畫，一開始時就自己先把先人的神像、供奉的牌位做了處理及焚毀，妻子已是隻驚弓之鳥，把我的西服亦拆掉、剪碎，趕著做抹布和拖把，結果也許是我家門很小，根本引不起那群紅衛兵的注意，而未受抄家的波及。

千年前的孔夫子是舊知識分子崇拜的偶像，亦認為是一個散佈腐朽道德毒素的罪魁，一定要徹底肅清孔老二的流毒，樹立新的革命人生觀，立時搜索，凡有涉及到孔子孟子的碑文，書籍文物都毫不留情，予以摧毀，中央高層亦起了一股批周公的風潮，上下呼應形成一片。

在全國一片紅的大好形勢下，「萬歲萬歲萬萬歲」的呼聲隨著紅旗響遍各地。為了顯示永遠忠于領袖的虔誠，有很多家庭掀起了「三敬三祝」的運動，在每餐飯前呼萬歲，敬祝萬壽無疆，然後動筷，一日三餐不能破例，一呼百應，此風延展很快、很廣，何時休止各處不同。農場集體大食堂，進門前就是一幅巨像，每人進屋時首先鞠躬，口呼「萬壽無疆」，然後排隊買飯，如有疏忽，輕則被警告返回請罪，接受批判，若認為嚴重的就提高上綱，認為是忠不忠於的具體表現，根據當時情況，予以不同的懲處，所以每人在進門之前相互提醒，千萬不能麻痺。

在最高層的政治領域裡，風雲密佈，後來證實很多在建國前後歷盡艱辛的老幹部，罹及不幸者，難以數計，如四人幫不除，則不堪的後果，勢所難免。

文革期間我在農場上，隊幹部明確指示要農工老老實實，不許亂說亂動，文化大革是革命群眾的運動，與你們沒有關係，那時農業生產已陷於無人問訊的狀態，農田荒蕪，無人管理、關心，令人心痛。

外面紅旗招展，遍插農場，相呼應的各類各派的大字報鋪天蓋地，派鬥、奪權日以繼夜、相互攻擊，與日俱增，批鬥會無休無止，怵目驚心，已難辨黑白是非。

我那時主要的工作，是按指示到各處的牆上刷寫語錄，周圍的室內、牆上亦到處寫滿語錄和最高指示，另一工作則是畫巨幅領袖油畫像，一般都有二米高，超出人的高度，我不曾畫過油畫，但數年來有空就喜歡人物素描，有此基礎，亦就大膽的畫起來，整日忙個不停，但亦提心吊膽，萬一有疏忽差錯，那就是原則政治問題，所以對一字一筆都倍加小心，直到文化大革命後期，總算在讚譽下結束這工作。

退休前二年，四人幫在一夜之間宣告垮台，舉國歡騰。我在新的形勢下，遵循政策，回到了故鄉，和妻兒、家人團聚，結束了北大荒勞改和勞動就業的二十五年歲月。在這經歷中數度瀕臨生死邊緣，都怡然而過，今日得以樂享晚年，沐於天倫溫馨的同時，深感文化大革命後的新政策法令的實施，受益惠澤。再閉目靜憶我所熟悉和不相識的不幸者，關外黃土深埋，猶是春閨夢裏人，屈指難數，感慨萬千。

八十年十月，退休回家，全國各地都已在新的大好形勢下蓬勃發展，尤其城市建設，日新月異，令人興奮，退休後三個兒子都先後成家，今日事業有成，令人欣慰，第三代亦已茁壯成長，參加國家建設單位，第四代，亦已進入小學讀書。

至此回憶往事全部結束，漏記在所難免，好在只為自己保留而追念往事，即使漏記也無關宏旨。

今日我已步入八十五歲，我們這一代僅存我和大哥二人同胞手足，大哥雖僑居海外，按月通信，互祝互報平安，眷眷骨肉情，銘心永藹。

天倫之樂，得來不易，老伴功不可沒，當年上伺老母，下撫稚齡群兒，忍辱負重數十年，含辛茹苦如一日，念昔日殊難回首，面對今日溫馨，萬感交集，更覺得歲月滄桑。

拳拳於心深處者，當年不能善伺慈母，使老母在淒風苦雨兩歲月中棄我而去，我將永遠負罪愧疚於懷，直至終歲。

國家圖書館出版品預行編目

亂世浮生三兄弟 / 方永施, 方永清, 方永翔著.
-- 一版. -- 臺北市 : 方永施出版 : 秀威資訊科技發行, 2006[民95]
面； 公分
ISBN 978-957-41-4161-6(平裝)

1. 方永施 – 傳記 2. 方永清 – 傳記 3. 方永翔 – 傳記

782.186 95023612

亂世浮生三兄弟

作　　者 / 方永施、方永清、方永翔
出 版 者 / 宋政坤
執行編輯 / 林世玲
圖文排版 / 陳穎如
封面設計 / 李孟瑾
數位轉譯 / 徐真玉　沈裕閔
銷　　售 / 林怡君
編印發行 / 秀威資訊科技股份有限公司
台北市內湖區瑞光路583巷25號1樓
電話：02-2657-9211　　傳真：02-2657-9106
E-mail：service@showwe.com.tw

ISBN-13 / 978-957-41-4161-6
ISBN-10 / 957-41-4161-6

2006 年 12 月　BOD 一版
定價：340元（美金：10元）

讀　者　回　函　卡

感謝您購買本書，為提升服務品質，煩請填寫以下問卷，收到您的寶貴意見後，我們會仔細收藏記錄並回贈紀念品，謝謝！

1.您購買的書名：______________________________

2.您從何得知本書的消息？

□網路書店　□部落格　□資料庫搜尋　□書訊　□電子報　□書店

□平面媒體　□ 朋友推薦　□網站推薦　□其他__________

3.您對本書的評價：(請填代號　1.非常滿意 2.滿意 3.尚可 4.再改進)

封面設計____　版面編排____　內容____　文/譯筆____　價格____

4.讀完書後您覺得：

□很有收穫　□有收穫　□收穫不多　□沒收穫

5.您會推薦本書給朋友嗎？

□會　□不會，為什麼？______________________________

6.其他寶貴的意見：______________________________

____

____

____

讀者基本資料

姓名：____________________　年齡：______　性別：□女　□男

聯絡電話：________________　E-mail：____________________

地址：______________________________

學歷：□高中(含)以下　□高中　□專科學校　□大學

□研究所(含)以上　□其他_______________

職業：□製造業　□金融業　□資訊業　□軍警　□傳播業　□自由業

□服務業　□公務員　□教職　□學生　□其他__________

請貼
郵票

To：114

台北市內湖區瑞光路 583 巷 25 號 1 樓

秀威資訊科技股份有限公司　　收

寄件人姓名：

寄件人地址：□□□

(請沿線對摺寄回,謝謝!)